基于类型教育的职教高考制度研究与四川实践

主编 尹 毅 张 刚 李福惠

四川科学技术出版社

图书在版编目（CIP）数据

基于类型教育的职教高考制度研究与四川实践 / 尹毅,张刚,李福惠主编；杨红,刘清太,李刚副主编. —— 成都：四川科学技术出版社,2024.6

ISBN 978-7-5727-1345-3

Ⅰ. ①基… Ⅱ. ①尹… ②张… ③李… ④杨… ⑤刘… ⑥李… Ⅲ. ①职业教育 – 高考 – 考试制度 – 研究 – 四川 Ⅳ. ①G632.474

中国国家版本馆CIP数据核字（2024）第096907号

基于类型教育的职教高考制度研究与四川实践

JIYU LEIXING JIAOYU DE ZHIJIAO GAOKAO ZHIDU
YANJIU YU SICHUAN SHIJIAN

主　编　尹毅　张刚　李福惠

出 品 人　程佳月
责任编辑　朱　光
助理编辑　陈室霖
选题策划　鄢孟君
封面设计　晓　叶
责任出版　欧晓春
出版发行　四川科学技术出版社
　　　　　成都市锦江区三色路238号　邮政编码 610023
　　　　　官方微博 http://weibo.com/sckjcbs
　　　　　官方微信公众号 sckjcbs
　　　　　传真 028-86361756
成品尺寸　170 mm × 240 mm
印　　张　20.75
字　　数　415 千
印　　刷　成都一千印务有限公司
版　　次　2024年6月第 1 版
印　　次　2024年6月第 1 次印刷
定　　价　98.00元

ISBN 978-7-5727-1345-3

邮　　购：成都市锦江区三色路238号新华之星A座25层　邮政编码：610023
电　　话：028-86361770

编 委 会

主　编：尹　毅　张　刚　李福惠
副主编：杨　红　刘清太　李　刚
编　委：（按姓氏拼音排名）

陈　莉　陈丽霞　陈云川　方　林

傅　梅　高国峰　苟瑞雪　蒋天臣

雷崇德　李　闯　李定国　李芳蓉

林　鑫　林　楠　刘忠菊　卢开君

马　晓　潘万伟　彭瑶瑶　宋　瑶

王　鹏　王文姬　吴婷婷　鲜凌瑾

徐　磊　徐　强　杨　亮　杨仕远

袁　伟　郑术涛　朱凤钢　邹孝梅

序
PREFACE

党的十八大以来，我国逐步建成世界最大规模职业教育体系，中国特色职业教育发展道路和模式基本形成，职业教育吸引力、影响力、竞争力不断增强，职业教育面貌发生了历史性、格局性变化。

职业教育在服务经济社会发展和个人成长成才中发挥了不可替代的重要作用，但长期以来，职业教育通常止步于专科——被认为是其发展的关键"瓶颈"。"无奈的选择""低人一等"等偏见，让职业教育吸引力不足。

近年来，有关职业教育改革创新发展的法律制度和政策举措密集出台，有力支撑了职业教育的高质量发展。《国家职业教育改革实施方案》启动了"中国特色高水平高职学校和专业建设计划"，《关于推动现代职业教育高质量发展的意见》等文件为职业教育发展指明路径。2022年4月，《中华人民共和国职业教育法》完成了制定26年以来的首次"大修"，明确"职业教育是与普通教育具有同等重要地位的教育类型"，在完善招考制度、畅通升学通道、创造公平就业环境等方面实现了重大突破。

职业教育办学"天花板"被逐步打破，"中职、高职专科、职业本科"一体化的职业学校体系基本建成，中职的基础地位进一步巩固，高职专科的主体地位不断强化，职业本科正在稳步发展。

2019年1月，《国家职业教育改革实施方案》公开发布，其中明确提出"建立'职教高考'制度，完善'文化素质＋职业技能'的考试招生办法，提高生源质量，为学生接受高等职业教育提供多种入学方式和学习方式"。这是"职教高考"概念第一次被明确提出。《中华人民共和国职业教育法》第三十七条规定：国家建立符合职业教育特点的考试招生制度，高等职业学校可以按照国家有关规定，采取文化素质与职业技能相结合的考核方式招收学生。这是我国从立法的角度对"职教高考"进行的阐述。此后，全国各省都对职教高考制度进行了积极探索与实践。

近年来，四川省中职毕业生升学人数平均以每年 20% 的速度增长。以 2023 年为例，报名参加职教高考人数为 234 738 人，约占毕业生人数的 78%。可见，中职毕业生提升学历水平既是学生、家长的首要选择，也符合四川经济社会发展、职业教育高质量发展需要。目前，四川省职教高考主要有"高职单招"和"对口升学考试"两种方式。"高职单招"在实施过程中，考生只能报考一所院校，且考试标准不统一。"对口升学考试"则存在技能考试形式化、部分专业类别学生"学无所考"等问题。目前四川省职教高考的两种方式，均不利于进一步完善职业教育人才培养"立交桥"，因此，四川省亟待通过完善"职教高考"制度建设、优化考试内容与方法等举措，探索开展独具四川特色的"职教高考"制度改革。

本书收集了四川省职教高考现状调研报告，以及四川相关市（州）学校对职教高考探索实践的案例，同时收录了四川省普通高校招生职业技能考试大纲（2023 年版）。全书较为详尽地展示了四川省职教高考现状，分析了四川省职教高考面临的形势和发展趋势。市（州）学校职教高考探索实践案例对广大教育工作者，特别是职教工作者有很好的借鉴交流作用。四川省普通高校招生职业技能考试大纲（2023 年版）的收录，也能对广大读者起到工具书的作用。希望本书的出版对推进四川职教高考改革有所助益。

目　录
CONTENTS

第一部分　调研报告

第二部分　市州、学校职教高考案例报告

第三部分　四川省普通高校招生职业技能考试大纲（2023年版）

第一部分

▶▶▶ 调研报告

四川省普通高校对口考试招生调研报告

张　刚　杨　红　刘清太　尹　毅

摘　要：建立符合四川特点的职教高考制度，需要对招考类别名称、"文化素质＋职业技能"的考试分值、考试方式、考试内容、考试组织、考生志愿填报进行全面分析，解决考什么、怎么考、怎么招的问题。通过调研表明四川省目前所设招考类别名称与实际相一致，"文化素质＋职业技能"考核方式体现职业教育特色，符合职业教育实际。在提高现行分值，增设职业技能（应会）组考院校，实行职业技能（应知）统一笔试，实施"专业＋院校"的平行志愿录取等方面具有广泛共识。

关键词：职教高考；文化素质；职业技能；平等志愿

建立"职教高考"制度，完善"文化素质＋职业技能"的考试招生办法，提高生源质量，为学生接受高等职业教育提供多种入学方式和学习方式，是贯彻全国、全省职业教育大会精神，落实《国家教育改革实施方案》《四川省职业教育改革实施方案》和中共中央办公厅、国务院办公厅《关于推动现代职业教育高质量发展的意见》的具体要求。

为做好四川省高等职业教育分类考试招生改革，探索构建具有类型教育特色的四川职教招考制度，课题组通过线上和线下两种调研方式，对全省职业教育专家、教科研机构、招考机构、高等职业院校、中等职业学校开展了此次调研。本次线上和线下调研共收到问卷383份，其中线上调研共收到教科研机构、招考机构、高等职业院校、中等职业学校有效问卷共314份，线下调研共收到现场专家问卷69份。现将本次线上、线下（专家现场调研）调研情况分析如下：

一、调研对象分析

（一）线上调研对象职务分析

本次线上问卷调研对象主要是高校招生处处长，职教室主任，中职学校校长、副校长、教务处主任、教师等。共收回有效问卷 314 份，其中中职学校校长 9 人，副校长 69 人，教务处主任 92 人，教师 37 人，招就处人员 23 人，其他人员 84 人。

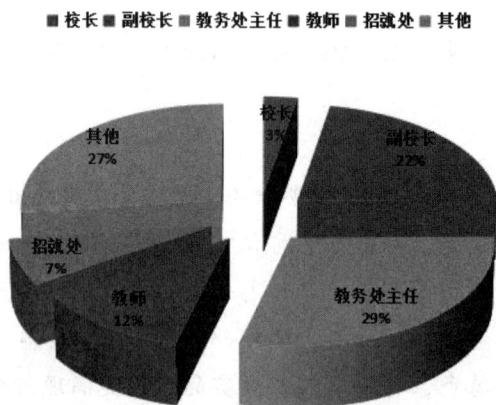

图 1　调研对象职务分析

由图 1 可见，线上调研回答问题主体具有广泛的代表性，多是跟学校教学工作高度相关的教务处主任、教学副校长，占比达到了 51%，所反馈的结果与对口考试招生改革相关性高，说服力强。

（二）线上调研对象来源分析

本次线上调研问卷主要涉及教科研机构、招考机构、高等职业院校、中等职业学校。其中收到高职院校问卷 48 份，中职学校问卷 247 份，教科研机构问卷 18 份，招考机构问卷 1 份。

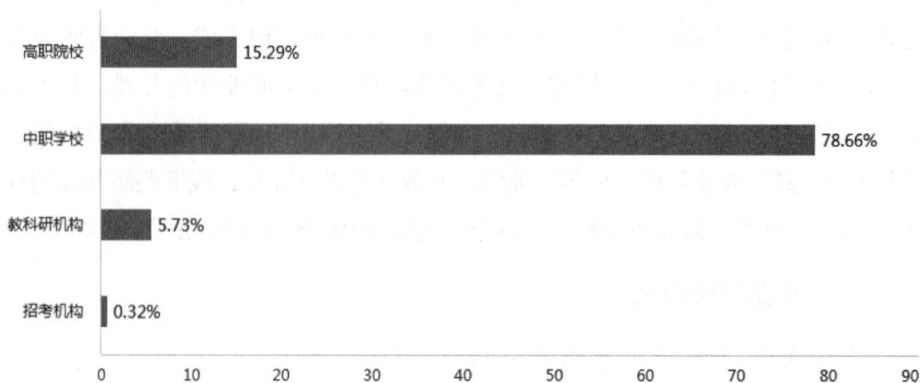

图2　线上调研对象来源分析

由图 2 可见，线上调研参与主体是中等职业技术学校，这一方面反映了四川省中高职院校办学的具体实际，另一方面表明中等职业学校对职教高考的关注度比较高，参与性强。由此产生的调研结果也多体现了中职学校的观点。

（三）线下调研专家来源分析

本次线下调研对象主要为中高职计算机类考纲编写专家，共收到有效问卷 69 份，其中高等职业院校专家有效问卷 47 份，中等职业学校有效问卷 22 份。

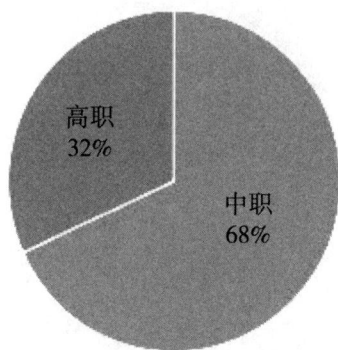

图 3 线下调研专家来源分析

由图 3 可见，线下专家调研中高职院校专家占比达到 68%，中职学校专家达到 32%，这与专家团队中高职专家构成结构比例完全一致。因此，调研结果主要反应了高职院校专家的观点。

二、关于对口招生考试专业类别设置

（一）考试类别名称是否符合专业实际

线上调研对象中 88.54% 认为现行招生考试类别名称符合专业实际，9.24% 认为不符合实际。针对这个问题提出建议达到 49 条，占 15.61%。建议主要集中在希望能根据国家新的专业目录对现行的专业目录进行修改，根据专业发展情况适当增加一些专业类别，如增加物流服务专业、新能源专业、艺术体育类专业、铁道运输专业等。

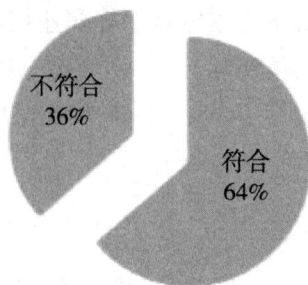

图4　线下专家调研总体情况

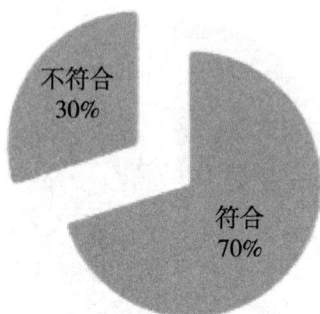

图5　线下高职专家调研情况

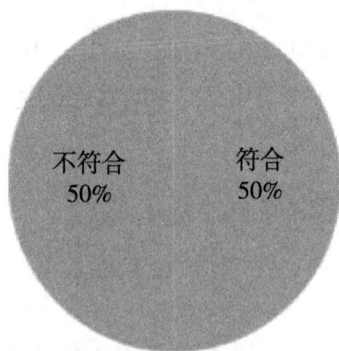

图6　线下中职专家调研情况

由图4～图6可见，线下专家调研中64%的专家认为考试类别名称符合专业实际，36%的专家认为不符合，整体而言认为考试类别名称符合专业实际的整体比例不高，还有待理一步调整。就中、高职专家意见而言，70%的高职专家认为符合专业实际，比例明显比中职专家的 50% 要高。由此可见，针对考试类别名称是否符合专业实际这一问题，中、高职专家意见存在较大差距，同时中职专家组内分歧也很大。

通过专家意见建议的分析，专家建议需要进行类别名称调整的主要集中在加工制造类、材料类、财经商贸类、能源化工类、农林牧渔类专业。

（二）专业类别设置是否需要调整

线上调研对象中 53.5% 认为专业类别设置不需要调整，44.59% 认为需要调整，这表明在专业类别是否需要调整的问题上，两者分歧很大。针对这个问题提出建议达到 71 条，占 22.61%，建议主要集中在专业的拆分、新增上。如：财经商贸类太大，是否可以增设物流专业？轻纺食品类可拆分为轻纺、食品两类等。

由图 7～图 9 可见，线下专家调研中 83% 的专家认为需要进行调整，17% 的专家认为不需要调整。而从各类专家内部数据来看，中、高职专家在这个问题上意见大致统一。

通过对反馈意见的分析，建议主要集中在希望将"轻纺食品类"调整为"轻纺化工类"，"餐饮类"调整为"餐饮食品类"，新增"交通运输类"，新增"能源与化工类"，将"加工制造"调整为"机械类、制造类或机电类"，不建议删除"汽车类"等。

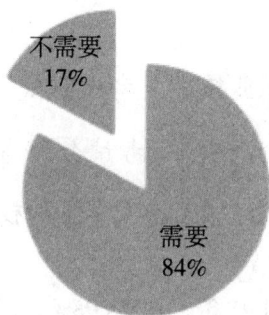

不需要
17%

需要
84%

图7 线下专家对专业类别调整的意见

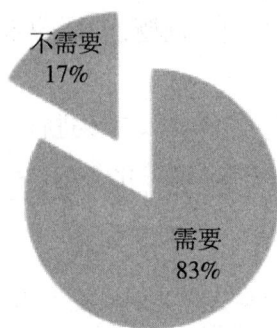

图8 线下高职专家对专业类别调整的意见

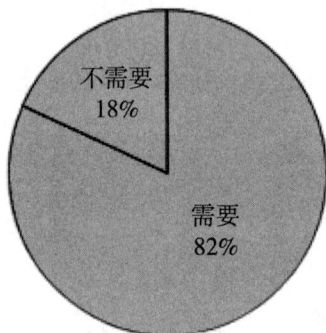

图9 线下中职专业对专业类别调整的意见

三、关于"文化素质＋职业技能"考试方式

（一）"文化素质＋职业技能"考试分值各占50%？

线上调研对象中71.66%认为"文化素质＋职业技能"考试分值各占50%合理，27.07%认为不合理。

针对这个问题提出建议达到91条，占28.98%。建议主要集中在希望增加"职业技能"考试的分值，希望分值比例能提高到60%。

由图10～图12可见，线下专家调研中68%的专家认为在总分750分不变的情况下，"文化素质＋职业技能"考试分值需要调整，32%的专家认为不需要调整。但中职专家和高职专家对进行调整的赞同度呈现出较大的差距，高达82%的中职专家认为需要调整，仅有62%的高职专家认为需要调整。

通过反馈意见分析，建议主要集中在高职专家希望"文化素质"分值比例高一些，中职专家则希望"职业技能"分值比例高一些，也有专家希望总分增加到800分，"文化素质"和"职业技能"各占400分，还有专家建议文科类专业可保持不变，理科类专业可考虑调整增加物理化学综合等。

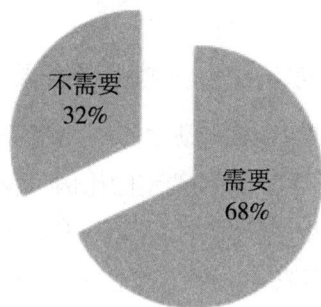

图10　专家"文化素质+职业技能"分值调整反馈

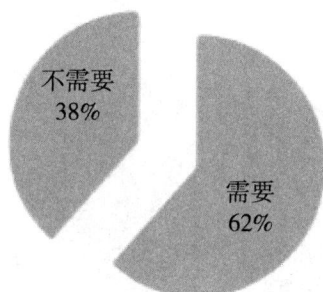

图11　高职专家"文化素质+职业技能"分值调整反馈

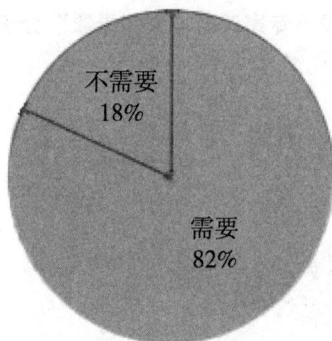

图12　中职专家"文化素质+职业技能"分值调整反馈

线上调研对象中75.8%认为"文化素质"考试分值不需要调整，21.34%认为需要调整，这也主要反映了中等职业学校的观点。

针对这个问题提出建议达到60条，占19.11%，建议主要集中在希望增加语文学科的考试分值，适当降低数学、英语的分值，也有提出是否可以提高政治的分值等。

（二）现行文化素质考试学科分值是否需要调整？

由图13～图15可见，线下专家调研中54%的专家认为现行"文化素质"考试分值不需要调整，略高于认为需要调整的比例，表明中高职专家对"文化素质"分值调整的分歧比较大。高职专家认为不需要调整的比例高，中职专家认为需要调整的比例高，中高职专家存在明显的不一致，这与高职专家看重学生"文化素质"，中职专家看重"职业技能"的观点一致。

通过反馈意见分析，无论中职专家还是高职专家，普遍建议把语文分值提高，适当降低英语学科分值。

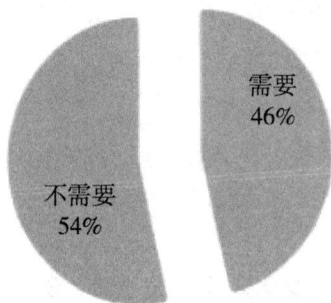

图13　线下专家调研"文化素质"分值反馈

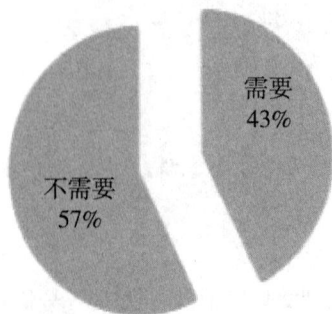

图14　线下高职专业调研"文化素质"分值反馈

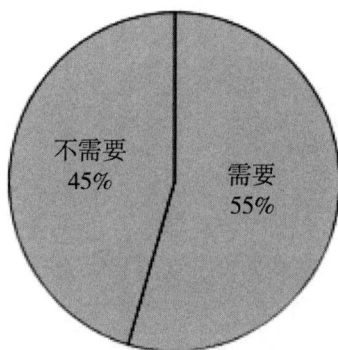

图15 线下中职专业调研"文化素质"分值反馈

（三）现行"职业技能"考试分值比例是否需要调整？

线上调研对象中74.52%认为"职业技能"考试分值不需要调整，24.2%认为需要调整。

该问题提出建议达到78条，占24.84%，建议主要集中在增加"职业技能"考试的分值，但也对技能考试的组织难度和考试的公平性存在顾虑。

由图16～图18可见，线下专家调研中83%的专家认为现行"职业技能"考试分值需要调整，17%的专家认为不需要调整。而中职专家认为需要调整的比例比高职专家高出12个百分点。可见，中职专家更支持应知、应会分值的调整。

通过反馈意见分析，无论中职专家还是高职专家，多数支持把应知、应会分值调整为各200分。

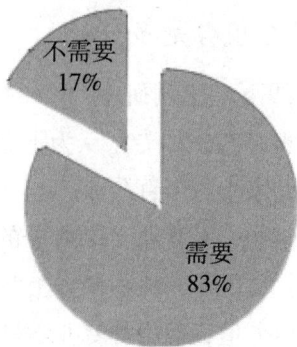

图16 线下调研"职业技能"分值反馈

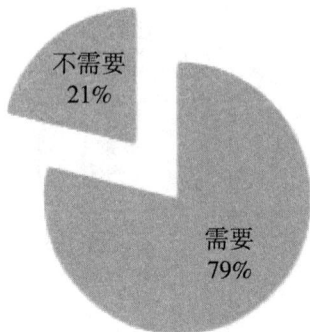

图17 线下调研"职业技能"分值高职专家反馈

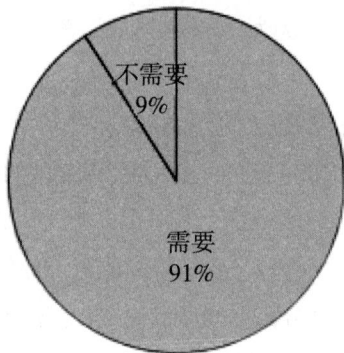

图18 线下调研"职业技能"分值中职专家反馈

（四）现行"文化素质＋职业技能"总分750分是否需要调整？调整后的总分及单项分值各是多少？

由图19～图21可见，线下专家调研中68%的专家认为"文化素质＋职业技能"总分750分需要调整，32%的专家认为不需要调整。其中中职专家认为需要调整的比例高于高职专家十三个百分点。

通过反馈意见分析，建议把总分增加到800分的意见较集中，也有个别希望能增加到1 000分。在语、数、外分值的调整上意见不统一，有的建议增加语文分值，有的建议减少英语分值，但增加专业学科分值普遍比较认可。

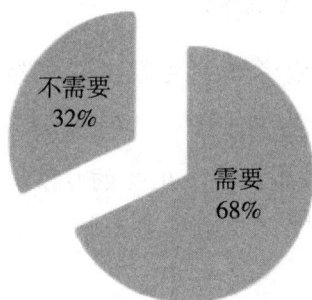

图19　线下调研总分值调整反馈

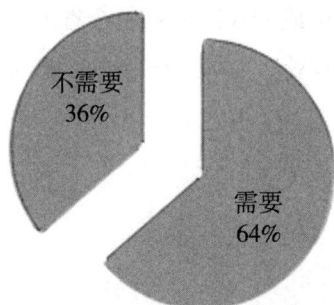

图20　线下调研总分值调整高职专家反馈

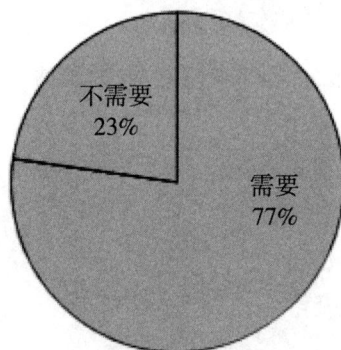

图21　线下调研总分值调整中职专家反馈

四、职业技能考试组织与实施

（一）全省职业技能统考集中在组考院校组织实施的方式是否需要改进？您的意见和建议是什么？

由图22～图24可见，线下调研中91%的专家认为全省职业技能统考集中在组考院校组织实施的方式需要进行改进，中、高职专家在这个问题上观点趋于一致。

通过反馈意见分析，无论中职专家，还是高职专家都建议纸质试卷（应知）可实行"统一试卷、分散考试、集中阅卷"方式进行。操作技能（应会）根据考生规模大小可采取集中或分片区方式由全省统一考试标准、统一考试时间、统一考试内容、统一考试场次、统一抽取专家进行现场监督。

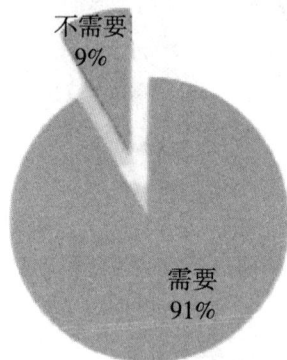

不需要
9%

需要
91%

图22　线下调研集中考试反馈

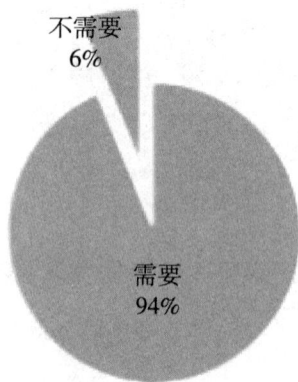

不需要
6%

需要
94%

图23　线下调研集中考试高职专家反馈

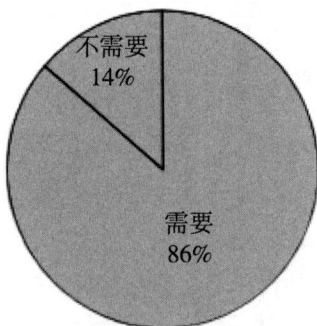

图24 线下调研集中考试中职专家反馈

（二）专业知识（应知）考试方式由市（州）招考机构统一组织（笔试）

线上调研对象中74.84%认为专业知识（应知）由市（州）招考机构统一组织（笔试）符合改革发展需要，24.2%认为不需要改为笔试。

该问题提出建议达到63条，占20.06%，建议主要体现在全省统一考试标准、统一考试时间、统一考试组织、统一组织阅卷、统一公布成绩，这能更好体现招生考试的公平性、公正性、权威性。

由图25～图27可见，线下专家调研中86%的专家认为需要将专业知识（应知）考试方式由院校组织调整为由市（州）招考机构统一组织实施。中、高职专业在这个问题上的意见趋于一致，而且中职专家的意愿表现得更强烈。

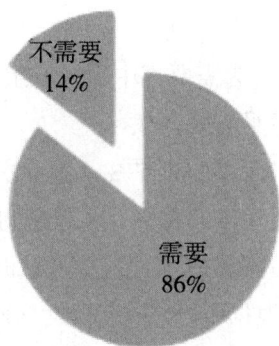

图25 线下调研应知考试市（州）招考机构组织反馈

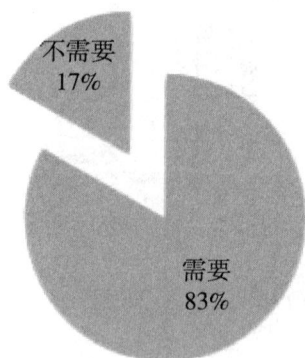

图26　线下调研应知考试市（州）招考机构组织高职专家反馈

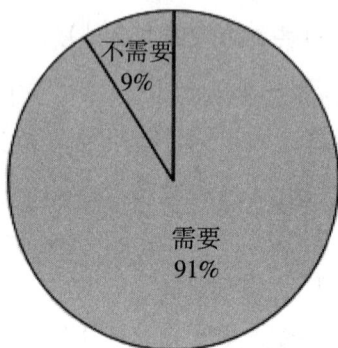

图27　线下调研应知考试市（州）招考机构组织中职专家反馈

（三）职业技能统考（应会）集中在一所组考院校进行的方式是否需要调整？

线上调研对象中43.95%认为需要集中到一所组考院校，而55.73%认为不需要，大家在这个问题上的意见分歧很大。

该问题提出建议达到96条，占30.57%，是此次调研中建议最多的一个题目，可见大家对这个问题的关注度非常高，也希望得到更多的改变。

建议主要集中在全省统一考试标准、统一考试时间、统一考试内容、统一考试场次、统一抽取专家，根据专业参考人数，分片区设立职业技能组考院校，确保考试公平公正。

由图28～图30可见，线下专家调研中78%的专家认为需要对现行一所组考院校组织实施职业技能统考（应会）的方式进行调整，22%的专家认为不需要调整。大家普遍认为在一所学校组织，标准更统一，组考院校组织相对容易，设备设施一致，更加公平。

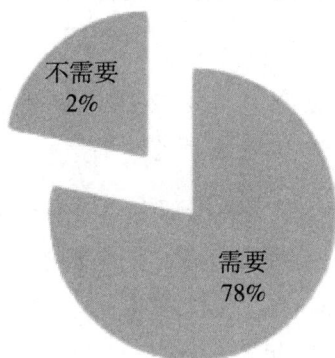

图28 线下调研技能统考集中反馈

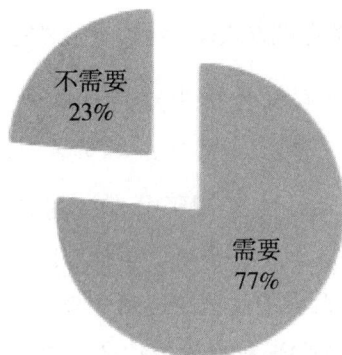

图29 线下调研技能统考高职专家反馈

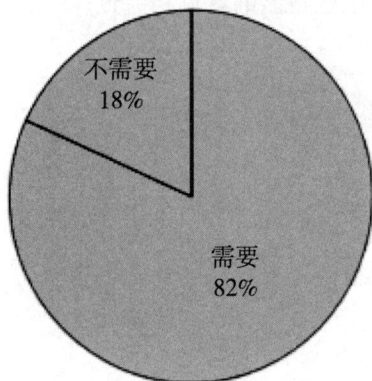

图30 线下调研技能统考中职专家反馈

通过反馈意见分析，多数支持根据考生人数多少，采用分片区组织考试，认为这样能有效降低考试组织成本，降低学校组织学生参考的安全性风险，但同时对考试的公平性、组考院校的选择、设备设施的统一、作品的评价等普遍比较担心。

（四）技能操作（应会）将本专业全部核心技能列为考试内容，每年从中选择部分内容进行考试是否合理？

线上调研对象中88.85%认为将全部专业核心技能列为考试内容，最终选取部分技能作为考试内容是合理的，得到了广泛支持。10.51%认为不合理。

该问题提出建议达到58条，占18.47%，是此次调研中提出建议最少的题目。所提建议集中在技能考核点谁来抽取、何时抽取、抽取后如何组织等。同时还存在如下担忧：一是多个技能考核点是否会加重学生的学习负担？二是对民族地区和边远地区学生来说，学习难度是否变相地增大了？三是组考院校面临不断变换的考核内容是否有足够的考试方式设计能力、检测能力、考试组织能力？

（五）现行职业技能考试大纲中规定的技能操作（应会）所涉及专业技能为1～2个，是否需要增加？您的意见和建议是什么？

由图31～图33可见，线下专家调研中80%的专家认为需要增加技能操作（应会）考点，20%的专家认为不需要，增加技能考核点的意见具有较高的一致性。中职专家认为需要调整的比例高达到91%，高于高职专家需要调整的比例17个百分点。说明中职专家对现行考什么，教什么的方式不赞同，希望能强化专业技能课的学习，体现职业教育的特色。这与前面高职专家更看重文化素质，中职专家更看重职业技能的意见相一致。

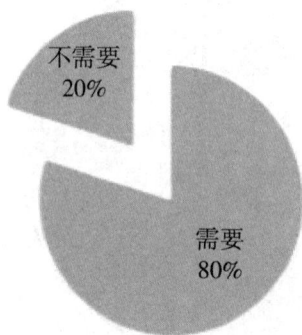

图31 技能考核点是否需要增加问题反馈

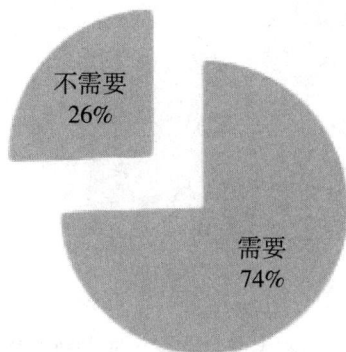

图32 高职专家对技能考核点是否需要增加问题反馈

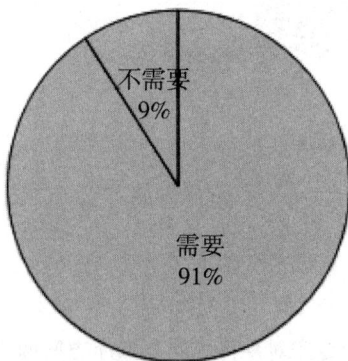

图33 中职专家对技能考核点是否需要增加问题反馈

通过反馈意见的分析，专家们认为，技能点的增加与否要根据各专业的具体情况而论，不能搞一刀切，有的专业考点已经较多，不能再增加。

五、志愿设置

（一）您认为平行志愿、顺序志愿哪种更加适合职业教育考试招生？

由图34～图36可见，线下专家调研中83%的专家认为平行志愿更符合职业教育考试招生，17%的专家认为顺序志愿更符合职业教育考试招生，中、高职专家的意见具有很高的相似性。

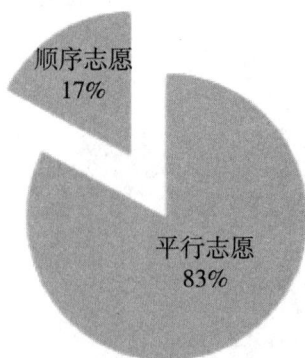

图34　平行志愿与顺序志愿调研反馈

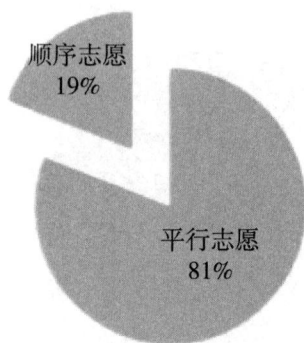

图35　高职专家对平行志愿与顺序志愿调研反馈

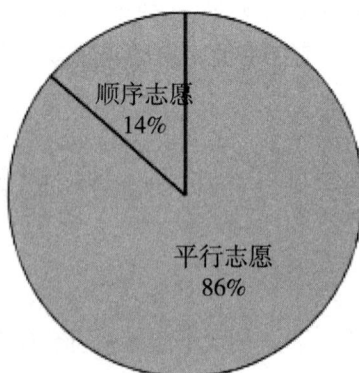

图36　中职专家对平行志愿与顺序志愿调研反馈

（二）您认为"专业＋院校""院校＋专业"平行志愿模式哪种更利于选拔职教人才？

由图37～图39可见，线下专家调研中86%的专家认为"专业＋院校"平行志愿更利于选拔职教人才，14%的专家认为"院校＋专业"平行志愿更利于选拔职教人才，中、高职专家的意见非常一致。

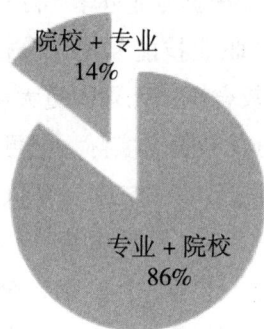

图37　两种志愿模式调研反馈

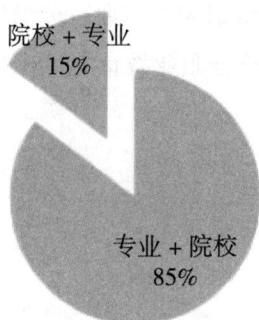

图38　高职专家两种志愿模式调研反馈

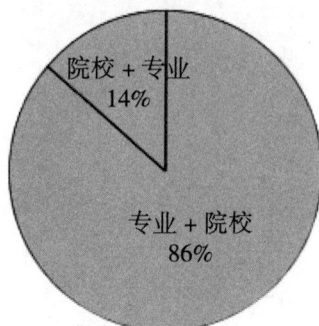

图39　中职专家两种志愿模式调研反馈

六、调研结论

（1）现行招生考试类别名称符合专业实际，不需要进行过多调整，仅需对加工制造类、材料类、财经商贸类、能源化工类、农林牧渔类招生考试类别名称进行微调。

（2）招生专业考试类别应根据专业办学实际进行必要调整和改变。

（3）"文化素质"与"职业技能"考试分值各占一半，符合职业学校实际。现行语数外的分值比较合理，无须做更大调整。专业知识（应知）200分，技能操作（应会）150分比较符合实际，但可适当增加操作技能分值。现行"文化素质＋职业技能"考试分值为750分建议调整为800分。

（4）对专业知识（应知）的考试由市（州）招考机构统一组织（笔试）。对技能操作（应会）建议根据考生人数，全省统一考试标准、统一考试时间、统一考试内容、统一考试场次、统一抽取专家，分片区设立技能组考院校。对技能操作（应会）考试内容，建议从多个核心技能考点中进行随机抽取，确保考试公平公正，但同时希望不要过度增加学生学习负担。

（5）"平行志愿"更符合职业教育考试招生，"专业＋院校"平行志愿更利于选拔职教人才。

四川省职教高考专业类别设置研究报告

尹毅　鲜凌瑾　彭瑶瑶

摘　要：本文首先分析了四川省职教高考考试类别设置现状，并调研了山东、江苏、重庆、浙江四个省份（直辖市）职教高考考试类别设置情况。在四川省内，以调查问卷的形式对教科研机构、招考机构、高等职业院校、中等职业学校开展了"四川省普通高校对口考试招生调研"。同时，对四川省中职专业开设情况进行了分析。最后，建议对四川省现行职教高考专业类别设置进行系统规划，稳步推进并做适当调整，为下一步更好地推行职教高考做积极准备。

关键词：职教高考；考试类别；专业设置

一、四川省职教高考考试类别设置现状分析

截至 2021 年，四川省对口招生考试类别共 15 个：农林牧渔类、土木水利类、财经商贸类、信息技术一类、信息技术二类、加工制造类、公共管理与服务类、文化艺术类、旅游服务一类、旅游服务二类、轻纺食品类、医药卫生类、材料类、教育类、汽车类。

考试类别是参照国家教育部颁布的《中等职业学校专业目录（2010 年修订）》（以下简称《专业目录》），于 2010 年确定的。其中，因为《专业目录》信息技术类包括了计算机、电子两个专业，旅游服务类包括了旅游、烹饪两个专业，因此，四川省在进行职教高考考试类别确定时，对应命名为信息技术一类（计算机）、信息技术二类（电子）、旅游服务一类（旅游）、旅游服务二类（烹饪）。

2019 年，综合考虑学生发展需求和四川省重点产业发展需要，增设了教育类、汽车类两个考试类别。

二、四川省对口招生考试类别设置专题调研

（一）外省（直辖市）考试类别设置情况调研

1.山东省

18个专业大类，包括农林果蔬类、畜牧养殖类、土建类、机械类、机电一体化、电工电子类、化工类、服装类、汽车类、信息技术类、医药类、护理类、财经类、商贸类、烹饪类、旅游服务类、文秘服务类、学前服务类。

2.江苏省

17个考试类别，包括建筑类、机械类、机电一体化类、电子电工类、计算机应用类、化工类、农业类、财会类、市场营销类、旅游管理类、艺术类、烹饪类、汽车类、纺织服装类、体育类、食品类、药品类。

3.重庆市

16个专业类别，包括园林类、机械加工类、电器技术类、汽车类、计算机类、电子技术类、土建类、护理类、药剂类、电子商贸类、旅游类、会计类、服装设计与工艺类、教育类、畜牧兽医类、艺术类。

4.浙江省

17个考试类别，包括机械类、计算机类、文秘类、化工（环保）类、药学类、建筑类、烹饪类、旅游服务类、服装类、财会类、电子与电工类、商业类、外贸类、医学护理类、农艺类、艺术类和其他类。

综合来看，有关省市对口考试招生专业类别的划分普遍依据专业类进行设置，基本保证相关专业的考生可对应报考。同时，均未严格按照教育部颁布的《专业目录》中规定的名称来命名专业类别名称，主要结合本省产业发展、专业设置现状来确定考试的专业类别个数和名称。

（二）四川省对口招生考试类别设置情况调研

2021年11月，四川省教育科学研究院开展了"四川省普通高校对口考试招生调研"，覆盖全省21个市（州）。本次调研共收到教科研机构、招考机构、高等职业院校、中等职业学校问卷314份。其中，高职院校问卷48份，中职学校247份，教科研机构18份，招考机构1份。

值得注意的调研题目有两条。一是"专业招生考试类别名称是否符合专业实际"。调研结果为：88.54%的被调研者认为现行的招生考试类别名称符合专

业实际，处于绝对主导地位，但也有 9.24% 的被调研者认为不符合要求。针对这个问题提出建议达到 49 条，建议主要集中在希望能根据国家新的《专业目录》对现行的专业目录进行修改，根据专业发展情况适当增加一些专业类别。如：物流服务类、新能源类、艺术体育类、铁道运输专业类等。

二是"专业类别设置是否有必要调整"。调研结果为：53.41% 的被调研者认为专业类别设置不需要调整，44.59% 的被调研者认为需要调整。这表明在是否需要调整的问题上，两者的水平大体相当。针对这个问题提出建议达到 71 条，占22.61%。建议主要集中在希望一些专业予以拆分，一些新专业予以新增等。如：财经商贸类范围太大，是否可以增设物流服务类；轻纺食品类拆分为轻纺、食品两类等。

三、四川省中职专业开设情况分析

（一）专业布点数和学生总数

1. 专业大类（表1）

表1 四川省中职专业大类开设情况

专业大类代码	专业大类名称	专业点数/个	学生总数/人	2020 年	2019 年	2018 年
61	农林牧渔大类	127	22 692	9 175	6 697	6 820
62	资源环境与安全大类	20	1 664	797	550	317
63	能源动力与材料大类	9	1 217	521	295	401
64	土木建筑大类	105	22 201	9 466	6 957	5 778
65	水利大类	2	176	67	80	29
66	装备制造大类	360	67 095	26 367	21 368	19 360
67	生物与化工大类	10	1 273	471	456	346
68	轻工纺织大类	62	6 447	2 958	1 995	1 494
69	食品药品与粮食大类	15	1 807	908	426	473
70	交通运输大类	393	140 807	51 681	45 805	43 321
71	电子与信息大类	496	160 880	66 857	50 109	43 914
72	医药卫生大类	115	90 944	35 591	28 081	27 272
73	财经商贸大类	265	52 214	20 558	16 603	15 053
74	旅游大类	289	56 792	22 198	18 197	16 397
75	文化艺术大类	164	20 710	7 859	6 546	6 305
76	新闻传播大类	26	2 246	1 243	513	490
77	教育与体育大类	185	98 790	35 417	33 060	30 313
78	公安与司法大类	3	1 449	624	525	300
79	公共管理与服务大类	89	16 041	6319	5 366	4 356
总计	19	2 735	765 445	299 077	243 629	222 739

2.专业类情况（来自学籍系统填报数据）（表2）

表2　四川省中职专业类情况

专业类代码	专业类	专业点数/个	学生总数/人	2020年	2019年	2018年
6101	农业类	83	14 417	5 757	4 467	4 193
6102	林业类	14	1 732	584	441	707
6103	畜牧业类	7	6 172	2 690	1 689	1 793
6104	渔业类	3	371	144	100	127
6203	测绘地理信息类	2	619	185	266	168
6204	石油与天然气类	11	475	162	187	126
6208	环境保护类	2	396	276	97	23
6209	安全类	2	174	174	0	0
6301	电力技术类	2	310	140	0	170
6303	新能源发电工程类	2	204	44	60	100
6307	建筑材料类	5	703	337	235	131
6401	建筑设计类	16	2 043	831	608	604
6402	城乡规划与管理类	1	18	18	0	0
6403	土建施工类	63	1 7523	7 466	5 589	4 468
6404	建筑设备类	4	573	190	208	175
6405	建设工程管理类	12	1 825	869	499	457
6406	市政工程类	2	219	92	53	74
6502	水利工程与管理类	2	176	67	80	29
6601	机械设计制造类	195	38 713	14 490	12 578	11 645
6602	机电设备类	8	889	298	298	293
6603	自动化类	106	17 867	7 607	5 583	4 677
6606	航空装备类	9	696	632	49	15
6607	汽车制造类	37	8 930	3 340	2 860	2 730
6701	生物技术类	1	274	142	95	37
6702	化工技术类	9	999	329	361	309
6801	轻化工类	1	75	59	16	0
6804	纺织服装类	61	6 372	2 899	1 979	1 494
6901	食品类	4	1 520	742	382	396
6902	药品与医疗器械类	4	280	165	42	73
6903	粮食类	1	7	1	2	4
7001	铁道运输类	53	21 040	7 096	6 702	7 242
7002	道路运输类	203	70 958	27 249	21 656	22 053
7003	水上运输类	6	656	381	168	107
7004	航空运输类	95	41 875	14 401	15 253	12 221

续表

专业类代码	专业类	专业点数/个	学生总数/人	2020年	2019年	2018年
7006	城市轨道交通类	34	6 275	2 554	2 026	1 695
7007	邮政类	1	3	0	0	3
7101	电子信息类	193	36 559	14 675	11 285	10 599
7102	计算机类	294	123 784	51 961	38 655	33 168
7103	通信类	8	503	196	165	142
7104	集成电路类	1	34	25	4	5
7202	护理类	25	48 110	18 698	14 535	14 877
7203	药学类	15	13 210	4 919	4 197	4 094
7204	中医药类	20	12 506	4 542	3 976	3 988
7205	医学技术类	39	14 001	5 889	4 432	3 680
7206	康复治疗类	12	2 852	1 425	849	578
7208	健康管理与促进类	1	77	43	16	18
7209	眼视光类	3	188	75	76	37
7302	金融类	7	699	242	186	271
7303	财务会计类	86	26 270	10 269	8 194	7 807
7305	经济贸易类	1	36	22	14	0
7306	工商管理类	4	1 549	521	448	580
7307	电子商务类	95	20 679	8 473	6 898	5 308
7308	物流类	24	2 981	1 031	863	1 087
7401	旅游类	220	43 414	16 949	13 750	12 715
7402	餐饮类	65	13 378	5 249	4 447	3 682
7501	艺术设计类	84	11 004	4 859	3 288	2 857
7502	表演艺术类	51	6 915	1 889	2 278	2 748
7503	民族文化艺术类	16	1 444	527	566	351
7504	文化服务类	10	1 347	584	414	349
7602	广播影视类	22	2 246	1 243	513	490
7701	教育类	145	93 136	32 423	31 516	29 197
7702	语言类	4	582	318	147	117
7703	体育类	36	5 072	2 676	1 397	999
7804	法律实务类	2	802	286	357	159
7807	安全防范类	1	647	338	168	141
7901	公共事业类	16	2 639	985	893	761
7902	公共管理类	8	1 634	486	659	489
7903	公共服务类	41	5 750	2 338	1 899	1 513
7904	文秘类	23	6 018	2 510	1 915	1 593
总计	69	2638	765 445	299 077	243 629	222 739

（二）专业人才培养现状分析

由表 1 可见，中职在校生超过 5 万人的有 7 个专业大类：电子与信息大类、交通运输大类、教育与体育大类、医药卫生大类、装备制造大类、旅游大类、财经商贸大类。中职在校生在 2 万人左右的有 4 个专业大类：农林牧渔大类、土木建筑大类、文化艺术大类、公共管理与服务大类。其余专业大类在校生人数均在 7 000 人以下，大多数在 1 500 人左右。

由表 2 可见，在校生人数在 5 000 人以上的专业类有 27 个，其中，在校生人数在 3 万人以上的专业类有 8 个：机械设计制造类、道路运输类、航空运输类、电子信息类、计算机类、护理类、旅游类、教育类；在校生人数在 1 万～2 万人的专业类有 11 个：农业类、土建施工类、自动化类、铁道运输类、药学类、中医药类、医学技术类、财务会计类、电子商务类、艺术设计类、餐饮类；在校生人数大于 5 000、小于 1 万人的专业类有 8 个：畜牧业类、汽车制造类、纺织服务类、城市轨道交通类、表演艺术类、体育类、公共服务类、文秘类。

四、考试类别设置建议

2021 年 3 月，教育部已发布最新的中职、高职、职业本科专业目录，相应专业大类、专业类、专业名称已形成纵向衔接的体系。四川省对口招生考试类别设置已沿用多年，近年虽进行过一些微调，但已无法满足职业教育类型定位的最新要求和技术技能人才提升学历层次的实际需要。因此，建议对现有考试类别进行系统规划，稳步推进并作适当调整，为四川省更好地推行职教高考作出积极准备。

（1）根据 2021 版职业院校专业目录，参照山东、江苏、重庆、浙江等省、市的考试专业类别，对四川省考试类别名称按照专业类进行统一规范。

（2）根据在校生人数，分步增设调整考试专业类别，建议提前制定相关专业类别考试大纲，有序推进考试专业类别完善。

第一步：在校生人数 3 万人以上的专业类对口考试类别实现全覆盖。

①新增交通运输类；

②将加工制造类名称修改为智能制造类；

③将信息技术一类调整为电子信息类、信息技术二类调整为计算机类；

④将旅游服务一类调整为旅游类、旅游服务二类调整为餐饮类；

⑤将材料类调整为材料与资源环境类。

第二步：在校生人数1万～2万人的专业类对口考试类别实现全覆盖。

①将农林牧渔类分为：农业类、畜牧业类；

②将财经商贸类分为：财务会计类、电子商务类；

③将医药卫生类分为：护理类、药学类、医学技术类。

第三步：在校生人数大于5 000、小于1万人的专业类对口考试类别实现全覆盖，并统筹考虑相关专业类，以后每年根据职教高考体系建设需求，不断完善考试类别。

①新增体育类、能源化工类；

②将文化艺术类分为：艺术设计类、表演艺术类；

③将轻纺食品类分为：轻纺服装类、食品类。

四川省高职单招调研报告

张　刚　杨　红　尹　毅

摘　要： 本文首先分析了四川省高职单招的现状，阐述了高职单招的政策依据、考试方法和内容，以及中职生参加高职单招的人数情况。基于以上现状，分析了目前四川省高职单招存在的问题。结合山东、江苏、重庆、浙江等省（市）高职单招的做法，提出了四川省高职单招的改革建议。

关键词： 四川；高职单招；改革建议

为贯彻落实《四川省职业教育改革实施方案》，进一步完善"文化素质＋职业技能"招生考试办法，使四川省高职单招考试更科学，更凸显职业教育类型教育地位，四川省教育科学研究院（简称"省教科院"）开展了专题调研，梳理四川省高职单招考试的现状及问题，并借鉴其他省（市）改革做法，提出改革建议。

一、四川省高职单招现状及问题

2021年9月，省教科院与四川省教育考试院相关人员进行了座谈，全面掌握高职单招最新政策。同时，调研了全省15个市（州）58所中等职业学校和5所高职院校，梳理了四川省高职单招现状及问题。

（一）高职单招政策依据

根据《教育部、财政部关于实施国家示范性高等职业院校建设计划加快高等职业教育改革与发展的意见》文件精神，自2007年起，我国开展了高职院校单独招生（简称"高职单招"）试点工作。2008年，四川省率先在四川建筑职业技术学院、成都航空职业技术学院启动了高职单招试点工作，其初衷是适应国家改革，为优质高职院校选拔优质生源。随着经济社会的发展，以及高职扩招等政策的出台，2020年四川省进行高职单招的高职院校已有90所。

（二）高职单招考试方法、内容

目前，四川省高职单招采用"文化考试＋职业技能"的考试形式，但是，除文化课由省考试院统一命题外，专业课的考试方法、内容由各高职院校自主确定。

1.文化课考试方法、内容

文化课采用省考试院统一命题，各高职院校自主阅卷的考试方法。考试内容包括语文、数学、英语三科，每科 100 分，共 300 分，考试时间三科共计 150 分钟。

值得注意的是，多数高职院校根据本校所需，对语文、数学、英语的分值进行了折算，且折算占比并不一致。如四川省护理职业学院规定，语文占比 50%、数学占比 20%、英语占比 30%；四川城市职业学院规定，语文占比 60%，数学占比 20%，英语占比 20%。

2.专业课考试方法、内容

专业课考试方法、内容由各高职院校自主确定，差异性较大。一是总分不一致，有 350 分、300 分、200 分等情况；二是部分高职院校增加了综合素质测试，突出了对中职学生综合素质的要求；三是同一专业不同高职院校考试内容不同，如会计专业，四川财经职业学院考试内容包括《基础会计》《市场营销》《经济法律法规》及专业技能，而四川城市职业学院考试内容为专业学习情况、点钞技能及财经数字书写技能。

（三）高职单招已成为中职生升学主渠道

2019 年四川省中职毕业人数约为 310 000 人，参加职教高考人数为 129 200 人，占比 41.7%，比 2018 年增长 22.5%。其中，参加高职单招 112 300 人，约占参考人数的 86.9% 左右。可以说，高职单招已成为中职生升学主渠道，其考试方法、内容对中职教学有风向标的作用。

（四）高职单招待改进的问题

1.职业教育作为类型教育的特征凸显不够

一是文化课与专业课的分值比例不利于凸显职教特色。目前，文化课的分值比例较大，导致全省中职学校过分重视文化课教学，课时安排向文化课倾斜，挤压专业课，普高化倾向较为明显。二是专业技能考试简单化，不利于职教人才培养目标的实现。部分高职院校的技能考试过于简单、流于形式，甚至采用面试代替技能考试。

2.标准规范不够

一是文化课缺乏考试大纲，中职学校只能根据每年的考题来指导教学；加上部分高职院校对语文、数学、英语的分值任意折算，不利于中职教学。二是同一专业的考试方法、内容在不同高职院校差异较大又脱离中职教学实际，让中职学校教学开展无标准可循。三是部分高职院校不考专业理论知识，使中职学校学生不重视理论学习，影响其后续发展。

3.考生选择性单一，学校组织工作难度大

一是学生只能报考一所高职院校，选择余地很小。二是考生要到报考的高职院校进行考试，考点过于分散，既有安全隐患，又给中职学校组织赴考工作带来了很大的挑战。

二、外省（市）职教高考的做法

（一）山东省

山东省自2012年起推行春季高考，但保留了高职（专科）单独招生。

1.春季高考

山东省春季高考共有18个专业大类，包括农林果蔬类、畜牧养殖类、土建类、机械类、机电一体化、电工电子类、化工类、服装类、汽车类、信息技术类、医药类、护理类、财经类、商贸类、烹饪类、旅游服务类、文秘服务类、学前服务类等。每个专业大类根据报考人数设置了1～3所主考院校。实行"知识＋技能"考试模式，统一命题，统一组织考试。总分为750分，其中，"知识"部分的考试科目为语文120分、数学120分、英语80分、专业知识200分；"技能"科目考试分值为230分。

2.高职（专科）单独招生考试

山东省高职（专科）单独招生未对考试形式、内容做统一要求，规定各院校按照"文化素质"与"职业技能"并重、有利于选拔和培养高素质技术技能型人才的原则，完善单独招生考试形式和内容。

（二）江苏省

2020年，江苏省只有一类高职单招考试，即普通高校对口中等职业学校毕业生单独招生考试，包括本科、专科统招、专科注册入学三个批次。

1.考试类别

江苏省共 17 个考试类别，包括建筑类、机械类、机电一体化类、电子电工类、计算机应用类、化工类、农业类、财会类、市场营销类、旅游管理类、艺术类、烹饪类、汽车类、纺织服装类、体育类、食品类、药品类。

2.考试科目及分值

语文 150 分，数学 150 分，英语 100 分，专业综合理论 300 分，专业技能 300 分，满分 1 000 分。

（三）重庆市

2020 年，重庆市只有一类高职单招考试，即重庆市高等职业教育分类考试，应用型本科和高职专科采用一个考试方法，统一划线确定录取。

1.考试类别

重庆市有 16 个专业类别，包括园林类、机械加工类、电器技术类、汽车类、计算机类、电子技术类、土建类、护理类、药剂类、电子商贸类、旅游类、会计类、服装设计与工艺类、教育类、畜牧兽医类、艺术类。

2.考试科目及分值

由"文化素质"测试和"职业技能"测试组成，总分 750 分。其中，"文化素质"测试：语文、数学、英语三科合卷，各科分值均为 100 分，满分 300 分，考试时长 150 分钟。"职业技能"测试：包括专业综合理论测试和专业技能测试，分值分别为 200 分、250 分，满分 450 分。专业综合理论测试时间为 120 分钟。

（四）浙江省

2020 年，浙江省有高职提前招生工作、单独考试招生工作两类，其中高职提前招生工作主体是各高职试点院校。

1.考试类别

浙江省共 17 个考试类别，包括机械类、计算机类、文秘类、化工（环保）类、药学类、建筑类、烹饪类、旅游服务类、服装类、财会类、电子与电工类、商业类、外贸类、医学护理类、农艺类、艺术类和其他类。

2.考试科目及分值

语文、数学每门满分为 150 分，"职业技能"满分为 300 分，均以原始分记入考生总成绩，总成绩满分为600分，其中"职业技能"成绩为属于同一年度的技能操作与理论知识两部分成绩相加之和。

同时，拟报考有外语要求的学校、专业的考生，须先参加全国英语等级考试一级（PETS-1）及以上级别笔试，获得笔试合格成绩，方可报考相应专业。

另外，浙江省的专业职业技能考试的内容较为合理，如机械类技能操作考试项目分为钳工（专业考试代码为1）、车工（专业考试代码为2）、数控车工（华中系统）（专业考试代码为3）、数控车工（FANUC系统）（专业考试代码为4）、数控铣工（华中系统）（专业考试代码为5）、数控铣工（FANUC系统）（专业考试代码为6）等六个选项。

3.改革方向

浙江省从2022年招生录取起，"职业技能"操作考试将作为合格性考试，由省统一标准、市县组织，考试合格作为报考条件，"职业技能"理论知识考试仍全省统一组织。

三、四川省高职单招的改革建议

按照《国家职业教育改革实施方案》相关精神，结合调研情况及其他省（市）做法，建议四川省应加强顶层设计，推动四川省职教高考改革。

（一）推动高职单招、对口升学两考合一，建立四川省职教高考制度

2021年，四川省成立"四川省职教高考改革小组"，起草两考合一、建立职教高考制度方案。

1.建立动态机制，合理设置考试类别

目前，四川省有16个考试类别，基本涵盖了全省所有大类专业，符合中职现状。在此基础上建立考试类别动态调整制度，在合适的时机调整考试类别，如医药卫生类是否分为护理类、药学类；财经商贸类是否分为财经类、商贸类；为适应新兴产业的发展，在合适的时机，增加考试类别，如互联网、工业机器人等。

2.加强对考试内容、方法的研究，突出类型教育

为进一步凸显职教类型教育特色，应加大对"职业技能"的考核，建议四川省职教高考采取"文化素质300分＋专业理论（应知）200分＋专业技能

（应会）250分，总分750分"的考试方法。

其中，文化素质300分建议语文、数学、英语各100分。同时，根据国家教育部颁布的《中等职业学校公共基础课程方案》，除语文、数学、英语外，思想政治、历史、艺术等均是国家规定必须开设的公共基础课，建议这类公共基础课开展学业水平测试试点工作，合格后才能参加高考，保证开齐、开好、开足该类课程，进一步落实立德树人教学要求，提高学生核心素养。

同时，要改变中职校专业课存在考什么就教什么，学生专业知识、专业技能掌握单一、不符合行业、高校需求的局面，建议采用"宽基础、活模块"形式，即专业课考纲规定的考试内容应涵盖该专业的核心课必须掌握的理论知识和专业技能，设立多个"模块"，夯实学生基础。在考试前，通过电脑摇号的形式，确定考试模块，并提前公布，减轻学生负担及组考工作的难度。

3.根据报考人数，合理设置考点

根据报考人数，每个考试类别分片区设置3～4个考点，使学生就近考试，减轻学生负担。同时，保证考试的公平性，加强对技能考试考官的培训工作。

（二）过渡时期，提高高职单招的规范性

一是四川省教育厅组织专家审定各高职院校招生章程，规范其考试内容、方法，保证专业考试内容必须与本专业有关，且应考核专业技能（具体考试内容仍由各高职院校自主确定）。二是建立高职单招动态管理和准入退出机制，凡是政策执行不严格、管理不规范、问题突出的，一律停止高职单招招生资格，并追究学校及有关人员责任。

四川省职教高考"文化素质+职业技能"分值比例研究报告

尹 毅 徐 磊 林 鑫

摘 要：本文首先分析了四川省对口招生考试"文化素质＋职业技能"分值比例现状，列举了河北、江苏等多个省（市）"文化素质＋职业技能"分值比例，并对开展的"四川省普通高校对口考试招生调研"结果进行了分析。最后，提出了四川省对口招生考试"文化素质＋职业技能"分值比例建议。

关键词：四川；职教高考；文化素质；职业技能；分值比例

一、四川省对口招生考试"文化素质＋职业技能"分值比例现状

2021 年，四川省对口招生考试"文化素质＋职业技能"分值比例为"文化素质"400 分，"职业技能"350 分。其中，"文化素质"包括语文 150 分、数学 150 分、英语 100 分，"职业技能"包括应知（理论）200 分、应会（操作）150 分。

二、四川省对口招生考试"文化素质＋职业技能"分值比例专题调研

（一）政策依据

《职业教育提质培优行动计划（2020—2023 年）》中明确提出：完善高职分类考试内容和形式，推进"文化素质＋职业技能"评价方式，引导不同阶段教育合理分流、协调发展，为学生接受高职教育提供多种入学方式。文化素质考试由省级教育行政部门根据《中等职业学校公共基础课课程标准》统一组织。职业技能测试分值不低于总分值的 50%，考试形式以操作考试为主，须充分体现岗位技能、通用技术等内容。

（二）外省"文化素质＋职业技能"分值比例

河北省总分 750 分（文化素质 300 分，职业技能 450 分）；江苏省专业技能考试＋文化统考总分 1 000 分（专业技能 300 分，专业综合理论 300 分；语文 150 分，数学 150 分，英语 100 分）；陕西省总分 750 分（语文、数学、英语各 150 分，总分 450 分，职业技能 300 分）；湖北省总分 700 分（文化综合 210 分，技能操作 490 分）；福建省总分 750 分（合格性和等级性考试成绩 300 分，专业基础知识合格性考试和等级性考试成绩 250 分，职业技能考试成绩 200 分）；重庆市总分 750 分（语文、数学、英语各 100 分，专业综合理论 200 分，专业技能 250 分）；山东省总分 750 分（语文 120 分，数学 120 分，英语 80 分，专业知识 200 分，技能科目考试 230 分）；浙江省总分 600 分（语文、数学各 150 分，职业技能 300 分）。

（三）四川省对口招生考试类别设置情况问卷调研

2024 年 11 月，四川省教育科学研究院开展了"四川省普通高校对口考试招生调研"，覆盖全省 21 个市（州）。本次调研共收到教科研机构、招考机构、高等职业院校、中等职业学校问卷 314 份。其中高职院校问卷 48 份，中职学校 247 份，教科研机构 18 份，招考机构 1 份。

71.66% 的被调研者认为"文化素质＋职业技能"考试分值各占 50% 合理，27.07% 的被调研者认为各占 50% 不合理。针对这个问题提出建议达到 91条，建议主要体现在希望增加技能考试的分值，希望分值比例能达到 60%。

75.8% 的被调研者认为"文化素质"考试分值不需要调整，21.34% 的被调研者认为需要调整。针对这个问题提出建议达到 60 条，建议主要体现在希望增加语文学科的考试分值，适当降低数学、英语的分值，也有提出是否可以增强政治学科考试等。

（四）语文、数学、英语重要性调研

2019 年，教育部印发《中等职业学校公共基础课程方案》。随后，2020年，教育部又印发《中等职业学校语文课程标准》《中等职业学校数学课程标准》《中等职业学校英语课程标准》进一步说明了语文、数学、英语学科的重要性。课题组与制定国家课程标准的专家组、中职学校、高职院校等学科骨干进行了深入探讨，形成了《语文、数学、英语学科高考分值调研报告》，进一步阐述了语文、数学、英语学科对于立德树人、学生后续发展的重要性。

三、四川省对口招生考试"文化素质＋职业技能"分值比例

综上，"文化素质＋职业技能"对中职学生立德树人、后续发展都非常重要，提出以下建议：

（1）"文化素质"维持400分，"职业技能"增加为400分，共800分。其中，语文150分、数学150分、英语100分不变，专业应知（理论）200分不变，专业应会（操作）由原来的150分增加为200分。

（2）语文、数学、英语根据教育部颁布的《中等职业学校语文课程标准》《中等职业学校数学课程标准》《中等职业学校英语课程标准》及新国规教材，制定新的考试大纲，调整考试题型、考试内容，贴近生活、贴近岗位，进一步突出类型教育。

（3）应探索建立四川省中等职业学校学业水平测试，将国家规定的7门公共基础课、部分专业核心课纳入到测试中，合格才能毕业，优秀才能进一步升学。

完善"职教高考制度"视域下
中职语文课程考试改革的思考与建议

陈莉 王文姬

摘 要：职业教育是与普通教育具有同等重要地位的类型教育，建立"职教高考"制度，完善"文化素质＋职业技能"的考试招生办法是职业教育发展的必经之路。职教高考制度改革一直是社会关注的焦点。本文聚焦四川省中职语文考试改革，根据对四川省职教高考历史进程的纵向梳理和我国其他省（市）职教高考（对口升学考试）的横向调查，对四川省职教高考中职语文课程考试的考纲和试题进行分析后发现，试题题型陈旧，偏重知识考查，命题立意、内容、方式等均表现出职教特色不鲜明等问题。基于职业教育的人才培养目标及模式，职教高考命题应体现素养立意，体现对学科核心素养要求的考查，体现命题机制科学有效，符合职教考情，服务技术技能型人才培养目标定位。

关键词：职教高考改革；中职语文；考试组织与实施

高考是国家和地方的抢才大典，不管是普通高考还是职教高考都是国家选拔人才的重要途径，都会体现其"立德树人、服务选才、引导教学"的核心功能。2019 年 1 月《国家职业教育改革实施方案》公布，明确职业教育是与普通教育具有同等重要地位的类型教育，提出建立"职教高考"制度，完善"文化素质＋职业技能"的考试招生办法，提高生源质量，为学生接受高等职业教育提供多种入学方式和学习方式。至此，"职教高考"制度的建立被正式提上日程。中职语文课程作为"文化素质"考试的重要组成部分应与普通高考语文科目考试具有同等重要的地位。2020 年 9 月《职业教育提质培优行动计划（2020—2023 年）》提出健全职业教育考试招生制度，健全高职分类考试招生制度，规范职业教育考试招生形式，完善"文化素质＋职业技能"评价方式。2021年国务院办公厅印发《关于推动现代职业教育高质量发展的意见》提出"加快建立'职教高考'制度，完善'文化素质＋职业技能'考试招生办法"，并指出职教高考应"加强省级统筹，确保公平公正"。此背景下，四川省职教高考制度建立和完善迫在眉睫。

一、四川省职教高考历史沿革

回溯21世纪四川省职教高考历史沿革，大概可以分为从"规模扩张"到"规模萎缩"再到"平稳发展"三个阶段。

2003年，《四川省人民政府关于大力推进职业教育改革与发展的决定》提出完善高职对口招生考试办法，扩大中职毕业生进入高等职业学校学习的比例，发展本科层次的高等职业教育。四川省在扩大招生及考试面向的同时，部分名牌大学也招收对口升学考试学生，如电子科技大学、四川农业大学、四川师范大学等。

2005年，《国务院关于大力发展职业教育的决定》提出"坚持'以服务为宗旨、以就业为导向'的职业教育办学方针。四川省各级教育行政部门、中等职业学校将职业教育发展的重点逐步放在了"就业"上，四川省职教高考报考人数在这一时期有较大幅度缩减。

2013年，《教育部关于积极推进高等职业教育考试招生制度改革的指导意见》提出高职院校实行多样化的考试招生办法。2014年，《国务院关于深化考试招生制度改革的实施意见》提出高职院校考试招生实行"文化素质＋职业技能"的招考模式，这使得我国高职院校招生有了一定的自主权。2020年9月，《四川省职业教育改革实施方案》提出，到2022年高职院校招收中等职业学校毕业生的计划比例约为50%，高职院校毕业生招收本科生的计划比例约为20%。

在这三个阶段中，中职语文课程考试作为中职高考基础组成部分一直伴随四川省职教高考进程不断改进与完善。

二、语文科目在职教高考中的地位重大

1.语文科目在各省市职教高考中占比重大

职业教育中升学途径众多，在面向中职学生的选拔性考试中，我国多省（市）均采用文化课程（语文、数学、英语）＋技能（专业理论＋技能实操）

的考试方式。语文作为"文化素质"部分的基础学科，一直以来都是统考科目，但是在各个省份职教高考整体科目占比却不尽相同，详见表1。

表1 各省（市）"职教高考"语文科目设置情况

省（市）	考试时间 / 分	语文科总分	文化课总分	高考总分	考试方式
江西省	150	150	450	750	闭卷、考试
广东省	150	150	450	750	闭卷、考试
江苏省	150	150	450	750	闭卷、考试
浙江省	150	150	450	750	闭卷、考试
湖北省	150（三科合卷）	90	210	700	闭卷、考试
陕西省	150	150	450	750	闭卷、考试
山东省	120	120	320	750	闭卷、考试
河北省	120	120	360	750	闭卷、考试
湖南省	150	120	360	750	闭卷、考试
辽宁省	120	120	340	740	闭卷、考试
河南省	150（三科合卷）	100	300	750	闭卷、考试
甘肃省	150（公共基础知识合卷）	100	300	550	闭卷、考试
山西省	120	100	300	600	闭卷、考试
重庆市	150	100	300	750	闭卷、考试
福建省	90（语数英德育四合卷）	60	300	750	闭卷、考试

由表1可知，全国大部分省（市）地区把语文课程考试作为"文化素质"考查部分的1/3或以上。语文学科被各地区定位为考试重要科目，归根结底跟语文教育的考试文化息息相关。现代语文独立设科一百多年来，语文教学与测评形成了鲜明的传统与特色。随着职业教育的不断发展，中职语文课程改革的热潮不断，中职语文课程考试命题工作作为语文教育的关键一环、重中之重也在不断发展与完善。目前，四川省职教高考总分750分，"文化素质"科目（语数外）共400分，"职业技能"考试共350分，其中语文150分，在总分占比20%，在"文化素质"占比37.5%，与总分为150分的数学同为职教高考分值最大科目。其分值配比充分体现了语文学科在职教高考中的重要性。

2.中职语文在育人目标上功能强大

在庞大的职业教育课程体系中，语文学科体现了强大的育人功能，能有机融入社会主义核心价值观教育，能帮助继承和弘扬中华优秀传统文化、革命文化、社会主义先进文化，能体现法治意识、国家安全、民族团结、生态文明等方面的教育，能服务于国家培养良好政治素质、道德品质和健全人格的社会主义建设者和接班人，能服务于社会培养高素质技术技能型人才。因此，语文学科有着不可替代的地位。

《中国高考评价体系》中明确了"核心价值、学科素养、关键能力和必备知识"等考查内容，职教高考在选才育人的核心价值引领下，注重体现以语文学科核心素养为导向，以阅读与表达作为关键能力，以语言、文学、文化等必备知识为学科基础，重在考查考生综合运用所学语文知识和能力，灵活、有效地分析问题和解决问题的考查要求。具体体现在：语文学科考试要发挥坚定学生理想信念的积极作用，培养学生的爱国热情，感受中华优秀传统文化、革命文化和社会主义先进文化；要发挥育人功能，让学生在考查情境中得到品格之美的浸润和熏陶，彰显语文学科独特的美育特质。当然，由于中职学生文化基础薄弱，学科必备知识的考查必然是考试重点内容，因为这是进入高校进行专业学习所必需的基础性、通用性知识。中职语文考试要求的必备知识，主要包括 3 个部分：一是语言文字知识，如现代汉语和部分古代汉语的相关知识等；二是文学审美知识，如小说、散文、诗歌、戏剧等文学作品的文体基本特征和主要表现手法；此外，还包括《中等职业学校语文课程标准》涉及的文学作品和背诵篇目等相关知识内容；三是中外文化常识，如中外优秀文化中艺术、历史、科学等领域的基本常识，中华优秀传统文化、革命文化和社会主义先进文化的基本常识等。

三、现行四川省职教高考语文学科考试命题情况

目前四川省职教高考语文课程考试内容主要根据普通高等学校对学生思想道德素质和科学文化素质的综合要求，依据《中等职业学校公共基础课程方案》《中等职业学校语文教学大纲（2009 年版）》及考试说明进行命制。命题依据和命题内容是《四川省普通高校职教师资和高职班对口招生统一考试大纲语文（2014 年版）》（后简称《考纲》），直至 2022 年，考试大纲多年未变，考试题型构成也未有变化。四川省普通高等院校对口招生考试（简称"对口升学考试"）语文考试主要采用传统考试模式，以笔试为主，试卷结构和题型与 20 世纪 90 年代普通高考语文考试类似，试卷分为两卷，Ⅰ卷是客观题

（选择题），共计 30 分，主要考查基础知识、社科类论述文或科技说明文和文言文文段阅读。基础知识一般考查 5 题，包括字音、字形、近义词组和关联词、成语、句子、标点（近几年未考）等基础知识，社科类论述文或科技说明文文段主要考查学生筛选信息、正确理解词语及概念、分析与概括作者观点态度、判断和推理的能力。文言文文段主要考查常见文言实词意义和虚词的意义、用法。Ⅱ卷是主观题，共 120 分，主要包括文言文阅读的句子翻译、古诗词鉴赏、名句默写、现代文阅读、语言运用、应用文写作、实用文写作等板块内容。

结合《考纲》来看，统招语文考试强化语文基础，对夯实中职学生薄弱的语文基础有一定积极意义，但命题结构和设置基本是普通高考题型复刻，只是难度有所降低；题型陈旧，内容上并未体现出职教特色；中职语文学科素养体现不足，没有明显体现价值引领的核心命题思想。根据对一线教师的问卷调研发现，在《考纲》未变的前提下，自 2019 年起，考生平均成绩逐年下降，考试总体难度有逐年加大的趋势；命题区分度不够科学，主要体现在难题普遍集中体现在基础题的"字形"和"成语使用"、诗歌鉴赏题、文言文阅读和实用文写作。语文命题职教特色不显，命题内容与社会生活、职业生活联系不紧密，未体现对学生职业态度、劳动精神和职业素养的引导。

四、中职语文科目试题命制的改革建议

当下，国家的育人导向和教育质量评价正悄然发生着变化，《中等职业学校语文课程标准（2020 年版）》（后简称《课标》）出台显示着国家层面对中职语文育人导向和教育质量的方向指导。中职语文科目试题命制应该从制度层面、理论层面和实践层面系统构建，合理构建科学的命题队伍，进一步完善命题机制，健全立德树人落实机制，在服务高校人才选拔的同时，引导中职语文教育的改革方向，促进学生全面发展，推动人才培养的体制化建设。

2022 年 6 月 27 日，《四川省深化普通高等学校考试招生综合改革实施方案》公布，方案中提到高职院校考试招生要进一步"坚持职业教育类型定位，进一步完善'文化素质＋职业技能'的考试评价方式"，强调要"坚持立德树人、德技并修、面向实践、强化能力，完善分类考试内容、形式和招生录取机制"。从方案提到的改革实施方向可以看出，"文化素质"的考评仍然在职业教育中占据重要位置，而语文也仍然在"文化素质"考评中占据重要位置。语

文作为培育学生文化素养的重要学科之一，如何实施在国家课程标准指导下的中职学生文化素养测评，如何在测评中体现学生的语文学科核心素养还需要深入系统地思考。

1.体现素养为重的命题立意

目前四川省职教高考语文考试是以知识和能力考查为命题立意，体现为考查学生对学科基本知识和基本技能的双基考查，以知识点和能力点来排布试题，是典型的知识和能力混合型结构。由知识积累、现代文阅读、古诗文阅读和写作等几大板块组成的语文试卷，显现知识内容的独立性和板块的割裂性特点。如现代文阅读只考查现代文基础知识和阅读能力，文言文只考查文言文知识和阅读能力，这种考查形式已经不利于选拔高素质技术技能型人才。如2021年中职语文现代文阅读选材散文《天边草原芍药谷》，前五题为主观题，分别考查学生掌握文章内容作用能力、体会重要语句能力、辨析修辞手法能力、筛选提取文中信息能力、结合全文理解重要语句的能力，第6题为多项选择题，其中选项内容又与前面的第2题和第5题重复考查的问题，且题目设置的难易梯度没有呈现出逐级递增的线性结构，如第4题考查点为能力层级较低的筛选信息，排布于第4题是不合适的。且综合分析该试卷现代文阅读命题设计，主要考查核心知识和基础阅读能力，层级不明、梯度不显，属于知识为重的命题思路，未能体现对学生价值引导，学生文化素养培养和职业精神熏陶的命题设计意图。中职语文课程考试暂没有建立起相应的考试评价体系，那么参考《中国高考评价体系》或是可行之法。

2.体现对学科核心素养的考查

现有考题更立足于知识考查的命题立意，主要体现了对语文基础知识和基础能力的考查，从基础字词的识记、病句辨析、语言运用、写作等各类题型都可以看出这种倾向。可以进行综合能力考查的语言运用题也偏重考查仿写句子，偶尔考查改变语序、整合词组形成段落、缩句或扩句等，应试导向明显，缺乏对知识融会贯通并迁移的能力考查，也缺乏对学科素养的综合考查。建议在题目设置时应注重情境化和综合化。比如，可以将基础知识的考查融入阅读理解题的考查中，考查学生语言理解与运用的同时，考查其思维能力和语言表达能力。要在语文试题中重点考查学科关键能力，从阅读能力和表达能力两个方面进行总体设计，并予以分类、分层地呈现。比如，阅读能力可以考查信息性阅读、文学性阅读和古代诗文阅读等方面的能力。表达能力则可考查包括语言策略与技能、写作能力在内的能力。当然，命题的最终目的还是要考查学生是否具备在正确思想观念指导下，灵活运用语文科知识、能力与方法认识问题、分析问题、解决问题的综合品质。

3.合理构建科学的命题队伍

职教高考是中职学生升入大学的重要途径，高考命题关乎中职生未来，也关乎高校选拔的人才质量。一般而言，结构多样化的命题团队能体现选拔要求，高校教师、中职老师、学科教学研究人员是命题团队的三个群体。高校教师能把握高校对人才知识、技能、素养等要求，中职一线教学人员最了解中职学校学生的学情与考情，学科教学研究人员在试卷命制上技能水平更高。命题团队的人员构成是命题机制的重要一环，要想提高职教高考语文学科的职教特色，提高命题的效度、信度，增强命题机制的科学性还需要对命题人员进行科学有机组合。

4.体现类型教育下的职教特色

现有试题内容不够丰富，知识点也越加狭窄，没有体现开放度，建议结合高校人才选拔标准及《课标》中提到的四大情境及学业质量标准中水平二的描述，结合职业学校学生学情、考情进行命题设计。内容要素上贴近学生、贴近生活、贴近社会、贴近专业，结合现实生活和职业情境，灵活设置具有时代性和创新性的考题。能力要素上，考查学生六个层级能力，结合阅读理解、审美鉴赏、信息筛选与整合、分析推理、介绍说明、应对交流等阅读与交流能力，设计真实情境的考题以衡量学生在语文学科核心素养的发展水平、评价学生分析问题和解决问题的能力。价值要素上，要注重有机融入职业道德、劳动精神、劳模精神和工匠精神，考查学生职业精神素养。

总之，在"职教高考"制度建立和完善之际，要借用普通高考的有益经验，以《课标》和《中国高考评价体系》为依据和准绳，进行命题改革，体现考试评价功能的科学性。在学科考查方面，要体现学科特点，充分发挥语文学科的工具性和人文性特点；在考试内容的素材选择上，充分体现立德树人这一总任务；在难易度设置上，关注中职学生的考情及中职人才培养目标，在题型设置和题目设计上应着重考查学生综合解决问题的能力，服务于学生个性化、多样化发展需求及学生的学习特性、专业相关内容及社会生活实践，进行创新性、综合性的题目设计。

基于类型教育的数学职教高考现状与建议

潘万伟

摘　要： 目前，各省（市）职教高考改革大力推进，纷纷出台各地政策。本文从职教高考数学学科现状入手，横向比较四川省和其他省（市）职教高考政策和命题情况，分析了数学考试命题中试题内容、题型、分值等方面存在的差异，提出了四川省考试组织、考试内容和试题命制的策略，以更好地建立职教高考数学考试制度，聚焦数学学科核心素养培育，落实立德树人根本任务。

关键词： 职教高考；数学；建议

一、职教高考现状

目前，职教高考由各省（市）独立进行，各地政策不尽相同，调研山东省、广东省、湖南省、重庆市、江苏省、湖北省、河南省和四川省等省（市）后发现，数学考试试题内容、题型、分值等方面存在较大差异。

（一）部分省（市）职教高考科目设置及分值情况

各省（市）职教高考中，数学都是必考学科之一，但满分值及其在考试体系中的占比有一定差异，如表1所示。

表1　部分省（市）职教高考数学占比情况

地区	语文	数学	英语	文化总分	数学占比/%	专业理论	专业技能	总分	数学占比/%	备注
山东	120	120	80	320	37.5	200	230	750	16	
广东	150	150	150	450	33.3	—	—	450	33.3	语数英＋技能证书
湖南	120	120	120	360	33.3	390	—	750	16	专业纯笔试
重庆	100	100	100	300	33.3	200	250	750	13.3	语数英合卷考试
江苏	150	150	100	400	37.5	300	300	1 000	15	
湖北	90	90	30	210	42.8	150	340	750	12.9	语数英合卷考试
河南	100	100	100	300	33.3	200	250	750	13.3	
四川	150	150	100	400	37.5	200	150	750	20	分春季单招考试和夏季对口升学考试；本数据为夏季考试数据

从表1可以看出：

（1）各省（市）数学学科试卷的分值与语文学科是一致的，在语数英三科中占比都大于或等于1/3；在"文化基础＋专业技能"考试体系中，最高为四川，占20%（不考技能），最低为湖北，占12.9%。

（2）在采用合卷考试的省（市）中，各学科分值较小，多为100分或以下；在分卷考试的省（市）中，各学科分值较大，多为100分以上，数学为150分。

（二）部分省（市）职教高考数学学科试卷情况

调研发现各省（市）数学学科试卷结构、题型、内容不尽相同，如表2所示。

表2 部分省（市）数学试卷结构、题型、考试内容对比

地区	考试形式	题量	题型	考试内容
山东	闭卷笔试，分卷；考试时间120分钟；允许使用函数型计算器。	满分120分，共30题	选择题20题，每题3分，共60分；填空题5题，每题4分，共20分；解答题5题，共40分（其中26题7分，27题、28题、29题各8分，30题9分）	集合与逻辑用语、方程与不等式、函数、指数函数与对数函数、数列、平面向量、排列与组合、二项式定理、三角函数、平面解析几何、立体几何、概率与统计
广东	闭卷笔试，分卷；考试时间为120分钟	满分150分，共24题	选择题15题，每题5分，共75分；填空题5题，每题5分，共25分；解答题4题，共50分（其中21题、22题、23题各12分，24题14分）	集合与逻辑用语、不等式、函数、指数函数与对数函数、三角函数、数列、平面向量、平面解析几何、概率与统计初步。没有考查立体几何
湖南	闭卷笔试，分卷；考试时间为120分钟	满分120分，共22题	选择题10题，每题4分，共40分；填空5题，每题4分，共20分；解答题7题，每题10分，共60分（其中21、22小题为选做题）	集合与逻辑用语、不等式、函数、指数函数与对数函数、三角函数、数列、平面向量、平面解析几何、立体几何、复数
重庆	闭卷笔试，语文、数学、英语合卷考试，总时长150分钟	全卷总分300分，数学100分，13题	单项选择题10题，每题6分，共60分；解答题3题，共40分（其中11题14分，12题、13题各13分）	集合与逻辑用语、不等式、数列、排列组合，这部分约占40%；函数、指数函数与对数函数、三角函数，这部分约占40%；平面解析几何，约占20%。没有考查立体几何、平面向量、概率与统计初步

续表

地区	考试形式	题量	题型	考试内容
江苏	闭卷笔试，分卷；考试时间为120分钟	满分150分，共23题	选择题共10小题，每小题4分，共40分；填空题共5小题，每小题4分，共20分；解答题共8小题，共90分（其中16题8分，17题10分，18题12分，19题12分，20题10分，21题14分，22题10分，23题14分）	集合与逻辑用语、不等式、函数、指数函数与对数函数、三角函数、数列、平面向量、平面解析几何、概率与统计初步、复数、立体几何
湖北	闭卷笔试，语文、数学、英语合卷考试，总时长150分钟	全卷总分210分，其中数学90分，共13题	选择题6题，每题5分，共30分；填空题4题，每题5分，共20分；解答题3题，共40分（其中11—12题每题12分，13题16分）	集合与逻辑用语、不等式、函数、指数函数与对数函数、三角函数、数列、平面向量、平面解析几何（没有椭圆、双曲线、抛物线内容）、立体几何（只考查简单几何体内容）、概率与统计初步
四川	闭卷笔试，分卷；考试时间为120分钟	全卷满分150分，共26题	选择题15题，每题4分，共60分；填空题5题，每题4分，共20分；解答题6题，共70分（其中21、22题各10分，23、24题各12分，25、26题各13分）	集合与逻辑用语、不等式、函数、指数函数与对数函数、三角函数、数列、平面向量、平面解析几何、概率与统计初步、立体几何
江西	闭卷笔试，分卷；考试时间为120分钟	满分150分，共30题	判断题10题，每题3分，共30分；选择题8题，每题5分，共40分；填空6题，每题5分，共30分；解答题6题，共50分（其中25—28题每题8分，29—30题每题9分）	集合与逻辑用语、不等式、函数、指数函数与对数函数、三角函数、数列、平面向量、平面解析几何、立体几何、复数
云南	闭卷笔试，分卷；考试时间为120分钟	满分100分，共30题	选择题20题，每题2分，共40分；填空5题，每题3分，共15分；解答题5题，每题9分，共45分	集合与逻辑用语、不等式、函数、指数函数与对数函数、三角函数、数列、平面向量、平面解析几何、立体几何（只考查简单几何体内容）、复数

续表

地区	考试形式	题量	题型	考试内容
河北	闭卷笔试，分卷；考试时间为120分钟	全卷满分120分，共37题	选择题15题，每题3分，共45分；填空题15题，每题2分，共30分；解答题7题，共45分（其中31题、32题、33题、37题各6分，34题、35题、36题各7分）	代数约占45%（集合与逻辑用语、不等式、函数、指数函数与对数函数、数列）、三角函数约占14%、平面解析几何约占18%（平面向量、平面解析几何）、立体几何约占12%、概率约占11%（排列与组合、二项式定理、概率与统计初步）
贵州	语文、数学、英语合卷考试，总时长150分钟	全卷总分300分，数学100分，共30题	单项选择题20题，每题3分，共60分；多项选择题10题，每题4分，共40分	集合与逻辑用语、不等式、函数、指数函数与对数函数、三角函数、数列、平面解析几何。没有考查立体几何、平面向量、概率与统计初步

从表2可以看出：

（1）从考试方式看，各省（市）均采用闭卷笔试方式进行；大部分采用分卷考试，数学考试时长120分钟；小部分采用语文、数学、英语合卷考试，总时长150分钟。

（2）从工具使用看，部分地区允许使用计算器，如山东。

（3）从试题题型看，大多为选择题、填空题、解答题；部分地区有判断题，如江西；部分地区为选择题＋解答题，如重庆；部分地区只考选择题，如贵州，且选择题有多项选择题；部分地区有选做题，如湖南。

（4）从试题题量看，在分卷考试的地区中，最多的是河北，共37题，最少的是湖南，共22题；在合卷考试的地区中，最多的是贵州，共30题（均为选择题），最少的是湖北、重庆，均为13题。

（5）从考试内容看，内容主要为集合与逻辑用语、不等式、函数、指数函数与对数函数、三角函数、数列、平面向量、平面解析几何、概率与统计初步、立体几何。

二、职教高考文化素质考试中数学科目的建议

（一）坚持数学学科独立地位

中职数学不仅是中职学校不可或缺的一门文化基础学科，也应是职教高考中必考的一门科目。教学应坚持其独立的学科地位，在高考中应具有重要地位。

1.数学学科是中职学生科学思维培养的主要途径或唯一途径

对于职业教育而言，首要任务是帮助学生形成快速适应职场生活和谋求职业生涯发展的意识和能力，这些能力是学生"为人"与"行事"的必要条件。

科学思维即形成理性思维、批判质疑及用于探究的思维范式，是基于自然科学学科对于"行事"的思维模式。中职公共基础课程中的数学、物理、化学等为代表的学科主要培养的就是科学思维，是透过理性分析问题、解决问题的过程，拓宽学生科学探究能力。通过对于问题的抽象与概括，抓住问题的核心要素，进而培养学生的推理能力、分析能力、批判思维等。以数学为代表的科学思维，通过建立知识的内在联系的逻辑体系，把握学科知识的发展规律和方向。尤其在中等职业教育中，由于物理、化学仅作为相关专业的基础模块必修课，对于非工科方向的中职学生而言，数学是唯一训练科学思维的途径，形成"抽象化"与"普遍化"的思维模式。科学思维的培养是科学解决客观世界、事物间的联系规律，以及规律达到何种效果的思维特质，尤其是对于中职生严谨的匠人精神的培养，更加需要对于科学思维的培育，提升"行事"的行为思维能力。

2.数学学科是中职学生升学深造的重要基础

数学学科对增强职普融通、中高衔接的适应性对接具有重要的基础作用。随着类型教育的深入推进和职业教育体系的不断完善，中职是高职、本科的基础地位得以确立，是巩固专科高职主体地位、稳步发展职业本科、探索更高层次的专业研究生教育的重要一环。数学学科不论在哪个环节都是必不可少的，在培养学生学习能力、坚毅品质等方面具有不可替代的作用，是学生能够升学深造的必备基础。

3.数学学科是中职学生职业发展的重要基础

数学课程是中职各专业学生必修的公共基础课程，数学学科的本质属性具有抽象性、严谨性和应用性的特性，是学生职业发展和素养提升的重要基础，直接影响到我国专业技术技能人才的培养，对推进职业教育高质量发展、培养更多高素质劳动者和技能型人才有重要意义。

（二）坚持类型教育的命题思路

组建以省考试院为主，高职院校、中职学校、职教教研员等参与的命题研究小组，在坚持国家对职业教育人才培养要求的前提下，兼顾中职数学教学实际，精心命题，选拔国家需要的职教人才。

1.关于考试形式

四川省应尽快实现春季高考和夏季高考的合并。在此背景下，深化"文化素质＋职业技能"考试招生办法。

"文化素质"可以是思想政治（含历史）、语文、数学、英语，各科独立命题，分卷考试。其中，数学考试时间 120 分钟，总分 150 分。

2.关于试题内容

数学命题的内容应以《中等职业学校教学课程标准（2020 年版）》（以下简称《20 课标》）为依据，以教材为参照，主要考查《基础模块》和《拓展模块》部分内容，可以依据报考的高职院校专业大类设置选做题（教学时选教）。如重点考查集合、不等式、函数、指数函数与对数函数、数列、直线与圆、概率与统计初步（基础模块）、简单几何体、复数，选择考查三角函数、平面向量、圆锥曲线、概率与统计初步（拓展模块）、立体几何。

试题命制要从解决贴近学生、贴近专业、贴近生活的问题出发，设置与职业教育背景有关的问题，彰显职教特色。

3.关于难易比例

试卷命题应以常规题为主，从数学基本概念到通性通法的考查，由易到难，设置中间梯度题，充分发挥试题的人才选拔作用。如，按《20 课标》关于学业质量水平要求，难易比例可设置为 7 ∶ 3，即 70% 的一级水平和一级要求，30% 的二级水平和二级要求试题。

4.关于题型题量

（1）沿用选择、填空、解答三种题型。

选择题型中，可以参照新高考，设置多选题，进一步增强选项的灵活性，引导学生对知识的掌握，突出数学的发散性和创新性，实现数学综合能力的深入考查。

解答题中，可以按选考板块的设置情况命制 2 个选做题，或者给出多个条件，学生自由选择条件组合等题型，增强试题的开放性，利于对学生思维灵敏度的考查。

（2）保持题量的稳定。目前四川省单招考试是合卷，数学 16 题（选择题 10 个 + 填空题 3 个 + 解答题 3 个），满分 100 分；对口升学考试是分卷，数学 26 题（选择题 15 个 + 填空题 5 个 + 解答题 6 个）。两考合一，题量上可以采用对口升学的题量，也可以在现有题量中调整各题型的题量，如增加选择题，减少解答题。

（三）坚持数学考试命题的职教特色

1.严格参考中等职业学校数学课程标准

职教高考数学命题应以《20 课标》为标准，不能偏向或者追求与普高的一致性。纵观近三年职教高考数学命题，题目的内容、方法明显超过《20 课标》，也不符合从 2014 年沿用至今的《四川省职教高考数学考纲》，如 2021 年数学填空题就出现了与普高历年高考题十分相似的题目；中间水平试题严重不足，基础较易题与拔高较难题基本趋向于 5：5，这是不利于选拔人才的。

2.突出考查学生中职数学核心素养

职教高考数学命题应兼顾中职学生的基础性、未来职业的发展性和高校深造的选拔性。比较中职数学与普高数学的课程标准，两者界定的学生在高中阶段的数学核心素养表现是一致的，都是同样的 6 个维度，但是内涵的描述有区别，6 个维度的顺序有区别，教学要求有区别。这是国家充分考虑了职业教育特色的结果，命题应深刻体会这一精神。

基于类型教育的职教高考考试研究

——四川省中职英语学科考试改革调研报告

李芳蓉

摘　要： 职业教育与普通教育是两种不同教育类型，具有同等重要地位。在四川省高考综合改革的背景中，深化高等职业教育分类考试招生改革，完善"文化素质＋职业技能"考试招生办法成为职业教育研究的重点。通过对全国各省职教高考英语学科的高考分值、题型、考试内容进行调查研究，充分总结四川省在过去十多年中职英语职教高考演变过程，结合四川省中职英语课程与教学改革成果、高职和就业需求以及学生情况等因素，为四川省职教高考中职英语学科类型特征转型考试提供建议。

关键词： 中职英语；职教高考；类型特征；调研报告

为了贯彻落实中共中央办公厅、国务院办公厅系列关于"加快建立'职教高考'制度，完善'文化素质＋职业技能'考试招生办法"的系列要求，以推动中等职业教育人才培养体系的建设发展。截至 2023 年 3 月，通过网络查询各省（市）考试院官方网站、并对全国各省的教师代表进行问卷调查，对全国所有省（市）职教高考英语学科考纲、试题进行收集和整理，采集到 25 个省（市）的职教高考英语学科情况。需要强调的是，由于各省（市）职教高考正处于改革变革时期，因此我们所收集整理的情况仅限于公开情况。根据我们的调研结果，我们得出以下结论。

一、全国各省（市）职教高考英语学科调研

（一）英语学科是职教高考的主要学科

在在全国各省（市）的职教高考改革中，英语学科起着重要的作用。在探索"文化素质＋职业技能"高考改革的过程中，各省（市）英语学科所占的分值范围在 40 至 150 分之间，占职教高考总分的比例在 8% 至 25% 之间不等。由于各省对职教高考的重视程度和改革力度不同，导致教师对职教高考的认识以

及对各省职教高考的命名方式存在差异。总的来说，职教高考的形式主要分为四种类型：一些省（市）已经实施了职教新高考，如江苏省、山东省、广东省、湖北省、上海市和重庆市；福建省以学业水平考试作为升入高职院校的依据；大部分省（市）采取高职院校单独招生考试的方式，或者有机会直接升入本科的对口升学考试。如果以2020年3月教育部颁布的《中等职业学校英语课程标准》作为考试制度调整的时间界限，可以看出新旧职教高考改革并存的状况。经济相对发达、对职教重视的省（市），英语学科的分值普遍在100分及以上（如表1所示）。

表1　截至2023年3月部分省（市）职教高考英语学科分值情况

省（市）	考试类型	英语分值
江苏	职教高考	100
福建	学业水平考试	40
山东	春季高考	80
河北	职教高考	120
山西	对口	100
重庆	文化素质考试	100
辽宁	单招	100
河南	对口、单招	100
黑龙江	对口	100
安徽	对口、单招	60
江西	对口	150
广东	职教高考	150
上海	职教高考	100
湖南	对口	120
北京	单招	150
云南	单招	50
陕西	单招	150
贵州	单招	80
内蒙古	对口	100
广西	对口	50
湖北	单招	30
新疆	单招	150
海南	单招	50
甘肃	对口	40
吉林	单招	150

（二）英语学科考试题型丰富

各省（市）的职教高考试题内容统计显示，考试涉及听力、英语知识运用（词汇、语法、句式）、补全对话、阅读和写作等几大板块，覆盖了听说读写等四大英语学习基本技能。试题类型多样，包括听力、单项选择、单词拼写、单词辨音、词汇语法、情景交际、情景对话、交际应用、语言应用、补全对话、完形填空、短文填空、阅读理解、句型转换、翻译（英译汉、汉译英、短语翻译、句子翻译）、短句或短文改错、书面表达、职场写作等题型。其中，阅读理解、单项选择、应用写作、补全对话、完形填空和语言应用仍然占据着英语试题的主导地位。值得注意的是，采用口语技能测试形式的省份相对较少。从试题内容的设定上看，大部分试题仍以单纯测试语言知识和技能为主，而职教类型特征，如应用性、情景性、真实素材等特征体现不够明显。见图1。

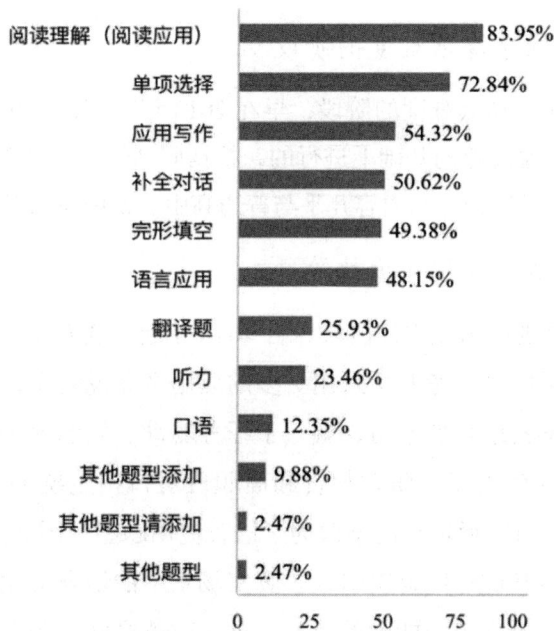

题型	比例
阅读理解（阅读应用）	83.95%
单项选择	72.84%
应用写作	54.32%
补全对话	50.62%
完形填空	49.38%
语言应用	48.15%
翻译题	25.93%
听力	23.46%
口语	12.35%
其他题型添加	9.88%
其他题型请添加	2.47%
其他题型	2.47%

图1 各类题型所占比例

（三）有些试题体现了职教类型特征，但整体职教特征不够明显

综观各省（市）的职教高考英语试题，一些省（市）开始探索职教类型特

征的试题形式，如情景交际、情景对话、语言应用、应用写作等，并在内容上做了调整和挖掘。这些试题体现了职业教育真实语境、任务驱动、问题解决的命题导向，与日常生活和职业场景结合紧密，有效地融入了学科核心素养和课程思政。然而，这种类型的试题在各省（市）职教高考中所占比例较少，其分值也相对较低。相比之下，全国职业院校技能大赛—中职组的职业英语赛项及其省赛、各省的英语学业水平测试和中高职英语技能大赛的考题更加灵活，与日常生活和职业场景的真实应用能力结合更加紧密，并且融入了课程标准的新要求。这表明赛项的引领作用对各省（市）职教高考的考纲和试题产生了一定影响，但其影响和改变的程度并不相同。

二、四川职教高考英语学科改革实践

分析近十年四川职教高考考纲和试题的演变，可以看出四川职教高考英语改革经历了三个发展阶段。

（一）简单降低难度的阶段

首先是简单降低难度的阶段，早在 2013 年之前，四川职教高考英语学科基本上是在普通高考的基础上进行的，根据职高学生的基础水平，直接地降低了试题难度。考试题型和内容几乎与普通高中、初中英语没有太大差别。

（二）重视应用能力的阶段

其次是重视应用能力的阶段，自 2013 年起，随着中等职业学校课程改革的深入，四川职教高考开始采用更多的应用文和说明文，选择了与日常生活和职业场景紧密结合的素材，融入了任务驱动、问题解决的阅读内容。2015年，《四川省普通高校职教师资和高职班对口招生统一考试大纲（2014 年版）》修订，将完形填空题型改为了语言应用题型（图 2、图 3）。这是全国职教高考考纲和试题中首次引入了真实场景中的语言应用题型，重视学生在真实场景中的语言应用能力的考察。这一改革措施得到了全省职教学生和教师的广泛欢迎，增强了学生在真实语境中用英语解决问题的能力，提高了职高学生英语学习的兴趣。

四川省中等职业学校英语学科考纲的修订

四川省普通高校职教师资和高职班对口招生统一考试大纲

英 语
(2014年版)

一、考试范围及教材

本大纲以所列语言知识和语言技能为考试范围，以国家现行规划教材版本为基准，不指定具体教材版本。

本大纲适用于参加四川省普通高校职教师资班和高职班对口招生统一考试英语考试的考生。

二、考试内容
1. 英语基础知识：词汇、语法。
2. 英语运用能力：阅读、写作。

三、考试方式

考试采用闭卷方式。考试时间为120分钟，满分为100分。试卷分为第Ⅰ卷和第Ⅱ卷。第Ⅰ卷为客观性试题，第Ⅱ卷除听力对话外均为主观性试题。

四、试卷结构
1. 考试题型及分值比例

第Ⅰ卷（三大题，共70分）

题号	内容	题数	每题分值	满分	分值比例
Ⅰ	单项选择	15	1	15	15%
Ⅱ	完型填空	10	1.5	15	15%
Ⅲ	阅读理解	20	2	40	40%
	合计	45		70	70%

第Ⅱ卷（三大题，共30分）

题号	内容	题数	每题分值	满分	分值比例

四川省普通高校职教师资和高职班对口招生统一考试大纲

英 语
(2015年版)

一、考试范围及教材

本大纲评价目标所列语言知识和语言技能为考试范围，以国家现行规划教材为基准，不指定具体教材版本。

本大纲适用于参加四川省普通高校职教师资班和高职班对口招生统一考试英语考试的考生。

二、考试内容
1. 英语基础知识：词汇、语法。
2. 英语运用能力：阅读、写作。

三、考试方式

考试采用闭卷方式。考试时间为120分钟，满分为100分。试卷分为第Ⅰ卷和第Ⅱ卷。第Ⅰ卷为客观性试题，第Ⅱ卷除听力对话外均为主观性试题。

四、试卷结构
1. 考试题型及分值比例

第Ⅰ卷（三大题，共70分）

题号	内容	题数	每题分值	满分	分值比例
Ⅰ	单项选择	15	1	15	15%
Ⅱ	语言应用	10	1.5	15	15%
Ⅲ	阅读理解	20	2	40	40%
	合计	45		70	70%

第Ⅱ卷（三大题，共30分）

题号	内容	题数	每题分值	满分	分值比例

图2 2014年考纲与2015年考纲对比

四川省中等职业学校英语学科教学质量要求影响高职升学考试题型及其命题走向应用能力

四川省2014年普通高校职教师资和高职班对口招生统一考试

英 语 试 题 卷

第二节 完形填空（一篇短文，共10小题；每小题1.5分，满分15分）

阅读下面短文，掌握其大意，然后从16-25各题所给的四个选项（A、B、C、D）中，选出可以填入空白处的最佳选项，并在答题卡上将该项涂黑。

WeChat is a complete mobile communication tool __16__ in China. Now it has millions of users around the world. You can sign __17__ with your mobile phone number. It is available on all popular mobile platforms __18__ desktop computers. The app and the service are free, as are all the features. You can have live chats __19__ many friends on WeChat. You press a button when you talk; your voice __20__ and sent over to your contact. You can talk to many contacts at the same time in a group chat.

Another social feature is __21__ "Look Around", which allows you to __22__ by others and to see others who also happen to be looking around. People can choose to __23__ a drift bottle in the sea, hoping for someone to catch it and read the message inside. WeChat allows you to drop a message in a virtual(虚拟的) bottle which other people can catch and read and re-drop. You can also choose to fish for bottles in the sea whenever you feel lonely.

The "Moments" feature allows you __24__ photos and ideas with your friends. This sends the current scene to your contact. The different moments your send are listed in a timeline online, which your friends can comment. WeChat has a huge list of emoticons __25__ can be used in text messages, and it seems many people have moved to WeChat for this reason.

16. A. make　　B. to make　　C. making　　D. made
17. A. on　　B. to　　C. in　　D. of
18. A. include　　B. to include　　C. included　　D. including

四川省2016年普通高校职教师资和高职班对口招生统一考试

英 语

第二节 语言应用（共10小题；每小题1.5分，满分15分）

Part A 根据下列图片所提供的信息，从16～22题所给的三个选项（A、B、C），选出最佳选项，并在答题卡上将该项涂黑。

18. This helps you to escape when _____ breaks out.

A. an earthquick　　B. a fire　　C. a war

19. The sign is most likely to warn _____.

A. drivers　　B. children　　C. runners

图3 2014年完形填空题型与2015年语言应用题型对比

（三）融入学科核心素养的阶段

在融入学科核心素养的阶段，2020年《中等职业学校英语课程标准》颁布后，四川职教高考在保持题型不变的情况下，命题组花费了相当大的精力。他们在内容选材方面，积极融入了课标中的新话题，如时代楷模与大国工匠、环境保护、科学与创造、人类文明、历史与文化、可持续发展等。同时，他们有意识地将学科核心素养融入到试题中。这些试题突出了职场语言沟通能力、思维差异感知能力、跨文化理解能力等，发挥了英语学科的育人功能。尤其值得注意的是，这些试题突出了讲述中国文化、革命文化，讲好中国故事，弘扬劳动精神和工匠精神等方面的内容。

三、四川职教高考英语学科改革建议

（一）加大英语应用能力考核的比例

1.题型和内容突出职业类型特征

目前，高考的题型主要采用选择题形式，这种形式已经限制了素养立意、能力导向的综合命题内容的呈现，以及问题导向、情景创设、任务驱动的考核方式。因此，亟需突破以考核知识技能为导向的题型和内容的限制，创设与真实日常生活和职业场景紧密结合的应用能力测试题型。结合《中等职业学校英语课程标准（2020年版）》中的学生学业要求，应保持目前的语言应用类题型（包括真实素材短阅读应用），并在其他题型中选用大量语言应用真实素材，创设更多语用情景（见图4）。例如，选材可以保持真实素材的形式，选用更多的海报、广告、手册、说明书、宣传页等应用类、说明类文体语篇，以创设产生职场语言沟通、完成任务等认知问题、分析问题、解决问题的过程性语言能力测评题型。

2.试题结构增加听力部分

听力作为外语学习的重要技能，在实际生活和工作中具有广泛的应用。在普通高考、中考以及各类语言能力考试中，多年来已经采用了大规模组织听力考试的方式，并已经形成了成熟的操作路径和组考方法，这些经验可以直接借鉴。为了突出职业教育的应用特点，我们更应该增加听力测试的比例。

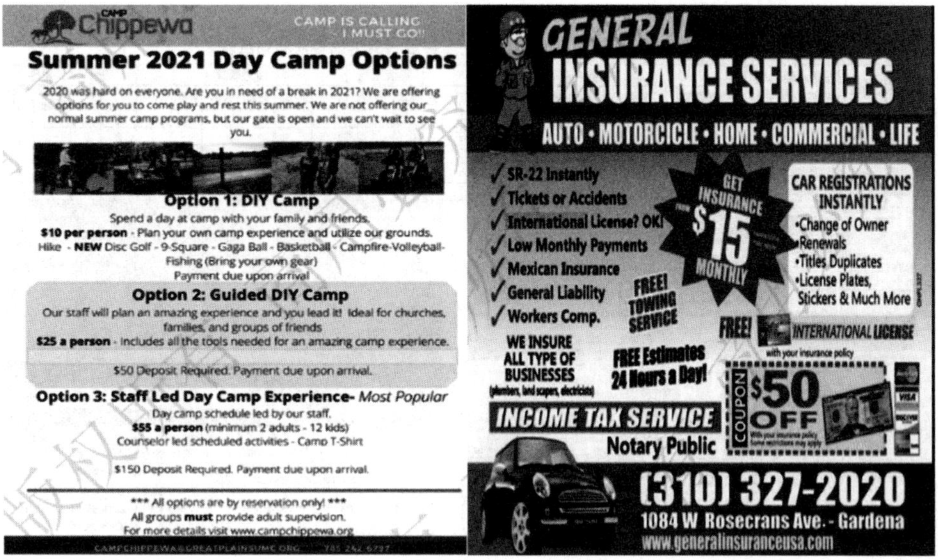

图4 采用大量真实素材举例（四川省职业院校技能大赛赛题）

（二）融入学科核心素养维度的测评

融入学科核心素养维度的测评是为了落实立德树人的根本任务，以及贯彻课程标准学业要求。为了解决学科核心素养培养效果评价的难点，在四川省中职英语课程教学质量要求中，我们将学科核心素养考核维度分为三个级别。通过将学科核心素养考核评价融入生活化、职业化、情境化和问题化的任务中，真正使学科核心素养得以落地。这一过程包括考核内容的变化、考核题型的变化以及考核方式的变化，从而实现对学科核心素养的全面考查。（见图 5）。

【案例】为了解决学科核心素养培养效果评价的难点，我们在英语课程教学质量要求中确立了学科核心素养考核维度。具体来说，中职英语学科核心素养由职场语言沟通、思维差异感知、跨文化理解和自主学习四个方面构成。这些素养既相对独立，又相互交融，构成有机的整体。通过在双向细目表中增加学科核心素养考核点，创设具有生活化、职业化、情境化的考核内容，来落实这一目标。在考核内容、考核题型、考核方式中，我们将语言知识、语言技能、文化知识、语言策略融入主题、语篇中，从而自然融入学科核心素养的考查。

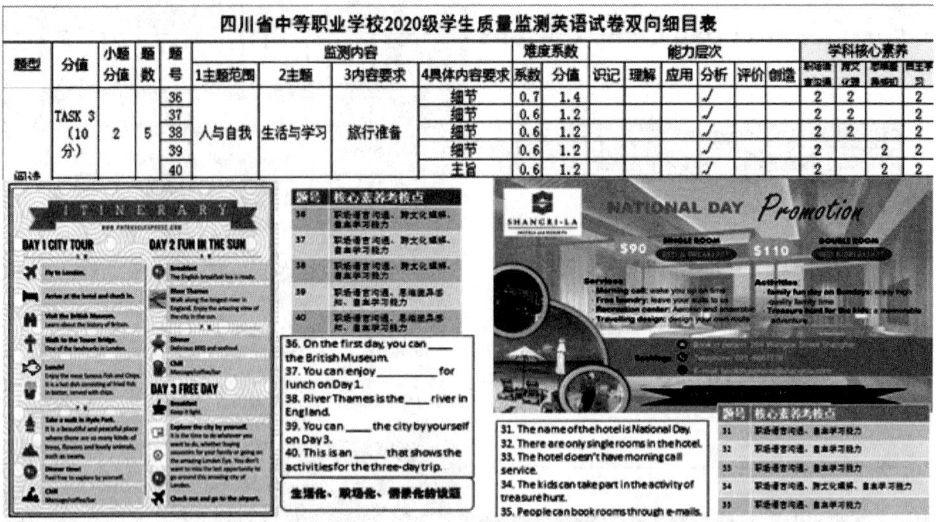

图5　四川省中职校学科核心素养考核维度示例

（三）融入课程思政的考察点

中职英语课程思政将价值塑造、知识传授和能力培养融为一体，通过将价值观引导贯穿于知识传授和能力培养之中，帮助学生树立正确的世界观、人生观和价值观，以实现育人和育才的统一，提高立德树人的成效。在职教高考的选材中，我们要重点围绕政治认同、家国情怀、文化素养、法治意识、道德修养等内容，结合课程标准的主题范围进行选材和设题。在选材和设题中自然地融入中国特色社会主义和中国梦教育、社会主义核心价值观教育、劳动教育、中华优秀传统文化教育，有助于培养学生的思想道德素养和社会责任感。

综上所述，高考综合改革中的分类考试必须充分体现职业教育类型特征，尤其是中职英语学科大纲后十多年的课程改革成果。应当遵循《中等职业学校英语课程标准》新要求，将中职英语课程注重生活化、职场化、情景化、问题化和时代性的特点体现在考试中。这样学生才能在运用英语语言时能够做出正确的价值判断，解决日常生活和职业场景中的问题。

第二部分

▶▶▶ 市州、学校职教高考
案例报告

类型教育背景下区域职教高考制度的实践研究

——以绵阳市推进职教高考实践为例

方林　刘忠菊　林楠

摘　要：职教高考制度是促进职业教育在新时代类型化、内涵化发展的必然要求。通过调研及数据分析，针对绵阳市职教高考当前所面临的社会影响力不够、中职学校办学定位模糊等现实问题，绵阳市从专题调研、备考研究、质量监测、考核评价等方面着力，探索区域中职教育与职教高考相契合的发展路径，为中职教育高质量发展奠基。

关键词：中等职业教育；职教高考；教学质量监测；教育质量评价

党的二十大报告指出："统筹职业教育、高等教育、继续教育协同创新，推进职普融通、产教融合、科教融汇，优化职业教育类型定位。"考试招生制度是国家基本教育制度，是优化类型定位、畅通学生升学通道和促进职业教育高质量发展的关键。职教高考制度改革是近年来职业教育领域进行的重大改革。2019 年 1 月，国务院印发的《国家职业教育改革实施方案》，首次明确提出要建立"职教高考"制度，完善"文化素质 + 职业技能"的考试招生办法，提高生源质量，为学生接受高等职业教育提供多种入学方式和学习方式，进而真正打造地位相同、类型相异的职业教育与普通教育互通立交桥。推进职教高考制度对于彰显类型教育特征、深化职教改革、推进职普融通意义深远，既是一项理论突破，又是一次实践创新。

一、区域职教高考的现实困境

（一）职教高考的社会影响力不够

作为中国唯一的科技城，教育和科技是绵阳两张亮丽的名片。目前，在高中教育阶段，绵阳市普通高中拥有较完善的质量评价体系和发展路径，高考质量一直稳居全省前列；反观，中职教育发展却相对滞后，品牌不突出，形象口碑不佳，"低人一等、二流教育"的观念在老百姓的心中根深蒂固。《中国职业教育发展大型问卷调查报告》的相关调查结果表明，在当前职业教育发展面临的最大困难中，70.26% 的中职学生和 73.48% 的高职学生选择了"社会认可度"，可见"社会认可度"已成为排在第一位的困难。老百姓对中职学生可以通过职教高考考上本科知之甚少，加之目前全省职教高考本科名额有限，"千军万马过独木桥"的现象十分突出，且本科名额投放到民办高校的比例较大，导致中职考生经过努力考上本科，也只能被费用较高的民办高校录取，大大降低了考生和家长的期望值。可见，职业教育"社会认可度"不高，这也在一定程度上影响了职教高考的吸引力与影响力。

（二）中职学校人才培养定位不明

目前，区域内大部分中等职业学校专业建设尚处于起步阶段，导致人才培养定位模糊。从管理层面来看，学校人才培养方向不清晰，对当前"升学就业并重"政策理解不透彻，对职教高考制度了解不深入，导致学校发展战略不明晰，发展重点不突出，大大制约了学校人才培养质量的提升；从教师层面来看，大部分学校教师团队对职教高考的要求认识不深，不能准确把握"文化素养＋职业技能"测试的核心要求，导致职教高考备考质量不高；从学生层面来看，学生对自身职业发展缺乏规划，加之普遍存在信心不足的现象，导致学业发展水平不高。

二、区域职教高考的实践探索

随着职业教育进入高质量发展阶段，职教高考制度建设亦进入发展的快车道。绵阳市对职教高考的实践探索，既是新时代下职业教育服务发展、服务决策、服务落实的重要体现，也是彰显职业教育类型特征的创新之举。在绵阳市教育科学研究所的主导下，成立区域内涵盖中职 13 个专业（学科）的教学指导委员会（以下简称教指委），充分发挥"研究、指导、决策、督导"功能，从专题调研、备考研究、质量监测、考核评价等方面着力，探索区域中职教育与职教高考相契合的发展路径，为中职教育高质量发展奠基。

（一）开展专题调研，从经验走向证据

经验，是教科研的重要手段。但仅有经验是不够的，还必须有"证据"的

支持，以及必要的定量研究的支持。"定量研究的发展，是社会科学最显著的发展之一，也是社会科学获得新的威望和影响的理由之一"。为此，大兴调研之风，基于调研发现问题，基于调研解决问题，基于调研形成决策，已经成为基本的工作原则和工作方针。同时，还要强化实证研究，每学年开学初，绵阳市教科所围绕"对口升学"，提炼上一届的成功经验、梳理主要问题，分析和探寻本届的应对策略，并形成专项调研报告，努力追求"从经验走向证据，从证据中寻找规律"，提升教科研服务教育实践、服务教育决策的品质。

（二）强化试题研究，从试题中寻找规律

试题，是高考备考最具研究价值的载体。在"职教高考"备考过程中，充分发挥绵阳市教科所的研究职能，积极调动教指委的参与积极性。一是定期组织相关教研员、教指委成员和学校骨干教师，召开职教高考专题研讨会，研究中职学校职教高考的相关政策及高考试题，并分学科（专业）形成试题分析报告；二是由教研员组织教指委成员和学校骨干教师，开展试题库建设，并针对典型题型开展集中研讨。

（三）狠抓质量监测，以监测夯实备考之基

监测，是引导教育价值取向的"指挥棒"，也是诊断区域教育质量状况的"体检仪"。为落实"文化素质＋职业技能"监测评价方式，绵阳市教科所依据各专业教学标准，针对区域内普遍开设的专业，重构课程体系、完善课程标准、统一教学进度、建议教学载体等，并于2022年9月发布《绵阳市中等职业教育专业教学实施指导意见（试行）》，以此为基础实施"全科开考、全员参考、全面评价"的"三全"质量监测模式。通过"学科监测＋技能监测＋模拟诊断"的教学评价思路，针对高一、高二年级，每年组织不低于2次的质量监测；针对高三年级，每年组织不低于2次的全真模拟测试。同时，在现有的文化学科监测基础上，积极探索专业技能监测机制，以监测倒逼学校进行教学改革，最大限度地发挥监测的导向功能，进而全面提升中职教学质量。

（四）构建评价体系，以评价推动职教高考

评价，关系教育发展方向。制定并发布《绵阳市中等职业教育质量评价方案》，初步建立绵阳中职教育评价体系（见图1）。对县域教育行政部门、各中职学校、中职教育工作者实施分层分类考核评价，促进中职教育铸牢质量

观，推动学校规范化、特色化办学，用评价杠杆撬动职业教育内涵发展。

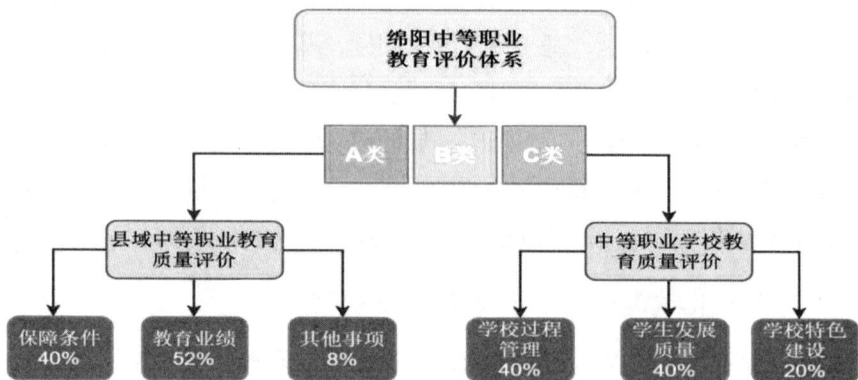

图1 绵阳中职教育评价体系

在对学校的质量评价中，强化对学生发展质量的评价，其权重占比为40%，包含质量监测、职教高考、技能大赛、就业创业四个方面。其中，质量监测主要考核学校是否积极参加市级以上部门组织的统一质量监测和技能监测；职教高考主要考核当年的本科升学情况和公办专科升学比例。以此推动学校着力提升中职人才培养质量，并为职教高考注入新动力。

三、提高区域职教高考质量的创新思路

（一）职普融通，拓宽职教高考路径

积极探索职普双向融通模式。一是针对职普融通班的学生，开设普通高中课程。高一年级学年末，组织"职转普"考试，按照录取规则，前20%的学生可以升入普通高中学习，其余学生根据本人意愿，可选择艺术类高考路线或职教高考路线；二是针对普通高中学生，在高一年级统一监测考试中没有达到B2优的学生，尝试转录到职业高中对口升学班学习，引导学生进行合理的职业生涯规划，参加职教高考。过程中，积极探索职普融通课程体系的构建工作，开展职普联合教研，共同研讨艺术类与职教高考核心课程方案和课程标准，着力提升中职学校课堂教学质量。

（二）多元培训，促进教师队伍优质化

优质的教师队伍，是提升教育质量，推进教育现代化的重要保障。为此，

从"教学"与"教育"两个维度，强化"教学指导委员会""学校管理团队""双师型教师"三支队伍的研究和培训。一是着力打造一支能指导、有创造力的教学指导委员会团队，带领区域内中等职业学校学科（专业）内涵建设，不断更新职业教育理念，提升教科研能力，用科研的思维引领学科发展，研究学科职教高考策略，既服务教学实践，又能服务于教育决策。二是打造一支精英化的中等职业学校管理团队，从办学理念、治理能力、名校建设、人才培养等方面开展培养培训，在顶层设计上提档升级，推动中等职业学校重视职教高考。三是加强"双师型"教师团队的研究与培训，不断提升学科（专业）教师的双师素养。研制区域《中职双师型教师认定标准》，制定双师型教师成长规划，对专业课教师进行专业能力提升培训，并组织过关考核。逐步形成指导精准化、管理精英化、执行精细化的教科研模型，构建以教科研团队引领的"一体三化"师资队伍培养机制，共同推进职教高考制度纵深发展。

一直以来，绵阳教科研坚持"问题研究、专业指导、服务实践"的工作定位，从实践中来，到实践中去，为绵阳教育质量提升，为绵阳教育内涵发展提供智力支持。如今，职教高考正处于改革的关键时期，绵阳市教科所将在过程中聚焦问题，进行大胆、科学地探索与尝试，为四川职业教育高质量发展提供绵阳经验。

提升职教高考质量的自贡实践

陈丽霞　杨仕远　李定国

摘　要：《国家职业教育改革实施方案》提出建立职教高考制度，实现中等职业教育的转型，就业与升学并重。本文围绕区域整体提升职教高考质量的问题，提出六大举措及实践探索的成效，通过提升职教高考质量这一抓手推进自贡市职业教育提质培优和高质量发展。

关键词：职教高考；质量提升；区域实践

一、职教高考的政策背景和现实需求

职教高考，泛指职业教育高考，包括高职单招及对口考试等。相对于普通高考（普通高等学校招生全国统一考试），职教高考是面向中等职业学校（含普通中专、职业中专、职业高中、成人中专、中师校和技工学校）学生设置的考试升学形式。教育部逐步建立并完善职教高考制度，使之成为职业本科院校、高职学校考试招生的主渠道。

职教高考的概念在 2019 年出台的《国家职业教育改革实施方案》中首次提出，继续完善"文化素质＋职业技能"的考试招生办法。在此之前，它以"高职分类考试"的名称出现。2014 年，国务院印发《关于加快发展现代职业教育的决定》，全面部署加快发展现代职业教育，要求加快构建现代职业教育体系，完善职业教育人才多样化成长渠道，实施与普通高校考试招生相对分开的高等职业教育分类考试招生，健全"文化素质＋职业技能"、单独招生、综合评价招生和技能拔尖人才免试等考试招生办法。之后，全国有 31 个省份根据自身情况，建立了适合本省的职业教育分类考试招生制度。

2010 年以来，基于培养应用型高技能人才的需要，四川省教育厅推出一种面对中等职业学校毕业生进行的招生考试形式，即从高校招生计划中选择部分专业，拿出专门指标，对希望继续深造的职校生进行对口专业的高考——四川省普通高校职教师资班和高职班对口招生统一考试。从 2017 年开始，四川省开始实行普通高等学校对口招生职业技能考试，农林牧渔类、土木水利类等八类专业分别在八所组考院校实行职业技能全省统考，体现职业教育高考的特点与价值取向。

职教高考制度的实施，为中等职业学校学生升学深造提供了更多机会，中职毕业生可以通过职教高考，与普通高中学生一样考专科、升本科、读研究生，享受同样就业待遇。职教高考制度是与普通教育高考制度具有同等功能的高考制度。

二、提升职教高考质量的主要举措

积极响应四川省职教高考制度的要求，整体提升区域职教高考质量是自贡市贯彻落实中共中央办公厅、国务院办公厅及教育部一系列职业教育改革政策，持续深化中等职业教育教学改革，促进学校提质培优，回应社会对中职学生成才的关切和家长对子女升学的期望，推动自贡市中职教育高质量发展的重要举措。为此，自贡市教育科学研究所牵头制定了《进一步提升全市职教高考质量的指导意见》，用六大举措助力职教高考质量提升。

（一）完善职教高考人才培养方案

按照升学与就业并重的定位，自贡市各中职校完善了职教高考相关专业人才培养方案，并按照职教高考方向修订了专业培养目标、课程设置、学时安排、教学进程等。

（1）明确培养目标。依据公共基础课程标准、专业教学标准，结合考纲要求，科学合理地确定了各专业职教高考方向的培养目标。

（2）优化课程设置。依据专业教学标准，在开齐、开足、开好公共基础课程的基础之上，按照相应职业岗位（群）的能力要求和考纲要求优化专业课程，杜绝只开设考纲要求的课程，要求必须兼顾学生的全面、可持续发展。

（3）合理安排学时。要求总学时不低于 3 600 学时，建议语文、英语学科 5 学时 / 周，数学学科 6 学时 / 周，专业课不低于 10 学时 / 周，实践性课程每学期不少于 3 周。

（4）科学安排进度。要求学校根据学生认知特点、专业课程（含实践性课程）特点安排教学进度。各中职校在高一、高二两年内完成职教高考相关专业的新授课的教学内容，用高三一年的学习时间，全面开展职教高考科目的系统复习、技能强化、模拟考试，完善学生知识结构，强化备考技能。

（二）提高考试命题审题质量

（1）成立命题审题组织机构。成立新一届学科（专业）教学指导委员会，学科（专业）教学指导委员会设主任1人，副主任2～4人，依托教学指导委员会成立考试命题审题组。语、数、英命题审题组的组长由相应学科教研员担任，下设高一、高二期末考试、高三模拟考试命审题小组。专业大类成立高考科目考试命题审题小组，组长由教学指导委员会主任或副主任担任。

（2）建立命题审题管理制度。一是明确命题审题组职责：负责高一、高二期末考试、高三模拟考试试题命制工作；统一专业大类技能高考科目教学进度；编写专业高考课程考试要求；参与学科教学视导。二是确保命题质量。语、数、英学科试题质量由各学科教研员把关，专业学科试题质量由各专业大类教学指导委员会主任或副主任把关；重视试题精校，实施"三审三校"程序。

（3）加强命题的研究和培训。要求各校重视命题的研究和培训工作，制定命审题流程。自贡市教科所定期召开命题教师培训会，邀请市内外专家作专题讲座，整体把握职教高考命题方向。

（4）开展命题质量分析评价。要求各校每次考试后对试题质量分析评价，总结成绩和不足。自贡市教科所向一线教师征集试题意见，组织职教高考原创试题命制比赛。

（三）优化教师队伍建设

（1）高标准选聘班主任。要求各校遴选业务能力强、师德高尚的教师担任职教高考班班主任，重视班主任在班级管理中的核心地位，全力支持班主任大胆创新开展工作。

（2）严格任课教师选聘。一是职教高考班班主任优先选聘任课教师，把师德师风优秀、教学水平高的教师选聘到职教高考班任教。二是职教高考班专业课教师要选聘具有"双师"素质和能力的专业教师。

（3）注重教师专业成长。一是以"三名工程"创建为契机，全力提升教师综合素质。二是创建名师工作室，带动一批教师成长。三是认真组织教师读书活动、命题能力大赛、"同课异构"活动、教学大比武等促进教师专业成长。四是要求专业课教师关注考纲变化，对接主流生产技术，注重传授行业发展的新知识、新技术、新工艺、新方法。

（4）建立考核激励机制。要求各校加大对职教高考班班主任、科任教师的考核力度。每学期考核一次，考核结果与教师评先、评优、晋级、是否继续任教职教高考班挂钩。同时，在课时量、外出交流学习等方面给予职教高考班任课教师适当倾斜。

（四）强化职教高考教学研究

（1）强化学习培训。一是组织职教高考班教师、管理人员到市外学校、技能高考组考院校参观学习；二是邀请职教高考专家、技能高考组考院校领导开设专题讲座。

（2）深化考试研究。一是组织职教高考班教师研读课标、讨论考纲、分析考题、熟悉或测试近3年高考考题，要求教师认真分析考纲，写出高考题分析报告（语、数、英教师）、考纲分析报告（专业教师），命制职教高考模拟题，进一步深入研究职教高考考纲、考题。二是推行"同课异构"、高三专题复习公开课等课堂教学教研活动，针对职教高考班教学的重点、难点开展教研活动。

（3）推进教法改革。一是强化课程思政，深入推进习近平新时代中国特色社会主义思想进课堂、进头脑。二是普及项目教学、案例教学、情境教学、模块化教学等教学方式，广泛运用启发式、探究式、讨论式、参与式等教学方法，推广翻转课堂、混合式教学、理实一体教学等教学模式，推动课堂教学革命。三是全面推进学历案进课堂，问题导向，任务驱动，发挥学生学习的主体作用。四是狠抓专业技能考试训练，要求训练抓早抓实，既要保量也要保质。

（4）重视学法指导。一是组织各教学指导委员会主任、副主任和部分骨干教师编写学历案和一日一练试题。各校认真推行集体研备，依据统一编写的学历案和一日一练试题，结合学生实际修订完成各班级实施性学历案和一日一练试题。二是各校加强对学生制定学习计划（含预习复习）的指导，着力培养学生的阅读能力、记忆能力、动手能力和正确使用错题本的能力。

（五）加强职教高考过程管理

（1）明确升学目标。参考职教本科升学试点班学生的中考总成绩及语、数、英学科成绩，下达各校升学目标。各校将目标落实到人，有针对性地指导学生制定个人德育目标和学习目标。

（2）坚持教学视导。自贡市教科所组织学科教研员、教学指导委员会主任、副主任、命题审题组成员到校开展教学视导，每学期每个学校至少视导一次，适时召开全市职教高考推进现场会。

（3）推行统一管理。一是统一进度。结合全市实际选择4～6类专业大类，统一技能高考科目的教材和教学进度。二是统一考试。自贡市教科所组织实施"3+N+X"考试模式，"3"指语数英三门学科，"N"指技能高考科目，"X"指抽测科目，提前公布考试范围，以课标和考纲为命题依据。同时，各校开展周考和月考，以考促教，以考促学，重视讲评；自贡市教科所强化专业综合考试和专业技能考试，推行学生异校联考。三是统一命题。凡是考试科目均由自贡市教科所统一命题。四是统一分析。利用工作例会或专门召开成绩分析会对全市成绩进行分析，高三职教高考班实行"三诊三分析"。五是统一考核。考试结果纳入自贡市教育体育局对各区县和学校的年终质量考核中。

（4）建立学生流动机制。各校根据学生学习成绩发展变化的实际，建立合理流动机制，职教本科升学试点班的学生可以转入普通班，普通班的学生可以转入试点班。

（5）关注重点学生。各校加强优生和踩线生的培养。一是行政干部进班，配合班主任强化班级管理。二是为每一位优生、踩线生配备1～2名指导老师，指导老师在学习、生活、心理等方面给予学生指导。三是指导学生制定奋斗目标，并引导学生努力践行。

（6）完善考核机制。进一步优化奖励办法，完善职教高考奖励制度。不仅设置专门的职教高考升学奖，根据升学目标任务对区县和中职校进行考核的结果将纳入各区县和中职校年度教学质量考核，提高职教高考升学权重和升学率考核分值。

（六）健全德技双修的育人机制

（1）做好班级三年规划。引导师生共同制订班级规划，包括升学目标（含个人）、德育目标（含个人）、班级管理细则、激励措施、班级公约等。

（2）重视学生素质培养。加强学生体育、美育和劳动教育，强化法治教育、诚信教育、心理健康教育和自信心培养，开展丰富多彩的校园文化活动，组织形式多样的职业技能竞赛。

三、职教高考工作成效及下一步方向

自贡市历来重视中职生的升学工作，坚持为有升学愿望、升学能力的中职生搭建升学平台。经过多年的实践探索，自贡市职教高考工作取得了明显成效，已成为了推动全市职业教育高质量发展的重要抓手和新的增长点。

（一）中职生有更好发展

随着"中职—高职—职教本科"现代职业教育体系的建立，中职生拥有了接受更高级别教育的机会，自贡市抓升学教育，让更多中职生获得了更好的发展空间，为其终身发展和成长奠定了良好的基础。

（二）升学规模逐步扩大

自贡市中职学校升学规模逐年扩大，本专科上线率逐年提高，升学专业基本实现全覆盖，毕业生进入高职和本科院校升学深造比例超过50%，"本科升学实验班"试点成功，试点学校数量增加，升学途径更加多样，升学通道更加通畅。

（三）办学质量明显提高

自贡市中职学校教育教学质量进一步提升，"三教"改革进一步深化，人才培养质量进一步提升，"升学与就业并重"的办学方向进一步明确，办学效益进一步增强，招生规模日益扩大。全市成功创建 3 所省级中等职业教育星级名校立项建设学校，其中一所省"四星级"名校立项建设学校本科上线人数连续三年增加，2022 年、2023 年上线人数均位列全省前茅，多名学生高考总分位列土木水利、餐饮类等专业全省第一名。

（四）社会效应得以提升

职教高考影响了社会公众对职业教育的看法，一定程度上提升了中职学校的吸引力和竞争力。自贡市抓职教高考工作营造了重视中职升学教育的氛围，促进了职教工作者抓升学促高质量发展的意识和信心，让更多的中职生家长更加满意，回应了社会的关切。

下一步，自贡市将进一步贯彻落实新修订的《中华人民共和国职业教育法》及国家、省（市）各级职业教育改革实施方案、高质量发展意见和提质培

优行动计划等政策，围绕"提升职教高考质量"的目标，聚焦"扩大升学规模基数、研究高考改革新政、加强学科教研实效、完善考核评价机制"等重点任务，探索中职师生在备考各环节的痛点与难点，创新新课标新教材背景下"职教高考"备考策略，着力打造职教高考区域品牌和职教高考示范性名校。自贡市将坚持"升学就业两手抓"，提高中职生竞争优势，提升人才培养质量，推动全市职业教育提质培优，更好地服务经济社会健康发展。

细化管理举措 抓实职教高考

李闯 朱凤钢

摘 要：职教高考是职业教育专门性高考，逐步成为高职招生考试的主渠道。然而，在追求职教高考的过程中，部分学校正逐渐偏离职业教育不同于普通教育的类型特征，出现片面追求高考的现象。为此，宜宾市教育科学研究（以下简称宜宾市教科所）所通过科学顶层设计，采用细化教学标准、规范教学过程、改革评价体系、健全激励机制等方法，为宜宾市迅速提升职教高考成绩和保持明显职教类型特征做出了积极有效的探索。

关键词：职教高考；中职教育；类型特征；工作方法

职业教育与普通教育属于不同的教育类型，两者具有同等重要地位。建设完善职教高考制度，加快推进职业教育考试招生制度改革，构建完善的现代职业教育体系，推动实现现代职业教育高质量发展，才能满足社会主义现代化强国建设的人才需求。为更好地适应社会对职教高考的需求和新时代国家职业教育政策要求，近年来，宜宾市积极为学生搭建平台，通过职教高考，让更多的中职学生升入高校，受到了社会的好评。

一、主要做法

1.科学顶层设计，落实政策保障

宜宾市政府出台《宜宾市职业教育改革实施方案》，明确目标任务，建成中职与高职衔接、职业教育与普通教育融通、学历教育与非学历教育兼顾，满足人民群众终身学习需要，与市场需求和劳动就业紧密结合，实现产教融合、校企合作、工学结合，结构合理、形式多样，灵活开放，具有宜宾特色的现代职业教育体系。单列职业教育专项经费，助推职业教育高质量发展。

2.细化教学标准，规范教学过程

以国家公共基础课课程标准和专业教学标准为依据，结合四川省职教高考考纲，宜宾市教科所组织专家编制了《宜宾市中职公共基础课程教学指导意见》和《宜宾市中职专业课程教学指导意见》，共涉及思想政治、语文、数学、英语、体育与健康、信息技术、艺术（音乐和美术）等8门公共基础学科，计算机应用、电子技术应用、数控技术应用、机械加工技术、汽车应用与维修、旅游服务与管理等17个专业。《宜宾市中职专业课程教学指导意见导意见》按照国家专业教学标准确定专业核心课程和专业方向课程，同时确定教学内容和分层教学标准以及课时安排，引导一线老师提高标准意识，规范实施教学。

3.开展教学视导，强化课堂督查

宜宾市教科所每学期组织一线优秀骨干教师和学校管理团队深入各中职学校开展教育教学视导，视导采用"查、看、听、评、议、谈、问"七种方式，围绕教学管理情况（学校管理、专业部管理、班级管理、教研组活动开展）、任课教师教学情况（备课、上课、作业批改、辅导学生）、高考复习教学研究情况（考纲研读、试题研究、模拟试题命制及考试）等内容开展。召开视导情况意见交换会并形成视导报告，及时通报反馈视导中发现的问题并提出整改建议，督促学校抓实课堂主阵地，抓细常规管理。

4.开展专题研讨，提升教学水平

宜宾市教科所每年针对职教高考不定期的组织开展高考专题教研活动，提升高三任课教师教学水平。因专业学科的独特性，专题教研活动以政策集中、专业（学科）分散开展，取得的效果较理想。首先，高考结束，召开全市高考总结交流研讨会，对高三教学收获和不足做经验交流，让高三任课教师看到不足，学到好的经验，为下一届高三教学做准备。其次，每一届高三之初，宜宾市教科所聘请专家开展高考考纲专题培训，解读政策，提升任课教师对考纲的理解。最后，宜宾市教科所不定期组织高三教师教学研讨会，让教师相互走进课堂，探究高三课堂教学有效性，提升教学水平的同时，解决自身课堂教学存在的问题。通过这些活动，整体教学水平得到提升，对新任高三教师教学水平促进明显。

5. 坚持教学监测，加强教学评价

一是由宜宾市教科所牵头科学设计监测策略和模式，研制宜宾市中职教学质量监测评估指标体系、方案和模式，以及教学质量监测意见、教学质量评价办法、监测试题库建设办法等配套制度，并设计监测评估模式、设计测试题库架构、设计监测数据统计分析模型。二是形成以省教学质量监测为指导，以全面开展市级公共基础课程、重点专业核心课程应知统测、应会抽测的教学质量监测工作为重点，以中职学校学业考试为补充的三级联考的监测工作模式。坚持每学期组织专家命制试题，不断完善和丰富教学质量监测市级试题库，每学期开展思想政治、语、数、英、高二年级技能理论抽测，高三年级技能操作抽测。监测后，由宜宾市教科所组织统一阅卷，开展数据分析，形成质量分析报告，定期召开教学管理工作会，通报相关数据，便于学校及时调整和改进学科教学工作。

6. 做好课题引领，促进资源建设

从 2017 年宜宾市教育局统一开展全市中职学校教学质量监测工作开始，宜宾市教科所立足工作，开展中等职业学校教学质量监测评估的理论与实践研究，于 2020 年申请四川省教育科研课题，被立项为四川省资助金项目重点课题。课题立项后，宜宾市教科所构建多个子课题研究方向，邀请全市中职学校一线教师参加子课题研究，借助课题引领，带动教师开展专业（学科）教学资源的建设。课题研究初期共有 23 个专业（学科）团队申请参加题库建设，带动了一大批教师深研教学内容，促进了校级教学资源建设。

7. 改革评价体系，健全激励机制

宜宾市教科所牵头研制《宜宾市中等职业学校教学质量考核实施方案》，由宜宾市教育和体育局正式发文实施。坚持每学年对职教高考成绩优异的教师个人评定教学质量奖，并予以表扬奖励。

二、实施成效

1. 宜宾市高考成绩逐年攀升

近三年高考数据见图 1。

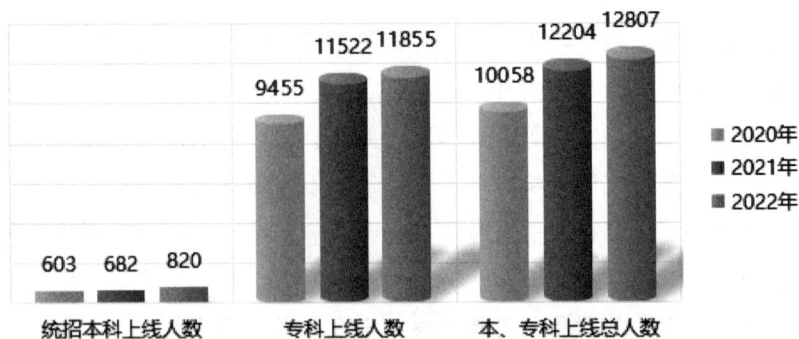

图1 宜宾市近三年职教高考统计

2.宜宾市学生技能大赛获奖数居全省前茅

四川省中职学生技能大赛，2021年宜宾市获省一等奖22个，二等奖28个，三等奖22个；2022年获省一等奖24个，二等奖36个，三等奖28个，宜宾市获优秀组织奖。

宜宾市教育科学研究所遵循宜宾市委"实心干事，科学作为"的要求，通过科学的顶层设计，采用细化教学标准、规范教学过程、改革评价体系、健全激励机制等方法，为宜宾市迅速提升职教高考成绩和保持明显职业类型特征做出了积极有效探索。

职教高考导向下的中职学校教学管理实践

——以成都市工程职业技术学校为例

刘清太　尹毅

摘　要：中等职业教育作为职业教育体系的基础教育，就业不再是中等职业学校人才培养的唯一目标，升学与就业并重成为中等职业学校人才培养新的定位。根据职教高考的特点，实施抓政策、抓学生、抓团队、抓教学、抓管理的五抓策略是提升职教高考导向下中等职业学校教学管理水平的有效实践。

关键词：职教高考；中职学校；教学管理

中等职业教育作为我国职业教育体系中重要的组成部分，发挥着重要的基础性作用。一方面为社会经济发展培养了大批适应能力强的技术技能型人才，另一方面为高等职业院校输送了大批高素质的合格生源。本文聚焦职教高考导向下的中职学校教学管理实践，着力提升中等职业学校学生面对职教高考的适应性。

一、职教高考的演进

改革开放以来，职业教育在技术技能人才培养方面发挥着不可替代的作用，大力发展职业教育成为社会经济发展的必然选择。随着社会经济的发展和产业结构的不断调整，中等职业教育的发展定位已由过去的就业导向教育转向职业基础教育，其功能是为学生在高等教育阶段的继续学习奠定基础。而这不是一蹴而就的，具有鲜明的对口性和需求性。

（一）对口性

职教高考多被称为对口招生考试，具有鲜明的对口特色。改革开放以来职业教育相关文件多次提到这一概念。如 1980 年，国务院批转教育部、国家劳动总局《关于中等教育结构改革报告》中，提出关于职业（技术）学校、职业中学、农业中学的毕业生报考对口专业的考生，考试成绩在同一分数段内，优先录取的政策；1983年，中共中央、国务院《关于加强和改革农村学校教育若干问题的通知》指出，"农业中学和各类职业学校的毕业生，主要回农村参加工作，农村有关单位应优先从中择优录用，也可以对口升学"；1985年，中共中央《关于教育体制改革的决定》中进一步明确要求，积极发展高等职业技术院校，优先对口招收中等职业技术学校毕业生以及有本专业实践经验、成绩合格的在职人员入学，逐步建立起一个从初级到高级、行业配套、结构合理又能与普通教育相互沟通的职业技术教育体系；1987年，国家教委印发了《普通高等学校招收少数职业技术学校应届毕业生的暂行规定》，提出普通高等学校举办的职业中学专业课师资班和中等专业学校专业课师资班对口招收德智体全面发展、学习成绩一贯优秀且具备教师素质的应届中职毕业生入学，使之毕业后成为中等职业学校师资队伍的主力军；2007年，教育部颁布的《关于进一步做好高等学校各类招生管理工作的通知》提出，高校对口招收中职毕业生计划不超过当年应届中职毕业生5%的比例安排，并纳入当年普通高校招生计划总规模。可见，职教高考具有很强的对口性，这是职业教育的专业特性所决定的。

（二）需求性

2019年，国务院印发的《国家职业教育改革实施方案》明确提出，"建立'职教高考'制度，完善'文化素质＋职业技能'的考试招生办法，提高生源质量，为学生接受高等职业教育提供多种入学方式和学习方式。"这是我国职业教育首次提出"职教高考"这一概念。

职教高考的演进主要源于以下几方面的助推力量：一是国家转型发展对高质量高等职业教育人才培养的战略需要；二是高等职业院校在类型、层次等方面系统发展需要；三是深化推进高考分类考试招生制度改革的需要；四是职业教育自身发展的需要（职业教育作为类型教育发展的需要、职业教育评价机制建设的需要；职业教育教师队伍建设的需要）；五是中等职业学校学生多元化成才的需要。可见，职教高考对国家发展、高等职业教育发展、招生制度改革、职业教育发展和中等职业学生发展具有很强的需求性。

对口性与需求性使职教高考成为职业教育体系构建的必然，成为中等职业教育与高等职业教育有效衔接的手段，加强对职教高考的研究，增强中等职业学生面对职教高考的适应性是非常必要的。

二、职教高考的特点

职教高考是相对于普通高考的另一种高考组织形式，同属国家教育招生考试制度，二者具有同等重要的地位。职教高考既具有高考的共性，也具有职业教育的个性。有学者认为职教高考具有选拔性、竞争性、技能性、应用性、大规模性五大特性。职教高考的上述特性，必将对职教高考的组织、实施与管理提出系统化、科学化与严密化的制度建设要求。

相对于普通高考而言，职教高考实行"文化素质＋职业技能"的考试招生办法，这就要求职教高考既要满足高等职业院校对人才的基本文化素质特性要求，同时还要兼顾职业教育的技能特性和应用特性要求。而职业技能考核，一方面既是职教高考区别于普通高考的特征，另一方面又成为了制约职教高考改革实施的巨大难题。

因此，根据职教高考的特点和存在的难点，加强中等职业学校教学管理研究，提高中等职业学校教学质量是适应职教高考对多元化人才需求的必然选择。

三、职教高考导向下的教学管理与实践

2011年起，成都市工程职业技术学校就坚持升学就业并重的发展定位，在抓好就业的同时，高度重视学生的升学教育，将学生的升学作为学生高层次就业的新举措。历经十余年的发展，取得了很好的办学效益和社会效益，极大提升了学校办学知名度和美誉度，树立了职教高考的新品牌。

回顾学校职教高考的发展历程，尤其是职教本科上线人数的跨越式增长，跟学校实施五抓策略有着密切的关系（见图1、图2、图3）。

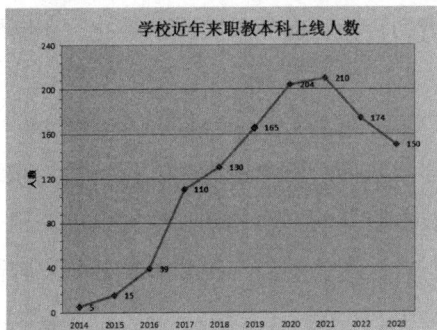

图1　学校近年来职教本科上线人数　　图2　学校职教本科上线人数全省排名

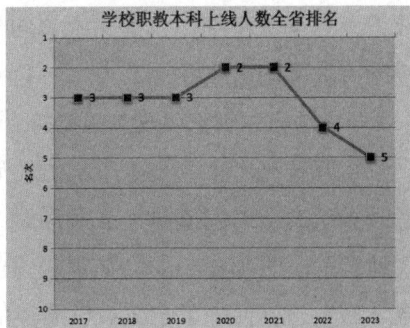

图3 职教高考的五抓策略

（一）抓政策

职业教育作为一种面向市场的开放性教育，受国家经济政策和教育政策的影响很大。因此，加强政策的学习、研判、争取，是办好职业教育必不可少的举措。学校从国家、省、市职教高考政策的学习研究、地方主管部门政策的争取、学校内部激励政策的建立三方面发挥了政策对教学的推动作用。

1.加强国家、省、市职教高考政策的学习

学校认为学生的成长与成才是学校办学价值的重要体现，实现学生的高品质就业与成长是学校的重要职责。因此，学校在抓好就业教育的同时，根据学生的成长需求，特别重视学生的升学教育。对于国家、省、市职教高考政策，学校保持高度的敏感性，坚持学习、研究、执行，尤其是对四川省职业教育高考政策，更是深耕细作，提高政策向举措的转化，向教学实践的转化，不断增强教学对政策的适应性。

2.争取地方主管部门政策的支持

学校职教高考工作得到了地方主管部门政策、资金的大力支持，这为职教高考教学组织、时间安排、教师激励、教学质量等方面起到很大的促进作用，极大地调动了教师参与职教高考教学的积极性和主动性，构建了良好的职教高考教学新生态，促进了学校教学质量的提升。

3.建设学校内部激励机制

为激发教师工作积极性，充分发挥教师在职教高考教学中的主体作用，学校在广泛征求意见的基础上，建立了完善的职教高考奖励方案，从目标任务完成、本专科上线人数、班主任班级管理、教学管理团队管理、学科教学特点等方面进行了考核和奖励。同时，将职教高考结果与教师评优评先、职称晋级等结合，多渠道加强对教师的奖励力度，收到了很好的激励成效，学校职教本科上线人数连年获得新的突破，取得了很好的社会效益，极大提升了学校的社会影响力。

（二）抓学生

学生是教学的主体，是职教高考的生力军，更是学校教育教学成果的直接体现。学生素质、学习习惯、学习状态对职教高考的结果会产生决定性的影响。因此，优化生源、培养习惯、善于激励是抓好学生取得好的职教高考成效的有效手段。

1.优化生源

职教高考具有选拔性和竞争性的特点，这就决定了学生的生源素质要具有较强的竞争力，能适应职教高考的基本要求。为提高学生的生源素质，优化生源结构，学校实施了多元化的生源选拔举措，尽最大努力丰富职教高考学生生源。

一是在充分尊重学生意愿的情况下，根据报考我校初中毕业生的成绩，吸纳部分成绩优秀的学生进入职教高考班学习。同时，通过多种举措招收部分升入普通中学的学生进入职教高考班学习，不断优化职教高考的入口生源结构。

二是加强对上年冲击职教本科失利学生的宣传工作，鼓励他们明确学习目标，增强学习动力，树立冲击职教本科的信心和勇气，从拓展职教高考出口学生素质方向进一下优化学生的生源结构。实践证明，这部分学生学习优势明显，职教高考成绩普遍较好。

三是加强和地方普通中学的对接，积极吸纳普职融通班的学生。整体而言，普职融通班的学生由于学习能力强，文化基础扎实，职教高考竞争优势明显。普职融通在扩大职教高考生源基数、优化职教高考生源结构方面发挥着重要的作用。同时做好普职融通工作，对普教、职教、学生、家长、社会呈现多赢的结果。

2.培养习惯

美国著名心理学家威廉·詹姆斯说："播下一个行动，收获一种习惯；播下一种习惯，收获一种性格；播下一种性格，收获一种命运。"可见，习惯是人生成败的关键，是成功者与失败者之间最大的差别。中等职业学校学生整体文化基础素质不高与学习习惯、行为习惯、生活习惯有着很大的关联。因此，学校从学生的生活习惯抓起，作息习惯抓起，早晚自习抓起，课堂学习习惯抓起，自主学习能力培养抓起，力求让学生养成好的生活习惯，好的行为习惯，好的学习习惯，更好服务于职教高考工作。

3.善于激励

对中职学生而言，科学的激励尤如久旱遇甘霖，他乡遇故知，会焕发学生无穷的学习动能和自我肯定，增强学生的自信心和自我实现愿望。因此，在教育教学活动中教师要有善于发现学生身上蕴含的激励基因，并加以肯定和强化，增强学生的学习动能。学校通过集会表扬、张榜表扬、先进评选、月度评优等多种方式对学生进行正激励，让学生生活在满满的正能量里，生活在满满的仪式感里，生活在张张奖状的喜悦里，从而激发学生的学习潜能和竞争意识。

同时，学校和班级倡导让每个学生都找一个学习的榜样，创建一种长期不断进取的状态。正如麦格雷戈所说："个人与个人之间的竞争，才是激励的主要来源之一。"抓好激励，让学生活起来，动起来，跑起来，就会创造教育的无限可能。

（三）抓团队

职教高考是个人劳动集体成果的具体体现，要想取得好的成绩，需要每个人付出都艰辛的努力，但更离不开团队的配合、支持、协作。尤其要抓好班主任团队、教学团队、管理团队与服务团队。其中班主任团队是核心、教学团队是根本、管理团队是关键、服务团队是支撑。

1.班主任团队

职教高考要想取得好成绩，班主任是核心。班主任是班级建设的核心和灵魂，是班级建设的领导者、策划者、协调者。班主任的教育理念、教学思想、人格魅力、执行能力、责任担当、专业品质对学生的成长会发挥巨大的引领和示范作用。选好一个优秀的班主任就意味着可能诞生一个优秀的班集体，就意味着可能形成一个优秀的教学团队，就意味着将结出职教高考的累累硕果。因此，学校非常重视职教高考班班主任的选拔，为保持教育教学工作的连续性，学校一般优先选择管理经验丰富，教学管理业绩突出的语、数、外教师担任职教高考班的班主任。

2.教学团队

职教高考要想取得好的成绩，教学是根本。因此，学校十分重视职教高考班教学团队的组建与搭配，尤其是语、数、外三门学科教师团队的梯队培养，集全校之力进行统筹安排，确保实现优化组合，强强联手，实现教学资源利益的最大化。同时，充分尊重班主任对科任教师队伍搭建的意见和建议，努力搭建一支业务能力强、协调配合好、务实肯干、善于钻研的优秀教学团队，更好服务于教学工作。

3.管理团队

职教高考要想取得好的成绩，管理是关键。学校高度重视职教高考教学工作，成立了专门的高考部，重点负责职教高考班级的教学安排、考试安排、人员调配、招生考试、教学分析等管理工作。同时，充分发挥学校各管理部门职责，以教学为中心，以职教高考为重点，做好职教高考的日常管理、分析、研究、督查工作，及时调控教学过程中存在的各种问题，努力实现管理效益的最大化。

4.服务团队

职教高考要想取得好成绩，服务是支撑。学校以学生为中心，以满足学生需要为重点，不断提升学校吃、住、行方面的服务能力，为学生学习生活提供优质的后勤保障服务，让学生学得开心，过得舒心。如丰富学校食堂菜品种类，提升菜品质量，改善学生饮用水，教室寝室加装空调，开展丰富的课外活动，搞好学生的心理辅导等。

（四）抓教学

教学工作是学校的中心工作，是职教高考工作的重中之重。针对职业中学学生的学习特点，充分挖掘教学时间，认真实施分层教学，深化教学研究，落实家校协同，开展针对性的教学是提高教学质量的有效手段。

1.挖掘教学时间

学习是一个渐近的过程，是一个需要时间进行沉淀和积累的过程。充足的教学时间、学习时间是提高职教高考成效的必要保障。学校一方面加强学生守时、惜时、用时的指导、教育，增强学生学习的紧迫感；另一方面挖掘学生每天、每周、每月的自主学习时间，给学生充分的学习自由度，确保学习时间充足和有效，让学生在不断强化、反复、再强化、再反复中得到提升。同时学校根据不同班级性质设置了不同的学科教学时间，以适应职教高考和就业教学需要。

2.实施分层教学

根据学生的学习能力、学习意愿，学校对学生实施了三次有针对性的分层。一是招生分层。学校根据学生需求把班级分为职教高考统招班、职教高考单招班、就业班三类，进校之初学生根据自己的学习意愿，兼顾中考成绩自由选择相应的班级进行学习，以期实现自己的职教本科梦、职教专科梦和就业梦。二是职教高考统招、单招分层。高一年级最后一学期，根据学生的学习成绩，由各专业部实施第二次分层，进一步优化职教统招班的生源结构。三是自愿分层。高三职教高考前，学生根据自己的学习情况自主决定参加职教高考单招考试或职教高考对口本科考试。学校实施的分层教学一方面满足了学生的学习意愿，激发了学生的学习动能，另一方面使学校的教学更具有针对性。

3.深化教学研究

教学研究不仅是建设研究型教师队伍的需要，更是丰富教学理念、拓展教学方法、解决教学难题、交流教学心得、提升业务能力的需要。学校一直非常重视教学研究工作，根据学科特点成立了22个教研组，统一接受学校教科室的业务指导。针对职教高考的特点，学校实施了校级层面、专业部层面和教研组层面的三级教学研究活动机制。特别为语、数、外教研组设立专门的集中教研时间，重点围绕职教高考、教学资源开发、科研课题研究、听课评课等开展工作，取得了非常显著的成效。

4.落实家校协同

教学工作是学校的中心工作，但同样离不开家校的协同配合。如何准确把握学生的学习状态、学习习惯、学习成效、学习反馈，除学校教师自身的努力外，还需要家长的配合、支持、监督，实现教学工作的有效延伸。家校协同，共同为学生的学习创造好的条件，提供好的服务是非常必要的。

（五）抓管理

管理出效益、管理出成果、管理知差距，学校通过加强过程管理、提升业务管理、实施目标管理来实现教学水平的整体提升。

1.强化过程管理

教学过程就是教与学的过程。如何根据教与学的特点，分别对教师的教与学生的学进行正确的安排、指导、检查和调控是过程管理的重要内容。学校一方面加强对教师教学过程的常规管理，如教师的备课情况、上课情况、作业评改情况、学生对教学的反馈情况、学生的学习效果等进行检查和指导；另一方面加强对学生学的管理，重点对学生的学习状态、学习习惯、学习行为、学习效果进行评估和指导，力求实现教与学的有效结合。

2.提升业务管理

为确保学校教学工作有计划、有组织的高效运行。学校一方面通过交流学习、专题培训、跟岗训练等方式加强教学管理团队管理能力和水平的培养，不断提升教学管理活动的科学性和有效性。另一方面加强教学管理团队服务意识的培养，强化管理的服务功能，不断提升管理团队的工作态度、工作方式和服务水平，积极构建和谐的工作氛围。

3.实施目标管理

学校坚持目标导向原则，一方面通过层级管理来确保校内目标的实现，学校每年制订职教本科上线目标，并将目标任务分解到各专业部，各专业部再分解到各班，各班再落实到相应的教师。形成了教务处牵头，专业部、班主任、科任教师层层落实，自上而下的联动机制。另一方面通过分析全省职教本科上线情况，对标职教本科上线优势学校，优势专业，找准校外学习目标，加强交流学习，确保校内校外目标导向的有效性。

五抓教学管理实施策略，符合中职学生的认知特点，符合职教高考的需求，为学校职教高考品牌的形成起到了很好的促进和推动作用，满足了学校、学生、社会的多元化需求，实现了中等职业教育办学品质的提升。

技能高考背景下中职加工制造类实训现状
分析与对策研究

袁　伟　蒋天臣

摘　要： 本文对四川省实施技能高考制度以来，中等职业学校加工制造类专业技能实训情况进行了详细的调查研究，针对当前技能高考存在的问题提出了对策和建议。

关键词： 技能高考；中职加工制造类专业；实训

一、技能高考背景下中职实训的现状分析

为全面了解四川省中职学校加工制造类专业技能实训的真实情况，根据人才培养和选拔的主体和过程，对人才培养方案、教学标准、评价标准、考核标准、实训条件、师资队伍开展了较为详细的调查研究，作出如下分析：

（一）人才培养与社会需求、专业发展不相符

1.人才培养与社会需求不相符

长期以来，中等职业学校以"就业为导向"为办学目标，体现出职业教育与普通教育不相同的类型特征，教育主管部门也将"就业率"作为考核一个学校办学成果的一项重要指标。随着产业结构的不断变化，中职学生技能水平已无法满足行业企业的需求，"中职教育"也无法满足广大学生求学的愿望，越来越多的学生选择"升学"这条道路，一边是"就业"的考核，一边是"升学"的需求。面对这一矛盾，中职学校不得不在加工制造类相关专业实施不同的人才培养方案，实施不同的教学标准和内容，以解决学生就业和升学的问题。

2.重钳工技能，轻其它专业技能，与专业发展不相符

在"升学"的巨大需求和激烈竞争下（2023年高职单招公办高职院校院淘汰率达47.61%），钳工技能作为加工制造类专业唯一考试技能，为让学生考

出满意的成绩，各中职学校在"钳工技能训练"方面投入大量的人力、物力和时间，这对其他专业技能如车工、数控车（铣）等造成较大冲击，课时减少、训练项目减少、实训实习时间缩短等。

3.人才培养与行业企业人才需求不相符

钳工技能作为加工制造类从业人员的一项基本技能，曾在生产加工中起到了十分重要的作用，但随着工业化水平的不断提高、技术手段的不断进步、新技术新工艺的不断出现，钳工在企业生产制造中的作用越来越小，而将钳工技能作为中职阶段唯——项高考技能进行重点学习、训练与高职院校技能学习衔接不足，也与行业企业选人用人需求不相符。

（二）技能考试内容、要求与教学标准不相符

（1）钳工技能高考考试大纲与钳工技能教学标准出入较大。根据国家公布的《钳工工艺与技能训练》教学标准，钳工的基本内容有划线、錾削、锯削、钻孔、扩孔、铰孔、攻螺纹和套螺纹、矫正为弯曲、铆接、刮削、研磨、技术测量、简单的热处理等，而"技能操作（应会）"考试要求和题型示例（见图1）中仅包涵钳工技能中的划线、锯削、锉削、钻孔工艺的技能操作要求，与《钳工工艺与技能训练》教学标准出入较大，也与钳工国家职业技能标准（初级）所考核内容不相符，不利于学生知晓和掌握钳工的其他相关技能。

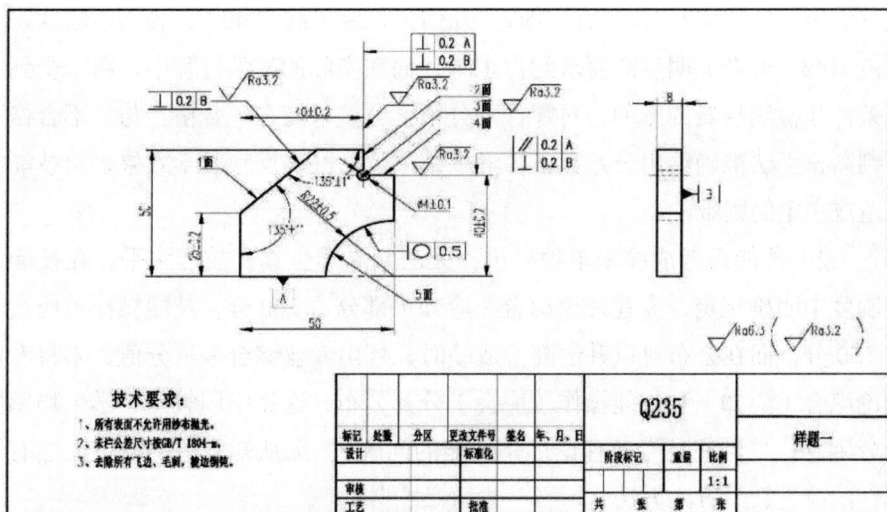

图1 技能操作（应会）部分题型示例

（2）钳工技能考试项目设置较为单一。在《四川省普通高校对口招生职业技能考试大纲（加工制造类）》中"技能操作（应会）" 题型示例（见上图）所示，其零件构形只包括直线、斜线、阴角、阳角、阴角，对钳工中零件锉配、攻螺纹和套螺纹等常用技能却未涉及，而"阴角"构形加工不仅加工难度大，耗时费力，学生难以掌握，而且在实际生产中用钳工进行锉削加工更是鲜有少见。

（三）技能考试评价标准、手段单一

钳工技能作为加工制造类"职业技能"唯一考试内容，各中职学校及钳工实训教师能参考学习的资料仅有《钳工工艺与技能训练》教学标准和《四川省普通高校对口招生职业技能考试大纲（加工制造类）》中"技能操作（应会）"部分的内容，对于其评价标准在"技能操作（应会）"中也只是给出比较笼统的技术规格要求，这给技能实训的教与学造成了一定的困难，"如何对标考试大纲对学生学习效果进行评价？"中职学校及实训教师只能摸着石头过河，慢慢摸索、慢慢总结。

（四）技能实训考核标准不统一，无法判断教与学真实效果

（1）考核结果无法准确反映教学效果。在《四川省普通高校对口招生职业技能考试大纲（加工制造类）》"技能操作（应会）"部分中，钳工技能考试分值为：尺寸公差要求约占35%，几何公差要求约占40%，表面粗糙度要求约占10%，安全文明生产要求约占15%，而在实际的教学过程中，由于受到实训条件和检测仪器的影响，对零件部分精度公差只能在"合格"与"不合格"中判断，无法准确给出公差数值，考核结果无法准确反映教学效果，给技能实训造成一定的困难。

（2）技能高考成绩未单独列出，无法判断学生真实技能水平。在技能高考制度中明确规定，专业理论综合（应知）部分占200分，技能操作（应会）占150分，而在公布对口升学高考成绩时只列出专业综合一项分值，未将专业理论综合（应知）和技能操作（应会）分开公布，这让中职教师、学生均感到十分困惑，"到底是专业理论还是技能的问题？"无从知晓答案，更无法有针对性的改进教学方式方法。

（3）技能考试标准不统一，无法体现考试的公平性。以2022年为例，

加工制造类共有4 300余名考生参加钳工技能考试,技能考试组考学校要组织4 300余名考生一次性考试完,显然不太可能,只能采用分批次轮考。同时,为了保证试题的保密性,每轮次均采用不同零件图,这造成了考试标准不统一,无法体现考试的公平性。同时,专业理论考试也采用相同模式,同样存在此问题。

(五)技能实训设备条件不足,影响实训过程与实训效果

为应对技能高考,对标组考院校技能考试现场设备,各中职学校投入大量财力和物力,充实钳工技能实训设备设施,但在零件检测方面,在"技能操作(应会)"大纲中明确指出:尺寸公差、几何公差要求采用三坐标测量机检测。三坐标测量机作为精密测量设备,价格昂贵,使用、维护和保养要求较高,各中职学校均未配置,大部分中职教师更是鲜有了解,更谈不上以此设备检测学生钳工零件。检测手段不同,检测结果不同,直接影响到技能实训的实施过程和实际效果。

(六)技能实训师资缺乏针对技能高考的系统性培训,水平差异较大,影响人才培养质量

作为加工制造类专业高考技能的钳工技能,为让学生考出好成绩,各中职学校通过"走出去、请进来、校企合作、产教融合"等形式不遗余力地加强这方面的师资培养,但由于缺少针对考试大纲和钳工技能操作的系统培训和学习,各中职学校及实训教师对考纲和钳工技能操作的理解不一,各自摸索,呈现地区之间、校校之间明显的差异,从而影响人才培养质量。

二、破中而立,健全"技能高考制度",完善人才培养机制

"技能高考"作为国家培养和选拔技能型人才的重要手段,学生经过3年中职阶段文化知识和职业技能的学习,通过"技能高考"的筛选,进入高职院校再学习、拓展和提升,以满足行业企业的选拔。"技能高考"在其中起着"承前启后"的重要作用,"技能高考制度"健全与否,直接关系到人才培养质量的高低。在充分调研和基础下,针对四川省现阶段实施的"技能高考制度",就中职加工制造类实训提出以下对策与建议:

(1)优化人才培养方案,调整课程结构,与行业企业需求接轨。通过调

研数据反馈，企业对钳工技能需求越来越小，对新工艺新技术需求越来越大，而目前中职学校加工制造类专业人才培养方向和技能高考考核内容仍以钳工为主，为解决这一矛盾，需要优化人才培养方案，调整课程结构，增加新工艺、新技术内容。

（2）优化课程设置，建立技能实训标准体系，与技能高考接轨。技能高考的考试标准在技能实训中起到纲领性作用，也是学生学习、训练、备考的关键，应以此为基础结合行业用人需求和中职学校的实际情况，在课程设置、教学内容、训练方式、评价和考核等方面制定全省统一的标准，从而优化课程结构，与技能高考需求紧密结合。

（3）系统性开展中职教师技能高考大纲及技能操作培训，缩小教师水平差异。学生的技能水平和技能高考成绩相当一部分与实训教师对考试大纲的理解和把握程度、技能水平、授课方式、训练方法等息息相关，为缩小教师水平差异，系统性开展技能高考考试大纲及技能操作要点培训十分迫切。

（4）对标技能高考设施要求，加强中职实训基地建设，完善设备设施配置。技能成绩的好坏，不仅与学生自身技能水平的高低有关，还与使用的设备设施、工量具的种类密切相关，建立统一的实训设备标准体系，能帮助学生解决技能考试时"考生不得携带与考试有关的工量具和其它物品"这一问题，避免学生因设备设施、工量具不同造成的恐慌心理，让学生从容面对技能考试，从而检验出学生的真实水平。

（5）增加技能考试项目和内容，多方位检验和提高学生专业技能水平。钳工技能作为我省技能高考的唯一技能考试项目，且未能涵盖钳工的其他重要技能项目，考试内容偏少，不利于学生系统学习和掌握钳工知识和技能；同时，钳工作为加工制造类专业的基础技能，有其一定的作用和地位，但作为技能高考的唯一检测内容，不利于学生系统学习和掌握加工制造类专业的其他专业技能，如车工、数控车、数控铣等。为此，建议学习和借鉴其他省的做法，增加技能高考考试项目和内容，为人才培养提供明确的指导方向，进而多方位检验和提高学生专业技能水平（见表1）。

表1　外省"技能高考"加工制造类专业考试情况

省份	总分	文化科目			专业综合		专业技能考试项目
		语文	数学	外语	专业理论	专业技能	
江苏省	1 000	150	150	100	300	300	钳工、车工
湖南省	750	120	120	120	340	50	根据专业门类在3个类别中选考1项
山东省	750	120	120	80	200	230	计算机绘图、机械零件测绘、典型零件钳工加工、轴套类零件普通车床车削加工、数控车仿真、手工电弧焊焊接、液压与气压传动系统的安装与调试、电动机控制及常用线路安装，选考3项专业技能

　　技能高考在四川省实施8年以来，培养了大批专业理论知识丰富、专业技能扎实的技术型人才，为促进四川省和地方经济建设做出了较大贡献。随着经济社会的发展，产业结构的调整，新技术新工艺的不断出现，作为加工制造类专业技能高考项目的钳工技能，在加工生产中的作用越来越小，许多加工手段和方法逐渐被其他技能所替代，通过对技能高考背景下技能实训现状分析与对策研究，以期给中职学校及教师在技能教学过程中提供一定的学习、借鉴和帮助，给四川省技能高考制度的不断完善提供一定的参考，为培养适应现代产业需求的技能型人才尽一点绵薄之力。

践行职教高考 增强职业教育吸引力

卢开君　雷崇德

摘　要： 四川省宜宾市南溪职业技术学校（以下简称"南溪职校"）自 20 世纪 80 年代以来，一直坚持抓职教高考。为更好的适应社会对职教高考的需求和新时代国家职业教育政策要求，南溪职校从办学机制着手，探索事业单位企业化运行模式，着力解决教师激励问题。从内部治理着手，制定系列运行管理制度，坚持因材施教原则，开展分层次教学，教学质量得到根本提升，帮助学生升入高职院校和本科院校学习。在"文化素质＋职业技能"高考模式运行下，深感职业技能（应会）高考对公平性带来的冲击，根据自身的教学实践，提出职业学校提升吸引力的建议。

关键词： 职教高考；"文化素质＋职业技能"；分层教育；职业教育吸引力

随着经济社会的发展，国家对技术技能型人才的需求越加突显，教育结构也不断调整。《国家职业教育改革实施方案》提出，建立"职教高考"制度，完善"文化素质＋职业技能"的考试招生办法，提高生源质量，为学生接受高等职业教育提供多种入学方式和学习方式。通过职教高考制度，把中职、高职、应用型本科贯通起来，打通职业教育上升通道，为人才成长提供多样化途径。《职业教育法》中提到"职业教育是与普通教育具有同等重要地位的教育类型，是国民教育体系和人力资源开发的重要组成部分"。职业教育与普通教育没有高低之分，只有适合不适合。为服务人的全面发展，满足不同禀赋和需要的学生多样化成才，建立符合职业教育规律和技能人才成长规律的职教高考迫在眉睫。

一、健全职教高考制度，提升职业教育吸引力

（一）职教高考制度不完善，高层次技术技能人才供求不平衡

职教高考是高校招生的组成部分。《国家职业教育改革实施方案》首次提出"职业教育与普通教育是两种不同教育类型，具有同等重要地位"。2021 年印发的《"技能中国行动"实施方案》提出，"十四五"期间，新增技能人才

4 000万人以上，技能人才占就业人员比例达到30%，东部省份高技能人才占技能人才比例达到35%，中西部省份高技能人才占技能人才比例在现有基础上提高2～3个百分点。客观来说，快速发展的经济社会对于技能人才的需求日益增大，但高层次职教人才供给却捉襟见肘，供求出现不平衡现象。造成这一现象的主要原因是职教高考还不完善，职业教育缺乏吸引力。

（二）职教高考是职业教育最核心问题

职教高考，对于职教学生的成长与发展有着重要意义，是职业教育领域最核心、最关键的话题之一。为了扭转社会对职业教育的看法，增强职业教育的吸引力，解决高层次职教人才供给问题，健全职教高考制度是关键。中共中央办公厅、国务院办公厅下发的《关于深化现代职业教育体系建设改革的意见》，再次明确"完善职教高考制度，健全'文化素质＋职业技能'考试招生办法，扩大应用型本科学校在职教高考中的招生规模"。

二、持续探索职教高考，初见成效

（一）构筑职教高考教学新模式，成效斐然

为增强职业教育吸引力，南溪职校不断探索职教高考教学新模式。一是在体制上实行了事业单位企业化运营，机制上实行专业部负责制、处室交账制，通过体制机制激活办学活力。二是在育人模式上，强化产教融合校企合作，实行"专业＋公司"模式，即以专业共建为基础，按照"开设一个专业，创办一个企业，助推一个产业，树立一个品牌"建设路径，校企一体化育人。三是育人载体上，通过"四个校园"文化育人、"五节一会"主题活动育人，实现学生"六个一"自主提升德育目标，营造"人人努力成才、人人皆可成才、人人尽展其才"的育人环境。四是设立高考班实行分层教学，自20世纪80年代至今，一直办有高考班，不断探索职教高考教育教学方法，通过营造升本科氛围带动全校学生学习氛围，升学人数呈逐年上升趋势。2022年我校就读高等职业院校人数突破2 000人，2023年高考报名人数占比达94.5%。

（二）实施分层教育，精准施教

1.实施分层教育的必要性

抓好职教高考，首要解决生源问题。中职学校学生，普遍学习基础能力较弱。以南溪职校为例，2022年秋期入学生源中考成绩见表1。

表1　2022年秋期入学生源情况

200分以下人数	201～300分	301～400分	401～500分	501～600分	600分以上
124	326	615	645	517	269

初三毕业生虽然年龄尚小，但在这信息时代，学生获得信息的渠道广、获取信息量大，已经初步形成人生价值观，学生兴趣爱好和专业取向各异。2022年秋期对新生进行入学前专业选择调查见表2。

表2　2022年秋期新生入学前专业选择调查

数控技术	电子技术	计算机	幼儿保育	汽车维修	旅游	建筑
321	343	385	327	286	96	113
会计	服装	航空	物联网	无人机	模具	新能源
108	42	108	60	62	64	125

如果将这些不同学习基础、不同专业取向的学生强行安排在特定的班级，必将给学生心理和教学工作带来严重的负面影响。因此学校依据学业基础和兴趣爱好，设置不同的班级类型，供学生自愿选择。学校规模较大，每个专业和年级的人数较多，为以班级为单位实施分层教育提供了可能。在类型上设置一类升学班、二类升学班、普通班，在专业上设置了十五个专业方向。2022年秋期，经学生自愿选择报名后，组建了一类升学班16个、二类升学班17个、普通班10个。

2.分层教学精准施教，提高教学质量

帮助不同类型班级确立不同的教学的目标，即一类升学班定位冲刺本科院校，二类升学班定位冲刺优质高职院校，普通班定位升学和就业两手准备。目前，一类升学班教风学风最为良好，大多数学生中职毕业后能升入本科院校，为其他班级树立学习的榜样，带动全校形成良好的教风学风。学校针对不同类型班级，配备相应的师资、实训设备，尤其是针对一类升学班，细化教学常规管理，实现教学质量不断提升。

（1）规范教学进度。制订《教学白皮书》，明确各阶段的教学内容和教学质量标准，分层次、分班级类型制订实施性教学计划。常态化开展"教学六认真"工作检查，督促教师完成教育教学任务。

（2）加强课程管理。开齐开足《专业教学标准》和高考考纲中规定的课程。禁止随意变更课时，尤其是高考科目。禁止私自调课，统一教学进程，保证课程落地。

（3）狠抓课堂教学。向课堂要质量，强化集体备课，共同探讨课堂教学设计，突出课堂教学时效。课堂着力体现教师为主导、学生为主体、训练为主线、能力为目的、思维为核心的教学思想。高考部管理人员每周推门听课至少2节，做到及时看、随堂听、随时查，发现问题及时指正，确保课堂教学质量。

（4）强化辅导管理。科任教师要确定培优辅差对象，制订好培优辅差计划。各科都要加强对临界优生和临界合格生的辅导，通过抓好单科优秀率和合格率的同时，提高总分优秀率和总分合格率。

（5）建立质量反馈体系。各年级考试科目建立以"日练、周测、月查"为主要形式的质量反馈体系。建立考试制度，常态推进月考、奖学金考试、教学质量监测考试等。由于实施了分层教学，一类升学班文化基础相差不大，在年级上把语文、数学、英语作为基础性学科，优先保证教学课时，其总成绩作为统一评价的依据，每学期评出前40名发放奖学金。学生有了良好的文化基础，在专业学习上往往得心应手。加强对作业的有效控制，学生作业、练习布置科学合理，坚决做到有发必收、有收必批、有批必改、有改必评。

（6）开放技能训练场所。学校按照技能高考考纲要求，建设好各专业实训室，每天课外活动时段，开放高考项目实训室，学生可根据个体所需，有针对性强化训练技能。

（三）探索自导式教学，提升学生学习能力

本着培养学生全面发展的目标，聚焦课堂，关注"课前、课中、课后"三段式教学成效。课前，学生自主学习，阅读课文，完成小练习，感知学习内容。课中，带着问题参与探究，完成"当堂练习"。课后，针对课中主要知识点开展反思，完成课后练习。

在一类升学班教学实践中发现，基础学科成绩优秀的学生，一般说来专业学科成绩都不会差，于是在课程设置上尽可能满足文化基础学科，师资上遴选优秀教师担任教学工作，在"得语数英者得天下"思路下，学生的学习能力得到极大提升。为了保证所有教师都能做好三段式教学，语文、数学、英语率先编制《导学案》，将每课的三段基础性任务和模式固化下来，让教师和学生都能在各阶段中方向明确，任务清晰。

（四）构建"企业化运行、双元管理、目标驱动"运行模式，教学质量持续提升

职教高考，教师的积极性是关键，如何调动教师的积极性，南溪职校在激励机制上做了一些探索。

1.学校运行管理采取企业化运行模式

在区委区政府主导下，学校实施事业单位企业化运行模式，坚持全员竞聘上岗，做到能上能下、能进能出、多劳多得、优质优酬，实现从"要我干"到"我要干"的转变，激发学校办学活力。

（1）人事管理。

学校在政府部门的管理下，参照国有企业模式，确定人员身份。企业董事会（学校领导班子）等高层管理人员由公司（政府部门）任命。中层干部由企业（学校）董事会提名，经公司审核后再任命。企业（学校）所有职工，参照《南溪职校岗位设置方案》进行设岗和聘任，方案由企业（学校）制定经公司审核同意后执行。

（2）薪酬管理。

基本薪酬：按年薪制预算事业支出总金费，参照国家事业单位标准发放基本薪酬（包括五险两金等）。

绩效薪酬：事业支出总金额减去基本薪酬后，根据单位工作事项制定考核细则发放绩效薪酬。奖励性绩效人均标准＝学校奖励性绩效人均标准 × （完成的比例 –10%）。

（3）运行管理。

学校率先在全省实行生均拨款制度，实施企业化运行管理模式，人员经费在控制总金额内包干使用。制订内部运行系列制度，建立"专业部负责制、处室交帐制"的管理机制，员工能进能出和干部能上能下的用人机制，实行结构工资制度和绩效考核奖励制度，极大地调动了员工的工作积极性和主动性。为教育教学质量提升提供机制保障。

2.高考教学工作实行"双元管理"

一是实行专业部管理。依据学生所在的专业和专业规模，全校划分数控、

电子、计算机、学前、汽修、综合共六个专业部，专业部面向本专业部所有班级，负责"管人、管事、管教学"，尤其是要负责做好专业建设工作，搭建好班级和文化与技能教学平台。二是成立高考部，专门负责一类升学班教学质量的提升管理。高考部面向全校所有一类升学班，从一年级到三年级，重点负责课堂管理、考试管理、考核管理。"双元"齐抓高考教学工作。

3.目标导向调动各方积极性

首先，学校依据各专业部的生源情况，对进入三年级的年级制订专业部高考目标任务，并将目标完成情况列入绩效考核。其次，学校对高考部实行目标管理，列出三级目标，根据完成情况与绩效挂钩。高考部再对各班级确立班级高考目标任务。这样，目标导向，责任明晰，近年取得了很好成绩（见图1）。

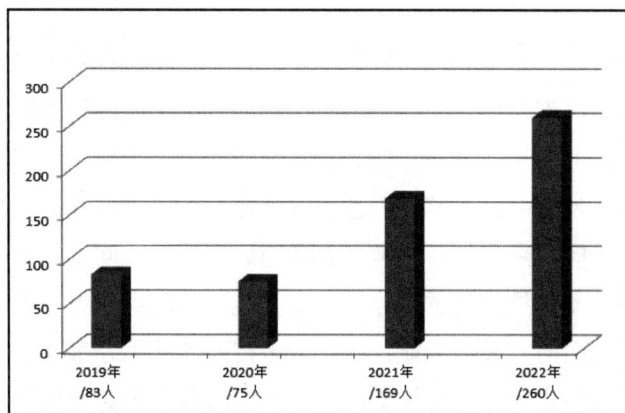

图1　南溪职校近年职教高考本科上线人数

三、优化"职教高考"实施环节，使之成为高等职业教育招生主渠道

（一）逐步落实国家职教高考计划，增强职业教育吸引力

《关于推动现代职业教育高质量发展的意见》中提出，到2025年，职业教育类型特色更加鲜明，现代职业教育体系基本建成，技能型社会建设全面推进。到2035年，职业教育整体水平进入世界前列，技能型社会基本建成。然而，当前的生源格局是，初三毕业生中考后，首先是一类普通高中录取，再是二类普通高中录取，最后才是职业学校招生。文化基础差、学习力弱的这部分

学生很难支撑"技能型社会"的建设，所以须"职业本科教育招生规模不低于高等职业教育招生规模的 10%"这一政策适时落地，以实现"职业教育吸引力和培养质量显著提高"教育格局，促使社会人才观发生根本改变后才能很好实现职业教育的发展目标。

（二）让考试内容和权重更加合理，体现职业教育职业性

充分发挥考试的导向作用，考什么往往导致教师侧重教什么，学生侧重学什么，所以加强职教高考考试内容和权重的研究，为技术技能型人才的选拔提供保障。"文化素质＋职业技能"招生考试的科目设置，其中语文 150 分、数学 150 分、英语 100 分，基本体现了一个劳动者的文化素养的高低。技能应知部分 200 分，技能操作部分建议提高到 200 分，则达到了文化与技能分值平衡，更能体现职业教育的职业性和中职教育的基础性。

（三）让职业技能考试更加公平合理，实现职教高考规范化

"职教高考"不仅仅是一项考试招生制度，它不但承担着职业技术类人才甄别与选拔的任务，还具有一定的政治、经济和社会功能。"职教高考"多样性、多元化固然是好的，但其公平性和规范化不应该遭到置疑。当前存在的主要问题有，技能应知部分实行机考，先考与后考的保密问题，网络的稳定性问题，观赏性强的专业技能考试打分的尺度问题，技能操作中一个专业大类只考同一种技能未能面向大多数专业，考生太多技能考试承办难度太大，高职单招招生过程中的恶性竞争等。建议采取统一招生录取作为高校招生主渠道，单独招生作为特长生或特殊专业招考。专业应知部分以笔试的形式与文化课同批次考；加大技能考试内容的合理性研究，努力做到技能考试内容与相应专业技能要求相一致；考生多的专业可分片设考点，成绩按比例换算成分值再计入总分。创新职教高考模式，让职考高考更加公平合理。

（四）打通职教高考省际界限，实现职教高考与普通高考的平等

职教高考要打通省际界限，允许一部分优质的高职院校（如国家"双高计划"建设院校）招收一定数量的省外中职毕业生，也要鼓励名校的技术技能专业推出一定数量的招生名额，让学生有更多选择机会，为职业教育培养技术技能人才成长创造更大空间。

南溪职校坚持产教融合校企合作高技能人才培养"专业＋公司"模式，

打牢学生的文化素养和专业素养，为学生的后续发展奠定坚实基础。坚持"凡教必考、教考分离、结果必用"，克服职业教育的课堂教学的随意性，服务学生全面发展。坚持"企业化运行模式"改革，创新管理体系，调动全体师生的积极性。坚持实施分层教育，狠抓教学常规，让各类学生得到全面发展，践行"职教高考"，抓实职业教育，增强职业教育的吸引力，为经济社会发展培养更多的技术技能人才。

用"新"浇筑 成就梦想

——都江堰市职业中学旅游专业技能高考实践探索

郑术涛 邹孝梅 吴婷婷

摘 要：职业教育要适应"文化素质＋职业技能"的模式，立足新时代面临新变局，我校为了适应新政策新需求，形成了"校企合作、工学结合、能力为本、复合培养、中高职贯通"的课程体系。采用"引、培、管、激"的总体思路对教师队伍进行优化，加强家校协同形成管理合力，借力高校，提升训练水平，探索出一条适应学校发展的新路径。

关键词：旅游专业；新技能高考；实践与探索

职业教育的质量一定程度决定着各产业员工的素质，关系着国民经济的发展，影响着每一位学生的前途。为满足社会、家长和学生对职业教育不断增长的美好需求，进一步拓宽中职学生发展路径，适应"文化素质＋职业技能"的考试模式，畅通职教本科升学渠道，都江堰市职业中学近年来立足旅游专业省级示范专业建设实际，对抓好抓实旅游专业技能高考进行了实践探索。

一、立足新时代，面临新变局

（一）新政策新需求

2019 年 1 月 24 日，国务院关于印发《国家职业教育改革实施方案的通知》，该方案提出完善"文化素质＋职业技能"的考试招生办法，打通职业教育上升通道，为人才成长提供多样化途径。

（二）新高考新希望

2022 年 5 月 1 日，新修订的《职业教育法》正式实施，明确了"高等职业学校教育由专科本科及以上教育层次的高等职业学校和普通高等学校实施"，实现知识、能力、学历全面提升的平等机会。

（三）新发展新路径

通过旅游专业省级示范专业建设，以校企合作为平台，以中高职衔接为主要路径，培养具有较强信息技术运用能力、语言沟通能力、文旅创新能力，能从事高星级饭店及新型旅游业态服务、运营与管理的复合型人才，并向高校输送优秀生源。积极响应技能高考变革需求，通过实施新举措、探索型模式、对标新要求不断提升人才培养质量。

二、明确新要求，构建新体系

（一）落实新课标，把准方向

依据教育部颁布的《中等职业学校专业教学标准》，学习行业标准，改革课程体系，形成了"校企合作、工学结合、能力为本、复合培养、中高职贯通"的课程体系，构建了国家课程、校企共育课程、校本特色课程（社团、研学）组成的课程类别，组建了公共基础课程、专业课程、专业方向（选修）、研学（社团）课程等课程模块，明确了各类课程的构建目标。公共基础课的主要目标是落实《中等职业学校专业教学标准》，并对信息技术、体育与健康等课程做校本化改造和提升。专业课程的主要目标是落实《部颁标准》，并实现"五个对接"，餐饮、客房、前厅课程按活页式教材形式引入企业案例。选修课实现"多元选择、实践为重、复合培养"，新增《拜水溯源》《茶中问道》等实践性选修课程。

加强课程资源建设，通过自建、校企共建、购买，建设了学校高星级饭店运营与管理专业教学资源库。目前，已经完成《中餐》《茶艺》两门精品课程建设，《客房服务》《饭店概论》等10门课程的263个教学设计、312个PPT、题库（5 639道题）、46个视频资源建设，特色教材《民宿创业与服务》《青城茶道》，校企合作开发的《康体养生休闲实务》等16本活页式教材已编印成册、投入使用。学校牵头成立了川渝沪旅游类专业校际联盟，实现异地校际专业资源共享，上海商贸旅游学校、重庆大足职业教育中心、四川省旅游学校、成都市中和职业中学，共提供9门课程资源，使专业资源极大丰富。

（二）实施新举措，精准施策

1.优化师资，发挥联动作用

学校采用"引、培、管、激"的总体思路对教师队伍进行优化。首先，根据旅游专业发展现状，进行了定位发展目标规划。以校企合作为基础，建成青城豪生国际酒店、玉垒山居酒店、青城六善酒店、都江堰新豪酒店等4个教师实践培养基地，实施"四双"团队培养工程。两年内引入企业教师指导12次，学校旅游专业教师参与校外培训40人次，开展针对企业兼职教师教学技能培养25人次，企业开展对我校专业教师培训21人次。每年学校、企业对参加校企合作的相关人员进行考核评估，合格率达100%，教师的技能水平和教学能力达到了大幅提升。其次，学校强化专业带头人培养。学校现有省级专业带头人2个，名师5个，技能大师1个，特级教师1个，双师型教师20人（占本专业教师总数的83%），聘请青城豪生国际酒店人力资源总监等5名行业专家担任客座教师。

2.家校协同，形成管理合力

为更好地落实家校共育机制，学校利用寒暑假定期组织开展家访活动，三年覆盖率达80%以上。在学校党委的统一部署下，学校党员干部、行政人员、政教处人员、班主任和科任教师对学生进行包班、包人头，形成管理合力，帮助孩子们解决学生和生活中的实际困难，共同守护和陪伴孩子们健康成长。

3.借力高校，提升训练水平

学校加入"3+N"办学集团，每年都会组织师生积极参加集团举办的岗位英语、职业礼仪、语言沟通技巧、中餐摆台、景点讲解等岗位实训活动和成都市中高职衔接技能大赛，通过系列活动和磨练，全面提升了旅游专业的训练水平。

（三）探索新模式，提质增效

1.高一阶段"塑形"

高一入学，班主任摸清学生基本情况，建立学生档案，深入分析班级情况，制定班级管理方案，拟定班约、班规、班歌，搭建班级服务团队，组织各种主题班会等，进行理想信念教育、中华优秀传统文化传承与创新、劳动教育、心理健康教育等班级建设活动，从而形成良好的班风及学风。

旅游专业学生的文化课基础普遍较差，在高一期间，学校利用课余时间开展文化课社团活动查漏补缺，班级内则进行"结对子"帮带活动，形成了互帮互助、共进共荣的学习风气。通过一年的培养，学生初步成"形"，即形成了一定的职业素养和养成了良好的学习习惯。

2.高二阶段"培元"

进入高二阶段，学生普遍已能自觉遵守各种规章制度，文化课基础薄弱环节已得以弥补，此阶段重在文化课的巩固提高和专业技能的丰富、优化。学校共开设60多个学生社团，将社团选修课纳入课程表进行规范管理，为学生提供了"培元"的大舞台，如创新创业社、茶艺社、书法社、餐巾折花技法、英式调酒社、研磨咖啡社、形象管理社、心联社等多元化的社团活动，既利于学生身心健康，丰富学生的校园生活，又增强学生的专业技能水平，更利于学生综合素质的培养。

3.高三阶段"拔高定型"

高三阶段重点加强文化课和技能高考的训练。文化课方面继续夯实基础、查漏补缺；专业课理论部分要求学生"周周过关"；专业技能进入模拟考试评价阶段，组织学生参加成都市中高职衔接技能大赛、兄弟学校技能联考和校内模拟考试以赛促训、以考促训，提升学生的技能水平，确保学生取得优异成绩。

（四）对标新要求，聚焦高考

1.景区讲解技能部分

1）引导学生写"自创"性的导游词

在教学中，将景点知识分解成不同的"讲解素材"传授给学生，引导学生以自己的逻辑思维及用语习惯，结合相应的讲解方法，运用"讲解素材"对导游词进行创作。要求学生不使用现成讲解词（如网上搜索、以及景区用讲解词），而是根据景点特征、结合自身讲解风格，自行创作讲解词。原创的讲解词生动活泼、新颖别致，可以避免重复率过高的问题，同时在讲解时即便遇到了临时忘词现象，也能从容应对，在自己搭建的框架中游刃有余。这样的反复训练，让学生解说能力得到极大提升。

2）强调讲解的"现场感"

生动、鲜活的讲解，其灵魂所在就是在考场上的"现场感"，能够给评委一种身临其境的感受，大大提升讲解的感染力。所以引导学生形成有"现场感"的讲解，是教学训练中的又一个重点。

在课程开设的第一学期，学生学习了导游讲解的方法及语言技巧后，以校内景观作为载体对所学讲解方法及语言技巧实践运用。引导学生找到并熟悉现场讲解的感觉。在第二学期的景区实地参观学习，深入认识景区，再进行创作和模拟训练。待学生讲解成熟后，可进入景区实地讲解，帮助学生的讲解找到归宿感。

3）甩掉"紧张感"

在教学中，针对"紧张感"进行专门训练。一是讲给自己听，即对着镜子讲解。通过镜子观察自己讲解时的表情语言及肢体语言，不断完善自己的讲解仪态，对自己的讲解进行修正，突破心理障碍。二是讲给同学和家长听。模拟现实场景，让学生面对同学或家长讲解，同学或者家长以"游客"的身份提出意见和建议，进一步提升学生的自信心和表达能力。三是讲给老师（评委）听。通过反复练习，学生具备了基本的临场应变能力和现场讲解能力，再通过模拟考试现场，讲给老师（评委）听，老师针对学生的问题提出意见，帮助学生达到更高的水平。最后，在有条件的情况下，进入景区为游客提供景点义务讲解，消除"紧张感"，将理论学习与实战演练有机结合，达到最佳效果。

2.餐饮技能部分

1）"2+2"教学模式

使用学校课题成果"2+2"高效教学模式，以"任务驱动、发现问题、解决问题、完成任务"为主线，采取教学平台实时互动和理实一体化教学的方式，激励学生去探索。在授课过程中，尽量引导学生去发现问题，提出问题；讲练结合，先由教师演练折花的步骤和技法，给学生起示范性作用，然后由学生自行动手操作折花并反复练习。通过反复练习、揣摩，突破重难点。

2）采用多元评价方式

根据本专业培养目标和人才规格要求，建立适应中高职衔接教学评价标准，形成适应酒店服务与管理专业特点的评价方法，以培养学生良好思想素质、职业能力提升为核心，采用教师评价、学生互评、以赛代考、跨校互评、校企共评等方式，产教融合、校内与校外结合、过程与结果结合、家校企三方结合的"3+3+X"质量评价体系，重视学生对知识的理解和技能的掌握，关注学生知识应用和实践中解决问题的能力，全面评价教学效果。

三、抓住新机遇，取得新突破

（一）近年成绩

经过几年的探索，学校旅游专业对口高考取得了较好成绩（见表1）。

表1　近三年都江堰市职业中学旅游专业参加对口高考升学情况

年级	对口高考学生人数	单招人数	单招录取人数	统招人数	本科上线人数	本科上线率
2020届	87	69	68	18	10	55.6%
2021届	72	40	38	32	22	68.8%
2022届	112	83	80	29	21	72.4%

（二）建议

（1）应把教师专业能力建设放在首位。职业教育高质量发展的关键在于建设一支师德高尚、技艺精湛、专兼结合、充满活力的"双师型"教师队伍，面对新的职教高考形势，我们迫切需要培养更多优秀的"双师型"教师，坚持钻研技能高考并付诸实践，这将直接影响高考升学质量。

（2）坚持以学生为中心的发展理念不能动摇。在生源结构不能得到根本性改变的情况下，我们总要面对学生学习基础差、内驱力不足等现状，学校应本着对每一个学生负责的态度，继续研究破解如何激发学生学习的积极性，如何更有针对性的教学等难题的有效策略，是提升技能高考水平的关键性因素。

（3）针对技能高考研究的氛围、深度、广度有待提高。应把好技能高考政策方向，深入开展面向技能高考的教学科研工作，让方向更明确，标准更清晰，训练更有效，成绩更出彩。

（4）还需不断优化校本课程，开发数字化课程资源，以适应技能高考的不断变化，切实有效地为技能高考备考服务。例如我校新开发校本活页课程，实施"三多"策略，即多练习，提升语言能力；多帮带，发挥团队力量；多激励，增强自信心等机制有待进一步完善。

聚焦职教高考，聚力提质培优

——攀枝花市经贸旅游学校职教高考案例

高国峰　傅　梅　王　鹏

摘　要：本文通过对攀枝花市经贸旅游学校开展职教高考实践案例的分析，探讨了职教高考在中等职业教育中的重要性和实施策略。文章介绍了职教高考的现实意义，以及攀枝花市经贸旅游学校的具体实践案例，为中等职业学校开展职教高考提供参考。

关键词：职教高考；普职融通；分层教育

党的二十大报告明确提出："统筹职业教育、高等教育、继续教育协同创新，推进职普融通、产教融合、科教融汇，优化职业教育类型定位"，进一步突出了职业教育的战略定位和类型定位。中等职业教育从"以就业为导向"转变为"就业与升学并重"的办学定位，这给我们职业学校增加了新的挑战和机遇。面对新的机遇和挑战，攀枝花市经贸旅游学校认真贯彻党的教育方针，外塑形象、内强素质、发挥优势、突出特色，逐步形成了学校职教高考的一些做法。

一、职教高考工作举措

（1）领导重视强保障。成立了以党委书记为组长、校长为副组长的职教高考领导小组，统筹谋划职教高考涉及的师资储备、课程设计、激励机制、教研教改等工作，形成一套较完整的职教高考管理保障机制，为职教高考顺利开展奠定了良好的基础。

（2）专家引领明方向。为推动攀枝花市经贸旅游学校职教高考工作紧跟国家教育改革步伐，学校邀请四川省内著名高考改革方面的专家把脉导向，培训引领，让学校职教高考在改革道路上又快又正地顺利前行。

（3）培训教师奠基础。职教高考的高质量推进，师资队伍建设是基础。学校自 2008 年以来，一直重视职教高考师资队伍建设。每年划拨教师专项培训资金用于提高教师队伍素养，2023年暑假，学校围绕职教高考主题，安排2个批次100余人参加培训，极大提高了教师队伍应对职教高考教育教学的能力。鼓励我校公共基础课教师积极参与全省教研活动和加入名师工作室，教师之间相互学习、交流经验，共同探讨教育教学中的问题，从而提高教学质量。根据教师的学科背景，设计具有针对性的培训课程。进行高考考试改革、课堂教学策略、学科素养等方面的培训与高考经验分享；进行考纲的研究分析，实现知识共享、经验交流，促进教师全面发展，助力职教高考。

（4）考核激励添动力。学校建立了多元化评价机制和业绩考核相结合的《教师教学质量考核评估办法》，通过学生评教、教师互评、部门评价和教科研成果、教学违纪业绩考核对教师进行教学质量评估考核，构建科学合理的教师教学质量评估体系。在职教高考背景下，攀枝花市经贸旅游学校教学质量评估倾向于以高考成绩为主要评价指标。不断完善教师奖励机制，设置高考奖专项奖励措施，激发教师深化职教高考课堂改革的动力。

（5）优化教研亮特色。学校构建"352"主题教研模式，采取三层联动、五环衔接、二元考核模式层层推进。教研组围绕选定的主题进行集体讨论，公共基础课教师深入研究职教高考考试大纲，明确考试重点和难点，为学生提供更有针对性的教学内容和策略。

（6）普职融通出成果。学校与盐边县高级中学开启普职融通联合办学，两校充分调研，确定专业方向，分段实施文化课和专业课教学。攀枝花市经贸旅游学校安排音乐、舞蹈、美术等专业教师到盐边中学，进行专业"理实一体化"教学，在专业考试前，学生到攀枝花市经贸旅游学校进一步进行专业强化学习提升学生的专业技能水平，为艺术专业考试做准备。经过两校深度合作，首届普职融通班取得优异成绩，普职融通班学生49人，16人本科上线，33人专科上线，全部升入高职、本科院校。2022年本科16人；2023年本科33人，专科104人。

（7）分层教学重策略。学校根据学生基础进行分层教学，帮助不同类型班级确立不同的教学目标，一类升学班定位冲刺本科院校，二类升学班定位冲刺优质高职院校，三类普通班定位单招升学和就业两手准备。攀枝花市经贸旅游学校针对不同升学班，采取差异化教学策略，建立学生档案掌握学生情况，满足不同层次学生的学习需求，从而助力职教高考。

一是分层定教学目标：根据班级学生的实际情况，配备不同师资，将教学目标划分为基础、提高、拓展三个层次，确保每个层次的学生都能明确自己的学习目标，有针对性地进行学习。

二是分层设计教学内容：针对不同层次的学生，对教学内容进行适当调整，使之更符合学生的实际需求。对于基础层次的学生，重点强化基础知识的学习；对于提高层次的学生，注重知识的应用和技能的培养；对于拓展层次的学生，则增加拓展性、创新性的教学内容。利用晚自习和课余时间，有针对性地对有冲刺本科希望的学生进行辅优。

二、职教成绩突出，高考硕果累累

攀枝花市经贸旅游学校积极响应职教高考，扎实推进高考各项工作，经过近 20 年的探索，取得了一定的成绩。近 10 年，高考数据一路攀升，其中 2022 年，我校有 1 113 名学生参考，1 023 人经过努力顺利升入大学，其中 63 人本科上线，2023 年，攀枝花市经贸旅游学校 1 319 人参考，1 204 名学生升入大学，其中本科上线 80 人。

三、备战 2024 职教高考，助力学子圆梦高考

（一）基本情况

2024 届毕业生共有 1 365 人，984 人报名参加高考。

（二）备考情况

一是深入推进高考报名工作。学校校长亲自部署、分管领导具体抓落实、教务科具体负责、安排专人全程负责高考报名工作，与仁和招办紧密对接，发现问题及时修改，确保网络报名、现场确认、缴费等环节顺利，截至目前高考报名零差错、零投诉、零舆情。

二是深入推进高考教研工作。学校组织 5 个批次 20 余人次外出培训学习职教高考改革相关政策、考纲等内容，安排专题高考改革教研会，推进学校高考教研工作，与三中开展师徒结对，教研帮扶活动，助力学校教师尽快适应职教高考改革，每个专业组制定个性化高考教学实施方案，针对课程设置和教学内容，调整实践和理论，文化和专业课程的比例。改变专业技能教授方式，将实践操作转变为书面知识，由动手转变为答题。

三是深入推进月考成绩分析。学校每月开展月考工作，便于教师及时掌

握学生情况，及时分析月考成绩，做好纵向横向对比，便于学生找差距，定目标。

四是深入推进高考心理调适工作。计划考前组织学校心里健康教师开展专题辅导，培训班主任，提高班主任心理健康辅导能力，做到辅导常态化，助力学生以良好心态迎接职教高考改革和参加高考。

五是深入推进志愿填报指导。学校将安排专人根据志愿填报指导性文件，拟定培训课件，对家长、班主任、学生进行志愿填报指导，确保学生志愿填报科学合理。

六是特色开展高考誓师大会。通过誓师大会提振学生信心，激发备考动力，营造职教高考氛围。家校协力，为高考学子提供强力保障。

第三部分

▶▶▶ 四川省普通高校招生
职业技能考试大纲
（2023年版）

四川省普通高校招生职业技能考试大纲农林牧渔类（2023年版）

一、考试性质

本职业技能考试是中等职业学校农林牧渔类专业毕业生参加普通高校对口招生的选拔性全省统一考试。

二、考试依据

1.《中等职业学校专业教学标准（试行）（2017年版）》。

2.《中等职业教育专业简介（2022年修订）》。

三、考试方式

农林牧渔类技能考试主要包括专业知识（应知）考试和技能操作（应会）考试两个部分，统一采用纸笔考试形式，考试时长150分钟，考试总分为350分。其中，专业知识（应知）部分分值200分，技能操作（应会）部分分值150分。

四、考试范围和要求

第一部分 专业知识（应知）

（一）考试科目与分值比例

1.植物生产与环境，约占35%；

2.动物营养与饲料，约占25%；

3.动物解剖生理，约占10%；

4.农业经营与管理，约占30%。

（二）试卷结构与分值比例

1.单项选择题，约占50%；

2.多项选择题，约占24%；

3.判断题，约占26%。

（三）考试范围及要求

【畜禽营养与饲料】

1.畜禽营养基础

（1）动物与植物的组成成分

①掌握组成动、植物体的化学元素；

②掌握组成动、植物体的化合物；

③了解组成动、植物体所含营养物质的差异。

（2）畜禽对饲料的消化

①掌握消化、吸收、畜禽消化力与饲料的可消化性、消化率的概念；

②掌握畜禽的消化方式；

③了解影响畜禽消化力与饲料可消化性的因素；

④掌握消化率的计算方法

2. 营养物质的利用

（1）蛋白质的营养作用及其含量测定

①掌握必需氨基酸、非必需氨基酸、限制性氨基酸和理想蛋白质的概念；

②掌握单胃动物蛋白质消化的特点；

③掌握短肽、蛋白质的营养作用及蛋白质缺乏对畜禽的危害；

④掌握反刍动物对非蛋白氮的合理利用；

⑤了解各种畜禽所需的必需氨基酸种类。

（2）糖类的营养作用及其含量测定

①掌握糖类的组成；

②掌握糖类的营养作用；

③掌握畜禽对糖类消化代谢的特点；

④掌握粗纤维的营养生理作用；

⑤掌握影响粗纤维消化吸收的因素。

（3）脂肪的营养作用及其含量测定

①掌握脂肪的营养作用；

②掌握饲料中脂肪的性质与畜体脂肪品质、畜产品品质的关系；

③了解脂肪的组成；

④了解饲料中添加油脂的注意事项。

（4）矿物质的营养作用及其含量测定

①掌握常量元素钙、磷、钠、氯对畜禽的营养作用；

②掌握微量元素铁、铜、钴、锰、锌、硒、碘对畜禽的营养作用；

③掌握常量元素钙、磷、钠、氯不足与过量对畜禽的危害；

④掌握影响钙、磷吸收的主要因素；

⑤掌握微量元素铁、铜、钴、锰、锌、硒、碘不足与过量对畜禽的危害；

⑥了解常量元素镁、硫、钾对畜禽的营养作用。

（5）维生素的营养作用及其缺乏症

①掌握维生素 A、维生素 D、维生素 E、维生素 K、维生素 B1、维生素 B2、维生素 B12、维生素 C 等维生素的来源、主要性状、营养功能及典型缺乏症；

②掌握应激对畜禽维生素需要量的影响；

③了解维生素在养殖业中的作用、意义。

（6）水的营养作用及其含量测定

①掌握畜禽生产中的合理供水；

②掌握水对畜禽的营养作用以及缺水的后果；

③了解畜禽体内水的来源、排出及影响畜禽需水量的因素。

（7）畜禽对能量的利用

①掌握总能、消化能、代谢能、净能之间的关系；

②掌握饲料中能量在畜禽体内的转化过程；

③了解日粮中能量水平在畜禽生产中的意义。

（8）机体中营养物质的相互关系

①了解蛋白质、糖类和脂肪之间的相互关系；

②了解能量与蛋白质、氨基酸的关系；

③了解粗纤维与其他有机物之间的关系；

④了解主要有机物与矿物质、维生素之间的关系；

⑤了解矿物质元素之间的关系；

⑥了解维生素之间的关系；

⑦了解氨基酸之间的关系；

⑧了解在畜禽生产中如何合理利用植酸酶。

3. 饲料及其加工利用

（1）饲料的分类及常用饲料的识别

①掌握饲料的概念；

②掌握中国饲料分类法；

③掌握国际饲料分类法。

（2）粗饲料及粗饲料的加工处理

①掌握粗饲料的种类及营养特性；

②掌握粗饲料物理和化学加工方法；

③掌握用"堆垛法"对秸秆进行氨化处理技术操作要领；

④了解影响青干草营养价值的因素。

（3）青绿饲料的识别与利用

①掌握常用青绿饲料的种类及营养特性；

②掌握影响青绿饲料营养价值的因素；

③掌握青绿饲料的饲用特点。

（4）青贮饲料的调制与利用

①掌握青贮饲料的制作原理；

②掌握一般青贮饲料的制作方法；

③了解青贮饲料的概念、意义；

④了解半干青贮的制作原理及操作技术。

（5）能量饲料的识别与利用

①掌握能量饲料的概念、分类；

②掌握谷实类、糠麸类饲料的营养特性；

③了解液体能量、块根、块茎、瓜类饲料的营养特性。

（6）蛋白质饲料的识别与利用

①掌握蛋白质饲料的概念及分类；

②掌握常用动、植物蛋白质饲料的营养特性；

③掌握常用蛋白质饲料使用时应注意的问题。

（7）矿物质饲料的利用

掌握常用矿物质饲料的补充形式。

（8）饲料添加剂的利用

①掌握饲料添加剂的概念与分类；

②掌握营养性饲料添加剂、药物饲料添加剂、一般饲料添加剂的种类与特点。

4. 营养需要与配合饲料的配制

（1）畜禽的营养需要

①掌握畜禽营养需要的概念；

②掌握畜禽维持需要的概念与意义；

③掌握影响畜禽维持营养需要的因素；

④掌握畜禽的维持需要；

⑤掌握畜禽生产需要的概念；

⑥掌握畜禽的生产需要特点。

（2）饲养标准与全价配合饲料的配制

①掌握畜禽饲养标准的概念与作用；

②了解畜禽饲养标准的内容；

③了解畜禽饲养标准的表达方式；

④掌握使用畜禽饲养标准应注意的问题；

⑤掌握配合饲料的概念与分类；

⑥掌握配合饲料的加工工艺流程；

⑦掌握全价饲料的配方设计原则和方法。

（3）浓缩饲料的配制

①掌握浓缩饲料的概念及使用；

②掌握猪禽用浓缩饲料配方设计的原则；

③了解反刍动物浓缩饲料的配方设计。

（4）预混料的配制

①掌握预混料的配制基本知识；

②了解微量元素预混料和维生素预混料的配制；

③了解复合预混料的配方设计。

【动物解剖生理】

1. 动物体基本结构

（1）动物细胞

①掌握动物细胞结构；

②掌握动物细胞形态和细胞器的功能；

③了解动物细胞的生命活动表征；

④了解动物细胞分化的含义，细胞凋亡与坏死的区别。

（2）基本组织

①掌握基本组织的类型和组成；

②了解基本组织的功能和分布；

③掌握器官、系统和有机体的概念；

④掌握解剖学常用的方位术语。

2. 运动系统

（1）骨

①掌握骨的主要成分、结构和类型；

②了解畜体全身骨骼的特征（以牛为例）；

③掌握畜体常见的骨性标志。

（2）骨连接

①掌握骨连结的类型及关节的结构；

②了解全身关节的结构特点。

（3）肌肉

①掌握肌肉的结构；

②掌握重要肌肉的形态识别；

③了解肌肉的辅助器官种类及功能；

④了解肌肉的分布和作用。

3. 消化系统的解剖生理特征识别

（1）消化管

①掌握内脏的结构特征；

②掌握腹腔、腹膜腔的概念；

③掌握消化系统的组成；

④掌握消化管管壁的一般结构；

⑤了解消化管的形态、位置、结构。

（2）消化腺

掌握唾液腺、肝、胰的形态、位置、结构及生理功能。

（3）胃肠运动及小肠吸收

①掌握消化的方式；

②掌握消化管各部分的消化特点；

③了解消化管各部分的吸收特点。

4. 呼吸系统

（1）呼吸器官

①掌握肺的形态和体内位置；

②了解鼻腔、咽、喉、气管、支气管的结构。

（2）呼吸过程及其生理功能

①掌握呼吸运动发生机理及生理意义；

②了解呼吸运动的调节机制。

【植物生产与环境】

1. 植物生产与环境概述

（1）植物生长与植物生产

①掌握植物生长发育有关概念；

②掌握植物的春化作用、光周期现象、花芽分化等生理作用；

③了解植物生长的周期性和相关性；

④了解植物的极性、再生、休眠和衰老等现象；

⑤了解植物生产的特点和作用。

（2）植物生产的两个要素

①掌握植物生产的自然要素概念；

②掌握植物生产的农业生产要素概念；

③了解植物生产的自然要素及其重要作用；

④了解植物生产的农业生产要素及其重要作用。

2. 植物的生长发育

（1）植物细胞

①掌握植物细胞的概念；

②掌握植物细胞的形状和大小；

③了解细胞生命活动的物质；

④了解植物细胞的基本结构、常见细胞器的结构与功能；

⑤了解植物细胞的无丝分裂、有丝分裂和减数分裂等繁殖方式。

（2）植物组织

①掌握植物组织概念、类型；

②掌握分生组织的类型；

③了解分生组织的特征；

④了解成熟组织的特点及作用；

⑤了解组织系统基本知识。

（3）植物的营养器官

①掌握植物根、茎、叶等营养器官的基本形状和类型；

②掌握双子叶、单子叶植物的根、茎、叶等营养器官的基本结构及区别；

③了解常见营养器官的变态。

（4）植物的生殖器官

①掌握双子叶、单子叶植物花的区别；

②掌握真果和假果的鉴别方法；

③掌握种子结构和类型；

④掌握果实的类型；

⑤了解果实的发育；

⑥了解花的组成、花序的类型；

⑦了解植物花的发育、开花、传粉和受精基本知识；

⑧了解种子和果实的传播。

（5）植物的生长物质

①掌握植物激素的生理作用及应用；

②掌握植物生长调节剂类型及应用；

③了解其他主要生长物质的生理作用。

3. 植物生产与土壤培肥

（1）土壤的组成

①掌握土壤水分的类型、表示方法及调节；

②掌握土壤空气特点、掌握土壤通气性及调节；

③掌握土壤、土壤肥力及土壤质地；

④了解土壤生物的组成及作用；

⑤了解土壤有机质的组成与特点。

（2）土壤的基本性质

①掌握土壤物理性质及其在植物生产中的作用；

②掌握土壤化学性质及其在植物生产中的作用；

③掌握我国土壤的特性；

④掌握土壤性质对土壤肥力和植物生长的影响。

（3）植物营养与科学施肥

①掌握化肥、有机肥料、微生物肥料、新型肥料及其科学施用；

②掌握植物根外营养的特点；

③了解植物根部营养的原理。

（4）作物减肥增效技术

①了解作物测土配方施肥的主要技术；

②了解作物水肥一体化技术的特点、组成、操作；

③了解有机肥替代化肥技术。

4. 植物生产与科学用水

（1）植物生产的水分环境

①掌握空气湿度的表示方法；

②掌握降水的表示方法；

③掌握空气湿度的变化规律；

④了解降水形成的原因和种类；

⑤了解水汽凝结条件和水汽凝结物；

⑥了解土壤水分蒸发的三个阶段。

（2）植物生产的水分调控

①掌握蒸腾作用的调节方法；

②掌握合理灌溉的指标及评价方法；

③掌握植物水分调控的有关措施；

④了解植物需水的规律；

⑤了解水分与植物生长的关系、细胞吸水原理、根系吸水过程；

⑥了解植物的蒸腾作用、指标及影响因素。

5. 植物生产与光能利用

（1）植物的新陈代谢

①掌握光合作用和呼吸作用的联系与区别；

②掌握光合作用和呼吸作用的调控；

③了解呼吸作用的意义和呼吸作用的主要过程；

④了解光合作用的意义和光合作用的主要过程。

（2）植物生产的光照条件

①掌握太阳辐射、光照对植物生长发育的影响；

②了解日地关系及四季、昼夜的形成。

（3）植物生产的光环境调控

①掌握植物光合性能及光能利用率有关知识；

②掌握植物生产的光环境调控；

③了解植物对光的适应性。

6. 植物生产与温度调控

（1）植物生产的温度条件

①掌握植物生长的三基点温度、农业界限温度、积温等温度指标及应用；

②了解土壤温度、空气温度的变化规律；

③了解土壤热性质。

（2）植物生产的温度调控

①掌握土壤温度对植物生长发育的影响；

②掌握空气温度对植物生长发育的影响；

③掌握植物生产的温度调控；

④了解植物的感温性和植物的温周期现象。

7. 植物生产与农业气象

（1）植物生产的气象条件

①了解影响植物生产的气象要素：气压和风；

②了解极端温度灾害、干旱、雨灾、风灾的特点与危害。

（2）气候与农业小气候

①掌握我国气候特点；

②掌握二十四节气；

③了解天气系统和气候的基本知识；

④了解农业小气候特点及效应。

【农业经营与管理】

1. 农业概述

（1）农业含义、发展与作用

①掌握农业的含义；

②掌握农业在国民经济中的作用；

③了解农业的发展阶段。

（2）农业生产的本质、特点与概况

①掌握农业生产的本质和特点；

②了解中国农业概况；

③了解世界农业概况。

2. 现代农业经营方式

（1）农业经营形式

掌握现阶段我国农业经营的主要形式。

（2）农业规模化经营

①掌握农业规模经营的概念；

②掌握农业规模化经营的好处；

③了解农业规模化经营的条件。

（3）农业集约化经营

①掌握农业集约化经营的概念；

②了解农业集约化经营的类型；

③了解农业集约化经营的意义。

（4）农业企业化经营

①掌握农业企业经营的概念；

②了解农业企业化经营的意义。

（5）农业产业化经营

①掌握农业产业化的内涵；

②掌握农业产业化经营的特征；

③了解农业产业化的组织类型。

（6）农业生产社会化

①掌握农业社会化服务的职能；

②了解农业生产社会化的含义；

③了解农业生产社会化的特点；

④了解农业生产社会化的内容；

⑤了解社会化生产在现代农业中的作用。

（7）农业生产专业化

①掌握农业生产专业化表现形式；

②了解农业生产专业化的优越性。

3. 现代农业生产模式

（1）立体农业

①掌握立体农业的含义；

②了解立体农业的特点；

③了解立体农业的类型；

④了解立体农业的模式。

（2）生态农业

①掌握生态农业的含义；

②掌握生态农业的基本原理和技术；

③了解常见生态农业模式。

（3）设施农业

①掌握设施农业的含义；

②掌握设施农业的种类；

③掌握设施农业的发展趋势。

（4）观光农业

①掌握观光农业的含义；

②掌握观光农业的形式；

③了解观光农业园的组成；

④了解发展观光农业应该注意的问题。

（5）都市农业

①掌握都市农业的含义；

②掌握都市农业的功能；

③了解都市农业的特点；

④了解都市农业的形式。

（6）农业科技园区

①了解农业科技园区的含义；

②了解农业科技园区的类型；

③了解农业科技园区的运行方式。

（7）创意农业

①掌握创意农业的含义；

②了解创意农业的特征；

③了解创意农业的创意途径。

4. 农业宏观管理

（1）农业宏观管理及其职能

①掌握农业宏观管理的含义；

②了解农业宏观管理的主要内容；

③了解农业宏观管理的必要性。

（2）农业宏观管理的手段

①掌握农业宏观管理的手段。

5.农业生产资源配置

（1）农业生产资源配置

①掌握农业生产资源的含义、特点；

②掌握农业生产资源的配置原则；

③了解农业生产资源的种类。

（2）农业土地资源

①掌握农业土地资源的含义；

②掌握农业土地资源的特点；

③掌握农业土地资源的利用与配置原则；

④了解农业土地资源开发利用途径；

⑤了解我国农业土地资源的合理开发利用。

（3）农业劳动力资源

①掌握农业劳动力资源合理开发利用的原则；

②了解农业劳动力资源的含义及特点；

③了解劳动力资源合理开发利用途径。

（4）农业资金管理

①掌握农业资金的含义与特点；

②掌握提高农业资金使用效益的方法；

③了解农业资金的分类；

④了解农业资金筹集的主要渠道。

（5）农业科技资源

①掌握农业科技资源的含义；

②掌握农业科技资源的作用。

（6）农业机械装备

①掌握农业机械装备资源对现代农业的重要作用；

②了解农业机械装备的含义和特点。

（7）农业物联网

①了解农业物联网的含义和特点；

②了解农业物联网的作用；

③了解农业物联网开发利用途径。

6. 农业经济合同

（1）概念与内容

①掌握合同的概念及特点；

②掌握农业经济合同的内容；

③了解农业经济合同的形式。

（2）合同的订立

①掌握订立农业经济合同应遵循的原则、程序；

②掌握农业经济合同生效条件和时间。

（3）合同的履行、担保和违约责任

①掌握合同履行的概念和原则；

②掌握合同履行的规则；

③掌握合同履行中的抗辩权；

④掌握合同的保全措施；

⑤掌握合同的担保形式；

⑥掌握农业经济合同的违约责任。

（4）合同的变更、转让和终止

①掌握农业经济合同的变更；

②掌握农业经济合同的转让；

③了解农业经济合同的终止。

7. 农产品质量管理

（1）概念与特点

①掌握农产品质量的概念和特性；

②掌握产品质量标准；

③了解农产品质量管理的特点和意义。

（2）农产品质量管理方法

①了解农产品质量管理的宏观方法；

②了解农产品质量管理的微观方法。

（3）我国农产品质量管理的法律法规

①掌握农产品和农产品质量安全的界定；

②了解我国有关农产品质量的法律法规的相关内容。

8. 农业经营效益管理

（1）农业中的成本与效益

①掌握提高农业经济效益的途径；

②掌握农业经济效益与成本的关系；

③了解农业经营效益的含义；

④了解农业经济效益的含义。

（2）农业经济核算

①掌握成本核算和盈利核算的方法；

②掌握降低农业生产成本的途径；

③了解农业经济核算的含义；

④了解农业经济核算的指标体系。

（3）农业经济效益评价

①掌握农业经济效益评价的原则；

②了解评价农业经济效益的指标；

③了解农业经济效益评价的步骤和方法。

9. 农产品市场分析

（1）市场及农产品市场

①掌握市场的概念和特点；

②掌握农产品市场的概念和特点；

③掌握农产品市场的细分。

（2）农产品需求

①掌握农产品需求的含义；

②掌握影响农产品需求的因素。

（3）农产品供给

①掌握农产品供给的含义；

②掌握影响农产品供给的主要因素。

（4）市场调查

①了解市场调查的含义；

②了解市场调查的内容；

③了解市场调查的步骤与方法。

（5）市场预测

①了解市场预测的含义；

②了解市场预测的步骤和方法。

10. 农产品开发

（1）农产品开发的含义与方法

①掌握农产品开发的方法；

②了解农产品开发的含义和内容。

（2）产品定价

①掌握产品构成及影响因素；

②掌握产品定价方法；

③掌握产品定价策略。

11. 农产品营销

（1）产品的销售渠道

①掌握产品销售渠道的含义；

②了解产品销售渠道的类型。

（2）产品销售组织

①掌握产品销售组织的类型；

②了解产品销售组织的概念。

（3）电子商务

①了解电子商务的含义；

②了解建立网络商店的要素。

（4）产品促销

①掌握产品促销的概念；

②掌握产品促销的策略、方法。

12. 乡村振兴战略

（1）掌握乡村振兴战略的目标；

（2）掌握乡村振兴战略的原则；

（3）掌握乡村振兴战略的内容；

（4）了解乡村振兴战略的内涵。

13. 时事政治

了解考试上一年度中央农业时事热点。

（四）参考教材

考试内容以本大纲规定的范围为准，原则上不指定考试教材版本，参考教材为：

《植物生产与环境》（第四版），主编：宋志伟，高等教育出版社，2020年8月出版。

《畜禽营养与饲料》（第三版），主编：邱以亮、伏桂华，高等教育出版社，2021年3月出版（养殖专业、畜牧兽医）。

《畜禽解剖生理》（第四版），主编：孟婷 徐金花，高等教育出版社，2021年12月第4版。

《农业经营与管理》（2024年参考教材：《农业经营与管理》，主编：刘强，乔永信，高等教育出版社，2007年7月第二版；2025年～2026年参考教材：《农业经营与管理》，高等教育出版社，2023年第三版）。

第二部分 技能操作（应会）

（一）考试项目

1. 常见作物病虫害识别与防治，约15%；

2. 器官（猪、鸡）识别及所属系统判定，约15%；

3. 显微镜的结构与使用，约10%；

4. 红墨水法快速测定种子生活力（玉米），约10%；

5. 测定作物种子的千粒重（小麦），约10%；

6. 木本植物嫁接技术（切接），约10%；

7. 畜禽品种的识别，约10%；

8. 细菌平板划线分离技术，约10%；

9. 缝合技术，约10%。

（二）试卷结构比例

1. 单项选择题，约占50%；

2. 多项选择题，约占24%；

3. 判断题，约占26%；

（三）考试范围及要求

【项目一】

1. 常见作物病虫害识别与防治

（1）技能考点

①掌握作物常见病虫害的识别方法（包括水稻的稻螟虫、稻纵卷叶螟、稻飞虱、稻瘟病、水稻纹枯病、水稻白叶枯病、水稻细菌性条斑病、稻曲病等3虫5病；小麦的麦蚜、小麦吸浆虫、黏虫、小麦锈病、小麦赤霉病、小麦白粉病等3虫3病；玉米的玉米螟、玉米大斑病与小斑病等1虫2病；黄瓜的黄守瓜、黄瓜霜霉病、黄瓜疫病等1虫2病；柑橘的柑橘潜叶蛾、凤蝶类、天牛类、螨类、蚧类、柑橘黄龙病、柑橘溃疡病、柑橘疮痂病、柑橘炭疽病等5虫4病，共计29种）；

②了解水稻和玉米的主要病虫害防治技巧。

（2）职业素养

①了解食品安全的概念与意义；

②了解绿色环保的概念与意义。

【项目二】

2. 器官（猪、鸡）识别及所属系统判定

（1）技能考点

①掌握大肠、小肠、肾、卵巢、胃、膀胱、睾丸、子宫、心脏、肝脏、肺、脾脏、气管、喉、嗉囊等15个器官的正确识别；

②掌握肠、小肠、肾、卵巢、胃、膀胱、睾丸、子宫、心脏、肝脏、肺、脾脏、气管、喉、嗉囊等15个器官所属系统的正确判定。

（2）职业素养

①了解整体观的概念与意义；

②了解解剖与珍爱生命的关系。

【项目三】

3. 显微镜的结构与使用

（1）技能考点

①掌握显微镜主要结构名称；

②掌握显微镜主要结构的功能；

③掌握显微镜对光技巧；

④掌握显微镜标本片的安装方法；

⑤掌握显微镜低倍镜使用及其正确调焦；

⑥掌握显微镜高倍镜的使用；

⑦了解显微镜使用毕后恢复至初始状态的目的与意义。

（2）职业素养

①了解正确的器具归位；

②了解现场整理工作的目的与意义。

【项目四】

4. 红墨水法快速测定种子生活力（玉米）

（1）技能考点

①掌握特定浓度红墨水的配制方法；

②掌握随机取样技巧；

③掌握样品浸泡处理方法；

④掌握种子处理的方法；

⑤掌握种子染色处理技巧；

⑥掌握种子生活力观察鉴定方法。

（2）职业素养

具备安全意识和精益求精的精神。

【项目五】

5. 测定作物种子的千粒重（小麦）

（1）技能考点

①掌握四分法、钟鼎式、横隔式等方法和随机取样技巧；

②掌握随机数取种子数和设置重复数的方法；

③掌握电子天平称量方法和正确的读数方法；

④掌握试样千粒重的计算方法。

（2）职业素养

了解安全意识和精益求精的精神。

【项目六】

6. 木本植物嫁接技术（切接）

（1）技能考点

①掌握砧木选择技巧与处理方法；

②掌握接穗的选择技巧；

③掌握穗的正确削法；

④掌握砧、穗形成层对齐技巧；

⑤掌握嫁接膜正确绑扎方法。

（2）职业素养

了解安全意识和环保意识。

【项目七】

7. 畜禽品种的识别

（1）技能考点

①掌握北京油鸡、丝羽乌骨鸡、固始鸡、旧院黑鸡、茶花鸡、藏鸡、文昌鸡、仙居鸡、来航鸡、艾维茵肉鸡等常见品种的正确识别方法并了解其主要特征；

②掌握荣昌猪、二花脸猪、成华猪、藏猪、内江猪、杜洛克猪、长白猪、大白猪、汉普夏猪、皮特兰猪等常见品种的正确识别方法并了解其主要特征；

③掌握秦川牛、鲁西牛、蜀宣花牛、荷斯坦牛、西门塔尔牛等常见品种的正确识别方法并了解其主要特征。

（4）职业素养

了解品种资源保护的目的与意义。

【项目八】

8. 细菌平板划线分离技术

（1）技能考点

①掌握消毒等操作准备方法；

②掌握酒精灯使用方法；

③掌握接种环使用的流程与方法；

④掌握生物材料常规取材的流程与方法；

⑤掌握"Z"字型划线法、分区划线法等方法的流程与操作技巧；

（2）职业素养

了解生物安全的概念与场景。

【项目九】

9. 缝合技术

（1）技能考点

①掌握器材准备、消毒等方法；

②掌握手术刀使用方法；

③掌握常见的切开术式；

④了解切口长度的确定技巧；

⑤掌握间断缝合、连续缝合等缝合方法及缝合针的使用；

⑥掌握器械打结方法及注意事项。

（2）职业素养

①掌握无菌操作的目的与意义；

②了解动物福利相关政策；

附件

农林牧渔类技能考试部分题型示例

（考试时间150分钟，满分350分，纸笔考试）

第一部分 专业知识（应知）

一、单项选择题：本大题共 50 题，每小题 2 分，共 100 分。在每小题列出的四个备选项中，只有一个正确答案。

1. 在动物体内，常量元素钙、磷含量高于

A.1.0%　　　　　B.0.1%　　　　　C.0.01%　　　　　D.0.001%

2. 在玉米－豆粕型日粮中，鸡的第一限制性氨基酸是

A. 蛋氨酸　　　　B. 赖氨酸　　　　C. 谷氨酸　　　　D. 精氨酸

···········

二、多项选择题：本大题共 16 题，每小题 3 分，共 48 分。在每小题列出的四个备选项中，有一个或多个正确答案，多选、错选、漏选均不得分。

1. 能直接单独饲喂畜禽的配合饲料包括

A. 浓缩饲料　　　B. 全价饲料　　　C. 添加剂预混料　　D. 精料补充料

2. 下列属于雏禽的必需氨基酸是

A. 谷氨酸　　　　B. 蛋氨酸　　　　C. 赖氨酸　　　　D. 胱氨酸

···········

三、判断题：本大题共 26 题，每小题 2 分，共 52 分。叙述正确的在答题卡相应题号后涂 "A"，叙述错误的在答题卡相应题号后涂 "B"。

1. 饲料中总能比消化能更具有生物学意义。

2. 青绿饲料中水分含量高，因而干物质含量低。

···········

第二部分　技能操作（应会）

四、单项选择题：本大题共 38 题，每小题 2 分，共 76 分。在每小题列出的四个备选项中，只有一个正确答案。

1. 当目镜是 10 倍，物镜是 4 倍时，显微镜物象的放大倍数为

A.4 倍　　　　　B.10 倍　　　　　C.14 倍　　　　　D.40 倍

2.采取果树嫁接穗条，在母本树的

A.树冠内膛　　　B.树冠外部　　　C.树冠中上部　　　D.树冠下部

3.下列牛的品种中，属于四川地方品种的是

A.秦川牛　　　　B.西门塔尔牛　　　C.蜀宣花牛　　　D.荷斯坦牛

....

五、多项选择题：本大题共12题，每小题3分，共36分。在每小题列出的四个备选项中，有一个或多个正确答案，多选、错选、漏选均不得分。

1.外科手术切口的分类为

A.清洁切口　　　B.无菌切口　　　C.感染切口　　　D.污染切口

....

六、判断题：本大题共19题，每小题2分，共38分。叙述正确的在答题卡相应题号后涂"A"，叙述错误的在答题卡相应题号后涂"B"。

1.显微镜使用完毕后需将物镜调成"八"字型或调至最小放大倍数。

2.电子天平称量结束时要护理好天平。

3.细菌接种划线完毕后，不需要再灼烧接种环。

....

四川省普通高校招生职业技能考试大纲土木水利类
（2023年版）

一、考试性质

本职业技能考试是中等职业学校土木水利类专业毕业生参加普通高校对口招生的选拔性全省统一考试。

二、考试依据

1.《中等职业学校专业教学标准（试行）》（教职成厅函〔2014〕11号）；

2.《中等职业教育专业简介（2022年修订）》。

三、考试方式

土木水利类技能考试主要包括专业知识（应知）考试和技能操作（应会）考试两个组成部分，统一采用纸笔考试形式，考试时间150分钟，考试总分为350分。其中，专业知识（应知）部分分值200分，技能操作（应会）部分分值150分。

四、考试范围和要求

第一部分　专业知识（应知）

（一）考试科目与分值比例

1.土木工程力学，约占40%；

2.土木工程材料，约占30%；

3.土木工程测量，约占30%。

（二）试卷结构比例

1.单项选择题，占30%；

2.判断题，占30%；

3.多项选择题，占40%。

（三）考试范围及要求

【土木工程力学】

1.力和受力图

（1）理解力及力系的有关概念，掌握力及力系的基本性质；

（2）了解自由体、非自由体、主动力的有关概念，掌握约束与约束反力的有关概念，掌握常见约束的特点及约束反力的画法并能灵活运用；理解荷载按作用范围不同的分类，了解将均布面荷载简化为均布线荷载及均布线荷载简化为集中荷载的计算；

（3）掌握画受力图的步骤；掌握单个物体及简单物体系统受力图的画法，能准确判别二力杆。

2. 平面力系的合成与平衡

（1）理解平面力系的有关概念及分类；掌握力在坐标轴上的投影及合力投影定理；

（2）掌握求平面汇交力系合力的解析法、平面汇交力系平衡的解析条件；

（3）理解力矩、力偶的概念，掌握合力矩定理及力偶的性质，掌握平面力偶系的合成及平衡条件；

（4）理解力的平移定理，掌握平面一般力系的平衡条件，掌握各种平面力系的平衡方程及计算。

3. 轴向拉伸和压缩

（1）了解工程中杆件的四种基本变形；

（2）理解轴向拉伸（压缩）、内力的有关概念，掌握用截面法求轴力，掌握轴力图的画法；

（3）理解应力的有关概念，掌握轴向拉压杆横截面上的正应力的分布规律及正应力计算公式，理解工作应力、极限应力和许用应力的有关概念，掌握轴向拉压杆的强度条件及其解决的三类问题；

（4）理解弹性变形和塑性变形的有关概念，掌握纵向变形及胡克定律（两种形式），掌握低碳钢拉伸时的力学性能。

4. 直梁变形

（1）理解弯曲变形的有关概念，了解简单梁的常见形式；

（2）掌握剪力和弯矩的有关概念、正负符号规定，掌握用截面法求指定截面的内力及计算内力的规律；

（3）理解梁的内力图的有关概念，掌握在集中力作用下、集中力偶作用下、均布荷载作用下梁的内力图规律，并运用规律画内力图；

（4）理解梁的正应力及在横截面上的分布规律，掌握梁的正应力计算公式及强度条件，了解提高梁弯曲强度的措施；

（5）了解挠度的概念及最大挠度所在的位置和影响因素。

【土木工程材料】

1. 土木工程材料的基本知识

（1）理解土木工程材料的概念；

（2）掌握土木工程材料的分类；

（3）了解土木工程材料在行业中的地位、技术标准及发展概况；

（4）掌握密度、表观密度、堆积密度的概念及计算方法；

（5）掌握密实度与孔隙率、填充率与空隙率的概念及计算方法；

（6）理解材料的吸水性和吸湿性概念及计算方法；

（7）理解亲水性、憎水性、耐水性、抗渗性、抗冻性和导热性概念；

（8）掌握材料强度，了解比强度、弹性、塑性、脆性、韧性和耐久性概念。

2. 气硬性胶凝材料

（1）掌握胶凝材料的概念及分类；

（2）了解建筑石膏生产制备方法、凝结硬化机理及其用途；

（3）掌握建筑石膏的技术要求及特性；

（4）掌握生石灰的生产、消化、石灰的品种及特性；

（5）了解生石灰的硬化过程、技术指标及其用途；

（6）了解水玻璃的硬化机理。

3. 水泥

（1）掌握通用水泥的分类、定义及其代号；

（2）了解硅酸盐水泥的生产过程及矿物组成、凝结与硬化机理；

（3）掌握通用水泥的主要技术性质；

（4）掌握通用水泥的质量要求及如何合理选用水泥；

（5）了解水泥石的腐蚀类型、机理及防止措施。

4. 混凝土

（1）了解混凝土的定义、分类及特点；

（2）掌握普通混凝土的组成材料及其主要的技术要求；

（3）掌握普通混凝土拌和物和易性的概念、评定方法及影响因素；

（4）掌握普通混凝土立方体抗压强度的定义、强度等级、试验及计算方法、强度的影响因素；

（5）掌握普通混凝土配合比设计的定义、表示方法、步骤及计算；

（6）理解普通混凝土的耐久性；

（7）掌握普通混凝土的外加剂种类、作用效果及其选用等；

5. 砂浆

（1）掌握建筑砂浆的定义及分类；

（2）掌握砌筑砂浆的组成材料、技术性质及测定方法；

（3）掌握普通抹面砂浆的特点和用途；

（4）掌握砌筑砂浆配合比计算；

（5）了解其它品种的砂浆。

6. 砌墙砖和砌块

（1）掌握烧结普通砖的概念、技术要求与应用；

（2）掌握空心砖和多孔砖的技术要求与应用；

（3）理解新型墙体材料的种类、概念及应用。

7. 建筑钢材

（1）掌握建筑钢材的分类；

（2）了解钢材的化学成分对钢材性能的影响；

（3）掌握建筑钢材的主要力学性能及工艺性能；

（4）理解钢材的冷加工与热处理的作用；

（5）掌握常用建筑钢材的标准与选用。

8. 防水材料

（1）掌握石油沥青的主要技术性质、技术标准及应用；

（2）掌握沥青防水卷材、改性防水卷材、合成高分子材料的概念、品种及应用；

（3）理解煤沥青与石油沥青的性能与区别；

（4）理解煤沥青、改性沥青的概念及用途；

（5）了解新型油毡的名称、性能及防水涂料、密封材料的基本概念。

【土木工程测量】

1. 概论

（1）理解施工测量的任务、内容和作用；

（2）理解水准面、水平面、大地水准面、绝对高程和相对高程等概念，了解我国绝对高程基准面的确定；

（3）掌握测量工作的基本原则与程序，了解测量工作的基本要求；

（4）掌握测量数据取舍原则。

2. 水准测量

（1）掌握水准测量的原理，掌握高差法和视线高法测高差；

（2）掌握水准仪的构造及其各部件的作用，掌握水准尺的种类与读数方法，了解尺垫的作用；

（3）掌握自动安平水准仪的使用步骤及其注意事项；

（4）了解水准点的作用，理解水准路线的三种形式；

（5）掌握两种测站检核方法（两次仪高法和双面尺法）；

（6）掌握闭合水准测量路线的施测方法、记录和内业计算；

（7）了解水准测量误差产生的因素。

3. 角度测量

（1）掌握水平角的含义及测量原理；

（2）掌握经纬仪的使用步骤和测回法观测水平角方法；

（3）掌握竖直角的含义，了解竖直角的观测方法；

（4）了解角度测量误差的影响因素，了解角度测量中的注意事项。

4. 距离丈量与直线定向

（1）了解钢尺与皮尺的种类，了解丈量的辅助工具，掌握直线定线的方法；

（2）掌握平坦地面的距离丈量的一般方法及精度计算，了解倾斜地面水平距离丈量的一般方法；

（3）掌握坐标方位角及象限角的定义；

（4）掌握正、反坐标方位角的关系；

（5）掌握坐标方位角的推算方法。

5. 地形图及其使用

（1）了解地形图的含义及其作用；

（2）理解比例尺的含义，了解比例尺的形式、分类和精度，掌握比例尺精度的应用；

（3）了解图廓、图名、图号和接图表的含义；

（4）掌握常见地形符号，掌握等高线、等高距和等高线平距等概念，了解典型地貌的等高线表示方法，掌握等高线的特性；

（5）掌握地形图的识读与应用。

6. 建筑场地测设的基本工作

（1）掌握已知水平角、已知水平距离测设方法，掌握高程测设方法；

（2）掌握直角坐标法、极坐标法测设点的平面位置的原理和方法，了解角度交会法、距离交会法测设点的平面位置的方法。

7. 建筑施工测量

（1）了解民用建筑施工测设前的准备工作；

（2）了解建筑物位于原有建筑物平行和垂直位置上的测设方法；

（3）掌握基础施工中标高控制、楼层轴线和楼层标高测设方法。

8. 全站仪测量

（1）了解 1954 北京坐标系、1980 西安坐标系和 2000 国家大地坐标系，掌握点位平面坐标的表达方式；

（2）掌握全站仪的构造及其各部件作用，掌握全站仪测量所需各种配件的使用；

（3）掌握全站仪的操作方法；

（4）掌握全站仪测量角度、距离和三维坐标的方法；

（5）掌握全站仪极坐标法测设点的平面位置的方法。

9.GNSS 定位测量（全球卫星导航系统）

（1）掌握 GNSS 定位测量技术基本知识；

（2）掌握 GNSS 定位测量技术的基本操作方法；

（3）了解 GNSS 定位测量技术在工程中的具体应用。

（四）参考教材

考试内容以本考试大纲规定的范围为准，原则上不指定考试教材版本，参考教材为：

1.《土木工程力学基础（多学时）》（第 2 版），主编：王仁田，2023 年 7 月，高等教育出版社有限公司。

2.《土木工程材料》科目参照《建筑材料》（第四版），主编：毕万利，2021 年 1 月，高等教育出版社有限公司；《建筑材料与检测》，主编：廖春洪，2021 年 2 月，中国建筑出版传媒有限公司。

3.《建筑工程测量》（第二版），主编：曹文萍，2023 年 7 月，高等教育出版社有限公司；《建筑工程测量》（第 3 版），主编：马小红，2022 年 1 月，重庆大学出版社有限公司。

第二部分　技能操作（应会）

（一）考试科目

土木工程制图与识图技能

（二）试卷结构比例

1.单项选择题，约占 20%；

2.判断题，约占 27%；

3.多项选择题，约占 13%；

4.综合技能测试题，约占 40%。

（三）考试范围及要求

1.工程制图内容

（1）理解基本绘图仪器的正确使用方法；

（2）掌握基本制图标准；

（3）理解投影原理及其基本规律；

（4）掌握点、直线、平面的空间位置分析及三面投影图的画法；

（5）掌握平面体投影图的作法；了解简单曲面体投影图的画法；

（6）理解剖面图、断面图的有关概念及表示方法，掌握其画法；

（7）掌握轴测图的形成原理，并能正确绘制组合形体的正等轴测图和正面斜二测图。

2. 工程识图内容

（1）了解施工图的形成及绘制方法，理解施工图分类和编排顺序，掌握正确的识图步骤和方法；

（2）掌握施工图的图示特点和有关规定（如定位轴线、标高、详图索引符号等）；

（3）掌握建筑总平面图、平面图、立面图、剖面图及建筑详图的形成、图示内容和表达方法，能通过给定的建筑施工图识读图纸中的技术信息；

（4）理解结构施工图的内容和用途，掌握常用构件代号及图例的含义；

（5）掌握钢筋混凝土柱和梁的平法施工图制图规则，能通过给定的平法施工图识读图纸中的基础技术信息。

（四）参考教材

测试内容以本测试大纲规定的范围为准，原则上不指定教材版本，参考教材为：

《建筑制图与识图（第三版）》，主编：陆叔华，2022 年 11 月第 3 版，高等教育出版社有限公司。

附件

土木水利类技能考试部分题型示例

（考试时间150分钟，满分350分，纸笔考试）

第一部分　专业知识（应知）

一、单项选择题（每小题3分，20题，共60分。每小题列出的四个备选项中，只有一个正确答案。错选或漏选均不得分）

1. 在梁的集中力作用处，其左右两侧无限接近的横截面上的弯矩（　　　）。

A. 相同　　　　　　　　　　　B. 数值相等，符号相反

C. 不相同　　　　　　　　　　D. 符号一致，数值不相等

2. 砌筑砂浆的保水性指标用（　　　）表示。

A. 坍落度　　　　　　　　　　B. 保水率

C. 沉入度　　　　　　　　　　D. 分层度

3. 下列对等高线描述不正确的是（　　　）。

A. 等高线是一条闭合曲线。

B. 同一幅地形图上等高线的各点高程相等。

C. 等高线不能相交重叠，悬崖与峭壁处等高线除外。

D. 等高线法是表示地貌的一种方法。

二、判断题（每小题2分，30题，共计60分。正确的将答题卡上该小题的"[A]"涂黑，错误的将"[B]"涂黑）

1. 静定结构产生内力的大小与材料、构件截面形状和尺寸无关。（　　　）

2. 材料的吸湿性是指材料在水中吸收水分的性质。（　　　）

3. 全站仪能够测量斜距，也能测量平距。（　　　）

三、多项选择题（每小题4分，20题，共80分。每小题列出的四个备选项中，均有两个或两个以上的正确答案，每选对一个答案得1分，全对得满分，错选不得分）。

1. 混凝土的强度主要取决于（　　　）。

A. 水灰比　　　　　　　　　　B. 水泥的强度

C. 砂率　　　　　　　　　　　D. 单位用水量

2. 以下仪器需要对中的有（　　　）。

A. 微倾式水准仪　　　　　　　B. 自动安平水准仪

C. 全站仪　　　　　　　　　　D. 经纬仪

3. 作用在刚体上的两个力，使刚体处于平衡状态的充分与必要条件是这两个力（　　）。

A. 大小相等 　　　　　　　　　B. 方向相同

C. 方向相反 　　　　　　　　　D. 作用在一条直线上

第二部分　技能操作（应会）

四、单项选择题（每小题 3 分，10 题，共 30 分。每小题列出的四个备选项中，只有一个正确答案。错选或漏选均不得分）

1. 在施工图中，详图与被索引的图样不在同一张图纸内，应采用的详图符号是（　　）。

A. $\dfrac{2}{3}$　　　B. $\dfrac{2}{\underline{\quad}}$　　　C. $\dfrac{\underline{\quad}}{3}$　　　D. ② 2

五、判断题（每小题 2 分，20 题，共计 40 分。正确的将答题卡上该小题的"[A]"涂黑，错误的将"[B]"涂黑）

1. 在施工图中进行标高标注时，零点标高前需加注"±"号，负标高前需加注"－"号，正标高前需加注"+"号。（　　）

六、多项选择题（每小题 4 分，5 题，共 20 分。每小题列出的四个备选项中，均有两个或两个以上的正确答案，每选对一个答案得 1 分，全对得满分，错选不得分）。

1. 下图所示的剖面图的种类错误的是（　　）。

A. 全剖面图 　　　B. 半剖面图 　　　C. 局部剖面图 　　　D. 阶梯剖面图

正立面图　　　　　　　1—1剖面图

七、综合技能测试题（共 2 道大题，每道大题 30 分，共 60 分）。

请认真阅读下图，然后选择正确答案。

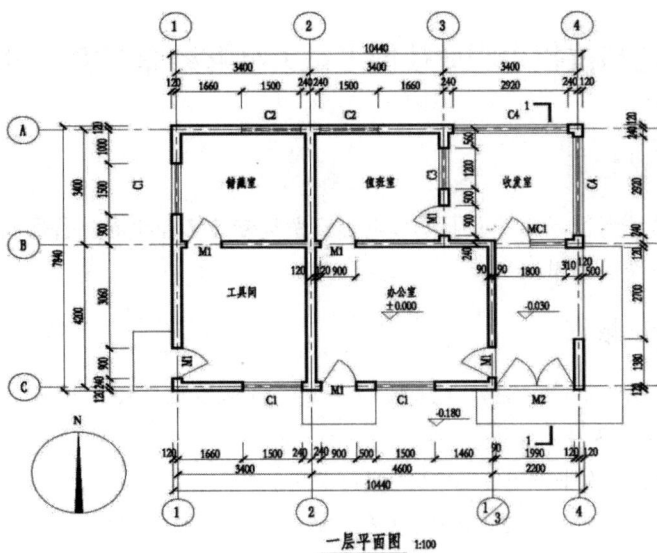

一层平面图 1:100

（1）本建筑物的总长为（ ）m，总宽为（ ）m；

A.10 440 B.10.440 C.7 840 D.7.840

（2）办公室的开间为（ ）mm，进深为（ ）mm；

A.4 600 B.4 200 C.3 400 D.2 920

（3）值班室的地面标高为（ ）m；

A.±0.000 B.−0.030 C.−0.630 D.3.000

（4）室内外高差为（ ）m；

A.1.2 B.0.030 C.0.180 D.1.5

（5）图中有（ ）种类型的门，有（ ）种类型的窗；

A.1 B.2 C.3 D.4

（6）M1的宽度为（ ）mm，C4的宽度为（ ）mm。

A.900 B.2 100 C.2 920 D.1 990

四川省普通高校招生职业技能考试大纲财经商贸类（2023年版）

一、考试性质

本职业技能考试是中等职业学校财经商贸类专业毕业生参加普通高校对口招生的选拔性全省统一考试。

二、考试依据

1.《中等职业学校专业教学标准（试行）》（教职成厅函〔2014〕11号、教职成厅函〔2014〕48号）。

2.《职业教育专业简介（2022年修订）》。

3.大纲涉及到的相关法律法规以考试上一年度12月31日（含）已实施的最新法律法规为准。

三、考试方式

财经商贸类技能考试主要包括专业知识（应知）考试和技能操作（应会）考试两个部分，统一采用纸笔考试形式，考试时长150分钟，考试总分为350分。其中，专业知识（应知）部分分值200分，技能操作（应会）部分分值150分。

四、考试范围和要求

第一部分 专业知识（应知）

（一）考试科目与分值比例

1.基础会计，约占30%；

2.市场营销，约占30%；

3.经济法律法规，约占25%；

4.电子商务基础，约占15%。

（二）试卷结构与分值比例

1.单项选择题，约占60%；

2.多项选择题，约占30%；

3.判断题，约占10%。

（三）考试范围及要求

【基础会计】

1. 概述

（1）掌握会计的概念；

（2）掌握会计的基本职能；

（3）了解会计的特点；

（4）掌握会计的对象；

（5）了解会计人员的职责和权限；

（6）掌握会计人员的职业道德；

（7）了解会计法律规范体系。

2. 会计要素与会计等式

（1）掌握企业六大会计要素的定义、特征、内容及确认条件；

（2）掌握会计等式；

（3）掌握不同经济业务发生对会计等式的影响；

（4）了解会计核算方法。

3. 账户与复式记账

（1）掌握会计科目及分类；

（2）掌握账户的基本结构；

（3）了解科目与账户的区别与联系；

（4）掌握借贷记账法的概念、特点及账户结构；

（5）掌握账户的对应关系和会计分录的编制；

（6）掌握账户的试算平衡；

（7）掌握总分类账户与明细分类账户的平行登记。

4. 主要经济业务核算

（1）掌握投入资本和借入资金业务的核算；

（2）掌握供应过程业务的核算；

（3）掌握生产过程业务的核算；

（4）掌握销售过程业务的核算；

（5）掌握利润形成与分配业务的核算；

（6）掌握成本核算方法。

5. 财产清查

（1）掌握财产清查的概念及种类；

（2）掌握财产物资的盘存制度；

（3）掌握库存现金、银行存款及实物资产的主要清查方法；

（4）掌握银行存款余额调节表的编制；

（5）掌握实物资产清查的方法；

（6）掌握现金长、短款的账务处理；

（7）了解财产清查前的准备工作；

（8）掌握财产物资实物清查结果的账务处理。

6. 财务报表

（1）了解财务报表的概念、种类及编制要求；

（2）掌握资产负债表的结构与编制方法；

（3）掌握利润表的结构与编制方法；

（4）了解财务报表的报送与审批；

（5）理解会计档案管理相关规定。

7. 会计信息化基础

（1）了解会计信息化的概念；

（2）掌握信息化环境下的会计账务处理流程及内容；

（3）了解财务机器人和财务大数据的概念和应用场景；

（4）了解财务共享中心的概念、功能与作用；

（5）了解新技术条件下会计信息化发展趋势。

【市场营销】

1. 概述

（1）理解市场和市场营销的含义；

（2）掌握市场营销的核心概念；

（3）掌握市场营销管理的实质和任务；

（4）掌握市场营销观念的演变；

（5）了解市场营销的新理念；

（6）掌握营销人员的职业道德。

2. 市场营销环境分析

（1）了解市场营销环境的概念及特点；

（2）掌握影响企业市场营销的宏观环境；

（3）掌握影响企业市场营销的微观环境；

（4）掌握威胁—机会综合分析法和SWOT分析法，掌握企业面对市场机会、威胁时的营销对策。

3. 市场分析

（1）了解消费者市场的概念、分类、特征；

（2）掌握影响消费者购买行为的主要因素；

（3）掌握消费者购买行为类型及其购买决策过程。

4. 市场营销调研

（1）了解市场营销调研的含义与分类；

（2）掌握市场营销调研的内容、步骤；

（3）掌握市场营销调研的方式、方法。

5. 目标市场营销战略

（1）掌握目标市场营销战略（STP战略）的含义；

（2）掌握市场细分的概念、市场细分的标准及有效市场细分的条件；

（3）掌握目标市场的概念和企业进入目标市场的条件，掌握企业占领目标市场的方式；

（4）掌握目标市场营销策略，含无差异营销、差异营销、集中性营销，掌握选择目标市场营销策略应考虑的因素；

（5）掌握市场定位的含义、方式、步骤、策略。

6. 产品策略

（1）掌握产品整体概念及层次；

（2）掌握产品组合策略；

（3）掌握产品生命周期理论，掌握产品生命周期各阶段的主要特征及其营销策略；

（4）掌握新产品的概念、种类、开发与推广策略；

（5）掌握品牌的概念、作用及与商标的区别，掌握品牌的实施策略；

（6）掌握包装的概念、作用及包装策略。

7. 价格策略

（1）掌握影响企业产品定价的因素及定价程序；

（2）掌握定价方法，含成本导向定价、需求导向定价、竞争导向定价；

（3）掌握定价策略。

8. 分销渠道策略

（1）了解分销渠道的概念、特点、职能；

（2）掌握分销渠道的类型；

（3）了解中间商的类型和作用；

（4）掌握影响分销渠道选择的因素。

9. 促销策略

（1）掌握促销的概念、方式、作用；

（2）掌握影响促销组合的因素；

（3）理解促销的目标，了解促销预算方法；

（4）掌握广告的概念、类型及广告宣传的基本要求，掌握广告媒体选择的影响因素；

（5）掌握营业推广的含义、特点与方式；

（6）掌握人员推销的特点、组织形式；

（7）掌握公共关系的概念、特点、类型、活动方式。

【经济法律法规】

1. 经济法概述

（1）掌握法、法律规范的概念；

（2）了解法的分类；

（3）了解法的渊源；

（4）掌握经济法律关系的概念及特征；

（5）掌握经济法律关系主体的概念及种类；

（6）掌握经济法律关系内容中的经济权利和经济义务；

（7）掌握经济法律关系客体的概念、特征、种类；

（8）掌握经济法律事实的概念、种类；

（9）了解经济法律责任的含义、特征以及经济法律责任的形式；

（10）掌握经济仲裁的概念、仲裁协议及仲裁程序，掌握诉讼程序与诉讼制度，人民法院受案范围及案件管辖。

2. 公司法律制度

（1）掌握公司法的概念、特征，了解公司的分类；

（2）掌握有限责任公司的概念、特征、设立及特殊公司形式，掌握其组织机构及股权转让；

（3）掌握股份有限公司的概念、特征、设立及特殊公司形式，掌握其组织机构；

（4）了解公司财务和会计的相关规定；

（5）了解公司股票、债券的概念与发行规定，掌握股票转让；

（6）了解公司合并、分立、增资、减资和清算的规定；

（7）了解违反公司法的法律责任。

3. 中小企业法律制度

（1）了解中小企业的概念、划分；

（2）掌握合伙企业的概念、特征；

（3）掌握普通合伙企业的设立和财产的规定，掌握普通合伙企业与第三人关系的规定；

（4）掌握有限合伙人财产出质与转让的特殊规定；

（5）掌握合伙企业事务执行的规定；

（6）掌握入伙与退伙，了解合伙企业的解散与清算；

（7）掌握特殊的普通合伙企业的责任承担方式；

（8）掌握个人独资企业的概念与法律特征；

（9）掌握个人独资企业与个体工商户及一人有限公司的区别；

（10）了解个人独资企业的投资人及事务管理。

4. 合同法律制度

（1）掌握合同的概念、合同的法律特征、合同的种类；

（2）掌握合同的订立，包括合同当事人的资格、合同订立原则、合同订立程序、合同的形式及内容等；

（3）掌握合同的成立及效力的判定及法律后果；

（4）掌握合同履行的原则、规则、抗辩权的行使、保全措施；

（5）掌握保证合同的规定；

（6）掌握合同变更、转让，合同权利义务终止；

（7）掌握合同的违约责任，包括承担违约责任的原则、条件、主要形式、免责事由等。

5. 税收征收管理法律制度

（1）掌握税收的概念、特征，了解税收法律关系；

（2）了解税法的基本结构；

（3）了解税收的分类和我国当前主要税种及其构成要素；

（4）掌握增值税的概念和本质，掌握增值税的纳税人，掌握增值税的征税范围及适用税率（或征收率）；

（5）掌握个人所得税的征税范围及适用税率；

（6）了解税务管理与税款的征收；

（7）了解税收违法行为的类型、税收法律责任的形式和违反税法的法律责任。

6. 劳动合同与社会保险法律制度

（1）掌握劳动合同的订立、主要内容、解除和终止；

（2）了解劳务派遣、劳动争议的解决；

（3）了解基本养老保险制度、基本医疗保险制度、工伤保险制度、失业保险制度。

【电子商务基础】

1. 概述

（1）了解电子商务的含义；

（2）掌握电子商务的分类；

（3）了解电子商务的发展趋势；

（4）了解《中华人民共和国电子商务法》；

（5）掌握电子商务人员的职业道德。

2.电子商务交易模式

（1）掌握 B2B、B2C、C2B、C2C、O2O 电子商务模式的区别；

（2）了解社交电商交易模式；

（3）了解电子商务交易新模式。

3.电子支付

（1）了解常见的电子支付方式；

（2）了解第三方支付应用流程；

（3）了解常用的电子银行业务模式。

4.网络营销

（1）理解网络营销的含义；

（2）掌握网络广告的形式；

（3）了解搜索引擎营销的基本方法；

（4）了解微信营销、微博营销、直播营销等常见网络营销方式。

5.电子商务物流及配送

（1）了解电子商务物流的含义；

（2）了解电子商务物流的七项要素；

（3）了解电子商务物流配送的基本流程；

（4）掌握电子商务物流的模式。

6.电子商务安全

（1）了解电子商务的安全要求；

（2）了解电子商务交易风险的类型；

（3）了解电子商务安全技术。

（四）参考教材

考试内容以本考试大纲规定的范围为准，原则上不指定考试教材版本，参考教材为：

1.《基础会计》（第六版），主编：陈伟清，高等教育出版社，2023 年 8 月出版。

2.《经济法律法规》（第四版），主编：李新霞，高等教育出版社，2018 年10 月出版。

3.《市场营销知识》（第四版），主编：王宝童、冯金祥，高等教育出版社，2019 年 11 月出版。

4.《电子商务基础》（第二版），主编：程越敏，高等教育出版社，2022 年 6

月出版。

第二部分 技能操作（应会）

（一）考试科目与分值比例

1.财经综合技能，约占60%；

2.商贸综合技能，约占40%。

（二）试卷结构与分值比例

1.案例题，约占60%；

2.业务题，约占40%。

（三）考试范围及要求

【财经综合技能：会计账务处理】

1.会计凭证的填制与审核

（1）能够正确识别企业日常经济活动（筹资、供应、生产、销售、利润形成等活动）中常见的外来原始凭证和自制原始凭证，并能正确描述原始凭证所承载的经济业务内容；

（2）能够正确填制现金支票、转账支票以及企业供应、生产、销售等环节涉及的主要原始凭证，如收料单、领料单、产成品入库单、产成品出库单、销售发票、发料凭证汇总表等；

（3）能够正确审核原始凭证的真实性、合法性、合理性、正确性、完整性、及时性等；

（4）能够根据原始凭证熟练编制通用记账凭证并能进行审核；

（5）能够根据原始凭证熟练编制专用记账凭证并能进行审核。

2.会计账簿的设置与登记

（1）能够正确启用账簿；

（2）能够依据不同的经济业务和管理要求，合理、科学地选择不同形式的账簿和不同格式的账页；

（3）能够正确登记总账、银行存款日记账、现金日记账、应收账款和应付账款三栏式明细账、原材料数量金额式明细账等；

（4）能够正确地对各类会计账户进行月结、年结；

（5）能够正确地编制总分类账户试算平衡表；

（6）能够正确运用划线更正法、红字冲销法及补充登记法进行错账更正。

3.账务处理程序的应用

（1）能够正确地运用记账凭证账务处理程序；

（2）能够正确地编制科目汇总表；

（3）能够正确地运用科目汇总表账务处理程序。

4. 会计报表的编制

（1）能够按照资产负债表的结构，依据相关资料正确地填列企业资产负债表中的期初数；

（2）能够依据账簿资料正确填列企业资产负债表期末数部分项目，如短期借款、实收资本等直接填列项目以及货币资金、存货等需要依据有关账户余额资料加总填列项目；

（3）能够正确地依据相关资料填列企业利润表上期数；

（4）能够正确地依据账簿资料分析填列企业利润表本期数。

【财经综合技能：货币时间价值计算与分析】

1. 能够运用单笔现金流量的单利终值与现值的计算原理，解决实际经济问题；

2. 能够运用单笔现金流量的复利终值与现值的计算原理，解决实际经济问题；

3. 能够运用普通年金终值与现值的计算原理，解决实际经济问题；

4. 能够运用即付年金终值与现值的计算原理，解决实际经济问题；

5. 能够运用递延年金终值与现值的计算原理，解决实际经济问题；

6. 能够运用永续年金终值与现值的计算原理，解决实际经济问题。

【财经综合技能：经济法律法规综合分析】

1. 能够根据合同法律制度的规定，对典型案例进行法律分析；

2. 能够根据公司、合伙企业法律制度的规定，对典型案例进行法律分析；

3. 能够根据税收、票据法律制度的规定，对典型案例进行法律分析；

4. 能够根据增值税、消费税、企业所得税、个人所得税的应纳税额计算公式进行税额计算。

【财经综合技能：财务数据分析】

1. 能够使用 Excel 数据工具（分列、删除重复项、数据有效性、合并计算）和查询编辑器（拆分、提取数据、表合并、表关联）进行财务数据预处理；

2. 能够使用 Excel 工具，通过单元格引用（相对引用、绝对引用、混合引用）、基础函数（sum、average、count、max、min）、逻辑函数（if、and、or）、查找与引用函数（vlookup、index、coloum、row）、日期函数（year、month、 day、datedif)、文本函数（right、left、mid, find, len）和数学函数（round、rank、countif、averageif、sumif、sumproduct）完成财务数据计算与处理；

3. 能够使用 Excel 工具，通过数据引入、排序（升序、降序、自定义排序）、筛选（自动筛选、高级筛选）、分类汇总（简单汇总、多级汇总）、数据透视表、数据透视图完成数据分析（趋势分析、回归分析，规划求解）和可视化呈现（图表类型的合理运用、组合图表、图表美化）。

【商贸综合技能：市场营销综合应用】

1. 能够正确判断企业奉行的市场营销观念；

2. 能够识别影响企业营销活动的市场营销环境因素；

3. 能够运用 SWOT 分析方法对企业所处环境进行分析和评价；

4. 能够正确判断消费者在购买过程中担任的角色，分析影响消费者购买行为的因素和购买决策过程，识别购买行为类型并选择适合的营销对策；

5. 能够运用恰当的调查方法完成调查任务，并进行定性和定量预测；

6. 能够对市场进行有效细分，确定目标市场，选择目标市场营销策略，对产品进行正确的市场定位；

7. 能够正确判断企业的产品组合策略，识别产品所处的生命周期并制定相应的营销策略；

8. 能够识别企业采用的品牌策略；

9. 能够依据企业目标和要求，运用定价方法为产品定价，选择适合的定价策略调整价格；

10. 能够依据企业和产品实际，设计分销渠道；

11. 能够依据企业目标和要求，为产品制定适合的促销策略；

12. 能够有效完成客户预约和客户拜访；

13. 能够正确运用销售话术开发和维护客户，达成销售目标。

【商贸综合技能：电子商务综合应用】

1. 能够根据企业营销目标和市场分析，选择适合的新媒体实施网络推广；

2. 能够根据直播需求选用直播设备；

3. 能够根据直播目标和主题，按照直播流程，编写直播脚本；

4. 能够运用合理、规范的客服交流话术进行客户前期沟通；

5. 能够分析买家的购物心理，并选择合适的策略促成交易；

6. 能够运用催付技巧，紧跟下单客户完成付款；

7. 能够正确处理和解决客户异议；

8. 能够有效解决不同类型的售后问题；

9. 能够正确处理客户正面评价和负面评价；

10. 能够正确处理客户投诉。

附件

财经商贸类技能考试部分题型示例

（考试时间150分钟，满分350分，纸笔考试）

第一部分　专业知识（应知）

一、单项选择题：本大题共80题，每小题1.5分，共120分。在每小题列出的四个备选选项中，只有一个正确答案。

1.下列会计要素中，属于动态会计要素的是（　　）

A.资产　　　　　B.负债　　　　　C.所有者权益　　　D.收入

2.下列各项中，属于非流动资产的是（　　）

A.应收账款　　　B.预收账款　　　C.存货　　　　　　D.工程物资

……

二、多项选择题：本大题共30题，每小题2分，共60分。在每小题列出的四个备选选项中，有两个或两个以上正确答案，多选、错选、漏选均不得分。

81.下列各项中，关于借贷记账法的表述正确的有（　　）

A.以"借"和"贷"作为记账符号

B.以"有借必有贷，借贷必相等"为记账规则

C.全部账户借方本期发生额合计 = 全部账户贷方期末余额合计

D.借贷记账法是复式记账法的一种

82.下列属于损益类科目的有（　　）

A.生产成本　　　B.制造费用　　　C.主营业务成本　　D.销售费用

……

三、判断题：本大题共20题，每小题1分，共20分。叙述正确的在答题卡相应题号后涂"A"，叙述错误的在答题卡相应题号后涂"B"。

111.利润表是反映企业在某一特定日期的财务状况的报表。

112.会计的基本职能包括核算、监督和预测分析。

……

第二部分　技能操作（应会）

四、案例题（共六个案例，每小题15分，共计90分）

131.甲建筑公司与乙、丙两水泥厂有经常的业务往来关系。2022年8月1日，甲建筑公司因生产经营需要，向乙、丙两水泥厂各发一函，均称："我公司

现急需水泥 1000 吨，价格 300 元/吨，货到后付款。"乙水泥厂收到函后当天即传真回复："函已收到，明日发货。"丙水泥厂收到函后也于当天回复："同意发货，但价格调整为 350 元/吨。"

要求：根据上述资料分析完成下列各题，从四个备选答案中选择一个或一个以上符合题意的正确答案。

（1）甲建筑公司向乙、丙两水泥厂发出函件的性质为（　　）

A. 要约邀请　　　　B. 要约　　　　　C. 承诺　　　　　　　D. 要约撤回

（2）关于乙水泥厂的回函，以下说法正确的有（　　）

A. 乙水泥厂的回函性质为要约　　　　B. 乙水泥厂的回函性质为承诺

C. 甲乙之间的买卖合同成立　　　　　D. 甲乙之间的买卖合同不成立

（3）下列说法正确的有（　　）

A. 丙水泥厂的回函性质为承诺

B. 丙水泥厂的回函是对要约内容的实质性变更

C. 甲丙之间的买卖合同不成立

D. 若丙发货，甲拒收该批货物，则甲无需向丙承担违约责任

……

五、业务题（共四个业务题，每小题 15 分，共计 60 分）

137. 福园食品有限公司 2021 年 8 月发生如下五笔经济业务：

（1）2 日，向南京星辰电子商务有限公司销售亚麻籽藕粉一批，共计 100 箱，每箱 320 元（不含增值税），款项尚未收到。月末一次结转产品销售成本。（凭证 1-1）

凭证 1-1

（2）5日，出纳马大力开出现金支票，提取备用金3 000元（凭证2-1）。

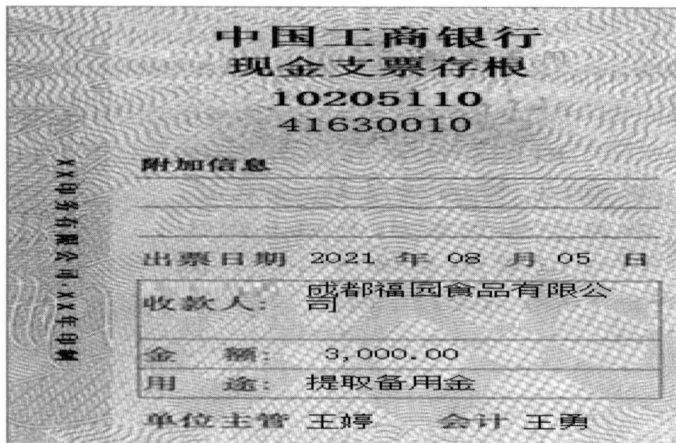

凭证2-1

（3）8日，收到南京星辰电子商务有限公司2日销售款项，当日收到电汇收账通知（凭证3-1）。

凭证3-1

（4）22日，采购部曾虹预借差旅费1 500元，出纳现金付讫。（凭证4-1）

凭证4-1

借　款　单												
年 月 日												
部　门		姓名		借款用途								
借款金额					十万	千	百	十	元	角	分	
实际报销金额		节余金额		审核意见								
		超支金额										
备注												
会计：		出纳：			借款人：							

（5）27日，销售部发生广告费 24 800 元（不含税），收到四川艺美广告有限公司开出的增值税专用发票，款项暂未支付。（凭证 5-1）

凭证 5-1

要求：请根据 8 月发生的经济业务编制 5 笔会计分录，每一笔会计分录 3 分，共 15 分。

138. 某公司准备购买一套设备，有两种付款方案可供选择：

A 方案，从现在起每年年初付款 200 万元，连续支付 5 年，共计 1 000 万元。

B 方案，从第 6 年起，每年年初付款 300 万元，连续支付 5 年，共计 1 500 万元。

假设利率为 10%。

参　数：（P/A,10%,4）=3.1699，（P/A,10%,5）=3.7908，（P/F,10%,5）=0.6209。

要求：请根据上述资料计算 A、B 两个方案年金现值，判断该公司应选择哪种付款方式更优？（写出详细计算过程，并回答问题，共 15 分）

四川省普通高校招生职业技能考试大纲计算机类

（2023年版）

一、考试性质

本职业技能考试是中等职业学校计算机类专业毕业生参加普通高校对口招生的选拔性全省统一考试。

二、考试依据

1.《中等职业学校专业教学标准（试行）》（教职成厅函〔2014〕48号）。

2.《中等职业学校专业简介（2022年修订）》。

三、考试方式

计算机类技能考试主要包括专业知识（应知）考试和技能操作（应会）考试两个组成部分，考试时长90分钟，试题总分为350分。其中，专业知识（应知）考试部分采用上机考试形式，分值200分，技能操作（应会）部分采用上机实际操作形式，分值150分。

四、考试范围和要求

第一部分 专业知识（应知）

（一）考试模块与分值比例

1.计算机基础，约占30%；

2.数据库基础，约占20%；

3.操作系统基础，约占15%；

4.计算机网络基础，约占20%；

5.图文编辑基础，约占3%；

6.电子表格基础，约占10%；

7.演示文稿基础，约占2%。

（二）试卷结构与分值比例

1.单项选择题，约占51%；

2.多项选择题，约占16%；

3.判断题，约占33%。

（三）考试范围及要求

【计算机基础】

1. 了解计算机的发展、特点、分类及应用领域；

2. 了解计算机的工作原理，熟悉计算机系统的组成；

3. 理解计算机软件的概念和分类，了解程序的编译、解释等基本概念；

4. 了解计算机中数据的分类和表示方法，掌握二进制、八进制、十进制、十六进制的转换方法；

5. 理解数据的存储及字符的编码方法；

6. 理解微型计算机的 CPU、主板、存储器、常用外部设备的主要性能指标；

7. 了解总线的概念及微型计算机中常见的总线结构；

8. 理解常用外部设备接口的作用；

9. 了解 BIOS 和 CMOS 在计算机系统硬件配置和管理中的作用；

10. 理解计算机病毒的概念、基本特征、种类及防治；

11. 了解多媒体技术的基本概念及应用；

12. 了解云计算、大数据、人工智能、虚拟现实、物联网等新一代信息技术的发展及应用领域；

13. 了解信息安全、知识产权保护等法律法规。

【数据库基础】

1. 了解数据、数据库、数据库系统及数据库管理系统等概念；

2. 理解实体模型的相关术语以及实体间的关系；

3. 了解数据模型和关系型数据库的基本特点；

4. 理解数据表、字段、记录、关键字等基本概念；

5. 理解选择、连接、投影三种关系运算；

6. 掌握创建、打开、关闭数据库的方法；

7. 了解 Access 数据库的对象，理解 Access 常用数据类型；

8. 理解数据库运算符、表达式及其构成；

9. 掌握创建数据表、修改和维护表结构的方法；

10. 掌握数据表记录的录入、定位、编辑、删除等操作方法；

11. 掌握字段标题、显示和输出格式、默认值、输入掩码、有效性规则等属性的设置方法；

12. 掌握数据表格式的设置方法；

13. 理解主键、索引的概念，掌握其设置方法；

14. 掌握创建表间关系、设置参照完整性的方法；

15. 理解查询的功能和类型，掌握创建与修改查询的方法；

16. 理解 select 语句的基本语法并掌握其使用方法；

17. 掌握 create、insert、update、delete 语句的使用方法；

18. 了解常用国产数据库。

【操作系统基础】

1. 理解操作系统的概念、主要功能及类型；

2. 了解主流操作系统及其应用场景，了解常用国产操作系统；

3. 掌握操作系统的安装、启动和退出方法；

4. 了解切换用户、注销、锁定、重新启动、睡眠和休眠等作用与区别；

5. 了解安全模式的概念及作用；

6. 掌握驱动程序及应用软件的安装与卸载方法；

7. 掌握操作系统账户的管理方法；

8. 掌握磁盘分区、格式化、磁盘清理和碎片整理的操作方法；

9. 掌握系统备份和还原方法；

10. 了解获取帮助信息的方法；

11. 理解桌面、图标、任务栏、窗口、对话框、开始菜单、快捷方式等概念；

12. 理解文件和文件夹的概念、作用、命名规则，熟悉常见文件类型；

13. 理解回收站、剪贴板的概念及作用；

14. 了解 dir、cd、md、rd、copy、ren、del 等常用 cmd 命令的功能。

【计算机网络基础】

1. 了解计算机网络的概念、组成、分类及应用；

2. 理解计算机网络拓扑结构及分类；

3. 理解 OSI 参考模型、TCP/IP 模型及其主要协议；

4. 了解网络传输介质，熟悉常见的网络设备；

5. 理解局域网的概念、组成和结构，掌握局域网的组建、配置与管理方法；

6. 了解虚拟局域网（VLAN）的原理；

7. 掌握常用网络测试命令（如 ping、ipconfig、tracert、netstat 等）的使用方法；

8. 了解 Internet 概念、发展及接入方式；

9. 掌握 IP 地址的概念、分类、组成、表示方法、子网掩码及其配置方法，了解 IPv6 基本知识；

10. 掌握 WWW、URL、E-mail、DNS、FTP、Telnet 等网络服务（应用）的使用方法；

11. 掌握常用浏览器和搜索引擎的使用方法；

12. 了解加密与认证、防火墙等常用信息安全技术的基本概念和原理，掌握常用软件防火墙的安装、配置及使用方法；

13. 了解计算机网络病毒，掌握网络防病毒软件的安装、配置及使用方法；

14. 了解网页与网站的概念；

15. 理解 HTML 基本结构、常用标记；

16. 掌握列表、超链接、表格、表单、多媒体等标记以及 CSS 的使用方法。

【图文编辑基础】

1. 了解 Word 的工作界面、视图；

2. 掌握 Word 启动与退出的方法；

3. 掌握文档的创建、打开、保存、保护、打印和关闭等基本操作方法；

4. 掌握文本的录入、编辑、排版等基本操作方法，了解文本编辑的常用快捷键；

5. 了解字符格式、段落格式及样式；

6. 掌握图形、公式、图片与文字的环绕方式；

7. 了解表格、图表、文本框、艺术字的功能；

8. 了解邮件合并、修订、批注等功能；

9. 掌握页眉、页脚、页码、目录及页面设置的基本操作方法。

【电子表格基础】

1. 了解 Excel 的工作界面、视图；

2. 掌握 Excel 启动与退出的方法；

3. 理解工作簿、工作表及单元格等基本概念；

4. 掌握工作簿新建、保存、打开和关闭的方法；

5. 掌握工作表新建、删除、重命名、复制和移动的方法；

6. 理解 Excel 中常用的数据类型；

7. 掌握数据输入、编辑及填充的方法；

8. 掌握单元格选定、插入、删除、复制和移动的方法；

9. 掌握单元格格式设置、表格格式套用、单元格样式设置的方法；

10. 掌握冻结窗格、条件格式设置的方法；

11. 理解单元格引用的概念及分类，掌握单元格引用的方法；

12. 理解常用函数功能，掌握公式的使用方法；

13. 掌握排序、筛选、分类汇总、合并计算的方法；

14. 掌握数据透视表创建的方法；

15. 了解图表构成及图表类型，掌握图表创建、图表格式设置的方法；

16. 掌握分页符、打印标题、页面设置、预览和打印的使用方法；

17. 掌握工作簿或工作表保护、隐藏的方法。

【演示文稿基础】

1. 了解 PowerPoint 的工作界面、视图；

2. 掌握 PowerPoint 启动与退出的方法；

3. 掌握演示文稿新建、打开、保存和关闭的方法；

4. 掌握添加和设置文字的方法；

5. 掌握插入图片、艺术字、形状、智能图形（SmartArt 图形）、图表、音频、视频等对象并进行相关设置的方法；

6. 了解幻灯片版式、配色方案、前景色、背景色、备注页、母版等概念；

7. 掌握超链接、动作按钮、动画效果、切换方式和放映方式的设置方法；

8. 了解幻灯片打包和输出的方法。

（四）参考教材

考试内容以本考试大纲规定的范围为准，原则上不指定任何考试教材版本，参考教材为：

《信息技术应用基础》，主编：钱芬、黄渝川、梁国东，高等教育出版社，2021 年 6 月版。

《办公应用基础》，主编：陈继红、张岚、蔡慧，高等教育出版社，2021 年 6 月版。

《计算机网络应用基础》，主编：杨泉波、程弋可、李梁雅，高等教育出版社，2021 年 6 月版。

第二部分 技能操作（应会）

（一）考试模块与分值比例

1. 中英文录入，约占 7%；

2. 操作系统使用，约占 20%；

3. 计算机网络应用，约占 17%；

4. 图文编辑，约占 20%；

5. 电子表格处理，约占 23%；

6. 演示文稿制作，约占 13%。

（二）考试方法

1. 考试组织：上机实际操作

2. 评分方式：根据评分细则由考试系统自动评分

3. 考试环境：中文 Windows 7，中文 Office 2010，中文 Dreamweaver CS6

（三）考试范围及要求

【中英文录入】

1. 能正确、规范使用常用键盘；

2. 能熟练录入英文字母及其它字符；

3. 熟悉汉字输入的软件环境及常用的汉字输入法；

4. 能熟练运用至少一种中文输入法输入文本和常用符号。

【操作系统使用】

1. 掌握桌面、图标、任务栏、窗口、对话框、开始菜单、快捷方式等的基本操作方法；

2. 掌握 Windows 资源管理器的基本操作；

3. 掌握文件和文件夹的基本操作；

4. 掌握回收站、剪贴板的基本操作；

5. 掌握主题、桌面背景、屏幕分辨率等个化性设置的方法；

6. 掌握输入法添加、删除、选择和切换的方法；

7. 掌握添加打印机、安装和删除字体等常用控制面板项的设置方法。

【计算机网络应用】

1. 掌握局域网传输介质、连接设备的使用方法，能组建、配置与管理局域网；

2. 能使用或配置 DNS、WWW、URL、E-mail、FTP、Telnet 等网络服务（应用）；

3. 能使用常用浏览器及搜索引擎；

4. 能配置与使用电子邮箱；

5. 能安装、配置和使用常用软件防火墙、网络防病毒软件；

6. 能使用列表、超链接、表格、表单、多媒体等标记以及 CSS 制作网页。

【图文编辑】

1. 能新建、保存、打开、关闭文档；

2. 能进行文本的选择、插入、删除、复制、移动、查找与替换等基本操作，能插入特殊符号、日期和时间；

3. 能设置字符格式及段落格式，能使用格式刷和样式；

4. 能使用项目符号、编号列表、多级列表；

5. 能创建、编辑和设置表格，能使用表格样式；

6. 能设置字符、段落、表格、页面的边框和底纹；

7. 能设置页面格式、页眉、页脚、页码；

8. 能使用分页符、分节符、分栏符；

9. 能插入目录、脚注、尾注、题注；

10. 能对图片、艺术字、智能图形（SmartArt 图形）等对象设置文字环绕方式；

11. 能插入和设置画布、图片、形状、智能图形（SmartArt 图形）、图表、文本框、艺术字、公式；

12. 能使用邮件合并、批注、修订等功能。

【电子表格处理】

1. 能新建、保存、打开和关闭工作薄；

2. 能新建、删除、重命名、复制和移动工作表；

3. 能输入、编辑、填充数据；

4. 能选定、插入、删除、复制、移动单元格；

5. 能设置单元格格式和单元格样式，能套用表格格式；

6. 能使用冻结窗格，能设置条件格式；

7. 能使用单元格引用；

8. 能运用函数和公式进行数据运算；

9. 能对数据进行排序、筛选、分类汇总、合并计算；

10. 能创建数据透视表和数据透视图；

11. 能创建图表并设置图表格式；

12. 能进行页边距、纸张大小、打印标题等页面设置，能插入和删除分页符；

13. 能保护、隐藏工作簿或工作表。

【演示文稿制作】

1. 能新建、打开、保存和关闭演示文稿；

2. 能新建、复制、移动、删除幻灯片，能设置幻灯片版式；

3. 能添加和设置文字；

4. 能插入和设置图片、艺术字、形状、智能图形（SmartArt 图形）、图表、音频、视频；

5. 能设置和运用幻灯片模板；

6. 能设置超链接、动作按钮、动画效果、幻灯片切换方式和放映方式。

附件

计算机类技能考试部分题型示例

（考试时间90分钟，满分350分，上机考试）

第一部分 专业知识（应知）

一、单项选择题（本大题共 34 小题，每小题 3 分，共 102 分。在每小题列出的四个备选项中，只有一个正确答案）

1.计算机存储容量的基本单位是（   ）。

A．二进制位　　　　B.字节　　　　　　C.字　　　　　　　　D.双字

2.在计算机中应用最普遍的字符编码是（   ）。

A．ASCII 码　　　　B.BCD 码　　　　　C.汉字编码　　　　　D.补码

……

二、多项选择题（本大题共 8 小题，每小题 4 分，共计 32 分。在每小题备选项中均有两个或两个以上的正确答案，错选、漏选或多选均不得分）

1.在 Windows 中可以完成窗口切换的方法是（   ）。

A.Alt+Tab 键　　　　B.Win+Tab 键　　　C.单击要切换窗口的任何可见部位

D.单击任务栏上要切换的应用程序按钮

2.Access 支持的查询类型有（   ）。

A.操作查询　　　　B.交叉表查询　　　C.SQL 查询　　　　　D.参数查询

E.选择查询

……

三、判断题（本大题共 33 小题，每小题 2 分，共计 66 分。判断下列各题正误，正确选"A"，错误选"B"）

1.在关系型数据库中，每一个关系都是一个二维表。（   ）

2.修改表中字段名将影响表中的数据。（   ）

……

第二部分 技能操作（应会）

四、中英文录入（每小题 10 分，共计 10 分，限时 5 分钟完成）

参照如下样文正确录入中文、英文、标点符号等。

Macromedia Flash Player 是迄今网络上使用最为广泛的软件，无论在什么平台、使用何种浏览器都可以体验到有声有色的 Flash 程序。用户可以使用 Flash 技

术、HTML 和简单的后台技术轻松实现网上流媒体的观看以及其他多媒体通信应用。但如果运行需要强大后台支持的应用，就算是 Flash MX 也难免显得有些势单力孤，Flash Communication Server MX（以下简称 Comm Server）这个 Macromedia 发布的第一个通信服务器正是与 Flash Player 相辅相成的后台产品。

五、操作系统使用（本大题共 3 小题，每小题 10 分，共计 30 分）

1. 在文件夹 test 中完成下列操作：

（1）将文件夹"ch"重命名为"sc"，并将重命名后的文件夹复制到"schools"文件夹内。

（2）在文件夹"schools"内新建一个名为"四川交通职业技术学院"的文件夹。

（3）在文件夹"四川交通职业技术学院"里创建一个名为"svtcc"的文本文档。

（4）将"四川交通职业技术学院"文件夹中的"svtcc"文件设置成只读属性。

......

六、计算机网络应用（网络应用题 10 分，网页设计题 15 分，共计 25 分）

1. 网络应用（10 分）

完成以下操作：

（1）设置主页为"www.svtcc.edu.cn"。

（2）设置网页保存在历史记录中的天数为"20"。

（3）设置退出时删除浏览历史记录。

2. 网页设计（15 分）

在 index.html 网页内完成如下设置：

（1）将网页中文字字体设置为"幼圆"，字体大小设置为"24"。

（2）设置网页的标题为"红旗"。

（3）在文字下方插入"Image"文件夹中的图片"pic.jpg"。

（4）在图片下方输入文字"点击查看"，链接到"www.hq.com.cn"。

（5）将网页背景颜色设置为"#FF0000"。

七、图文编辑（每题 30 分，共计 30 分）

完成下列操作：

（1）将文中所有的"巧力"替换为"巧克力"。

（2）将文档标题"巧克力"字体设置为"华文行楷、小一、橙色、加粗"，对齐方式设置为"居中对齐"。

（3）设置正文所有段落首行缩进 2 字符，段前、段后间距均为 0.5 行。

（4）正文后6段设置如样张所示项目符号。

（5）在适当位置插入当前试题文件中的图片"pic.jpg"，设置图片"高2厘米、宽3厘米、四周型环绕"。

（6）将正文第2段分为等宽两栏，栏间加分隔线。

（7）设置页面颜色为"深蓝，文字2，淡色80%"。

（8）如样张所示，插入奥斯汀型页眉，内容为"巧克力"，右对齐（删除多余空行），并以原名保存文档。

八、电子表格处理（每题35分，共计35分）

完成下列操作：

（1）在第1行前插入一行，设置A1:E1区域合并居中，并输入文字"某高校师资情况统计表"。

（2）设置A1单元格字体为"华文仿宋、20号、加粗"。

（3）在A7单元格输入"总计"，在B7单元格利用函数计算人数总计。

（4）利用公式"职称占总人数比例＝人数／人数总计"计算出"职称占总人数比例"，将结果填入C3:C6单元格中。

（5）利用公式"博士学位占各职称比例＝具有博士学位／人数"计算出"博士学位占各职称比例"，将结果填入E3:单元格中。

（6）设置C3:C6区域和E3:E6区域数据为百分比型，保留2位小数。

（7）为工作表中A2:E7区域套用表格格式为"表样式中等深浅21"。

（8）根据"职称"（A2:A6区域）和"职称占总人数比例"（C2:C6区域）列的数据生成一个三维饼图。

（9）如样张所示，设置图表标题为"某高校师资情况统计图"。

九、演示文稿制作（每题20分，共计20分）

完成下列操作：

（1）设置幻灯片的主题为"极目远眺"。

（2）设置第2张幻灯片的版式为"两栏内容"，右栏内容添加当前试题文件夹中的图片"wb1.jpg"。

（3）设置第3张幻灯片背景为渐变填充"心如止水"。

（4）设置所有幻灯片的切换效果为"蜂巢"。

（5）为所有幻灯片插入自动更新日期，格式如样张所示。

（6）在最后一张幻灯片左下角插入动作按钮"第一张"，链接到"第一张幻灯片"。

四川省普通高校招生职业技能考试大纲电子信息类

（2023年版）

一、考试性质

本职业技能考试是中等职业学校电子信息类专业毕业生参加普通高校对口招生的选拔性全省统一考试。

二、考试依据

1.《中等职业学校专业教学标准（试行）》（教职成厅函〔2014〕11号、教职成厅函〔2014〕48号）。

2.《职业教育专业简介（2022年修订）》。

3. 教学大纲：

（1）《中等职业学校电工技术基础与技能教学大纲》；

（2）《中等职业学校电子技术基础与技能教学大纲》；

（3）《中等职业学校单片机原理及应用教学大纲》。

三、考试方式

电子信息类职业技能考试主要包括专业知识（应知）考试和技能操作（应会）考试两个组成部分，统一采用纸笔考试形式，考试时长120分钟，考试总分350分。其中，专业知识（应知）考试部分分值200分，技能操作（应会）考试部分分值150分。

四、考试范围和要求

第一部分 专业知识（应知）

（一）考试科目与分值比例

1. 电工技术基础与技能，约占30%；

2. 电子技术基础与技能，约占40%；

3. 单片机原理及应用，约占30%。

（二）试卷结构与分值比例

1. 单项选择题，约占40%；

2. 判断题，约占 20%；

3. 分析计算题，约占 30%；

4. 综合题，约占 10%。

（三）考试范围及要求

【电工技术基础与技能】

1. 安全用电常识

（1）掌握触电种类和形式；

（2）重点掌握安全用电的技术措施和制度措施；

（3）了解触电的急救方法。

2. 电路基础

（1）理解电路组成及三种状态；

（2）掌握常用元器件图形符号。

3. 电阻

（1）理解电阻的概念，理解常用电阻器的种类、标称系列和标示法；

（2）重点掌握电阻器的串联、并联和混联；

（3）重点掌握用万用表测电阻值方法，通过标示识读电阻器；

（4）了解贴片电阻的识读和封装。

4. 电流

（1）理解电流的基础知识；

（2）重点掌握用电流表或万用表测直流电流。

5. 电压

（1）理解电压的基本概念；

（2）重点掌握用电压表或万用表测直流电压。

6. 电动势和欧姆定律

（1）重点掌握部分电路欧姆定律、全电路欧姆定律；

（2）理解电池的串并联；

（3）了解干电池、铅酸电池和锂电池。

7. 电位

（1）理解电位的含义；

（2）重点掌握电路中各点电位的计算方法。

8. 电能和电功率

（1）了解电能；

（2）理解电功率的概念；

（3）掌握负载获得最大功率的条件及计算；

（4）理解焦耳定律。

9. 基尔霍夫定律

（1）掌握支路、节点、回路的概念；

（2）掌握基尔霍夫电流定律和电压定律。

10. 支路电流法

重点掌握支路电流法，分析具有多条支路的直流电路。

11. 戴维宁定理

（1）了解二端网络与有源二端网络；

（2）理解戴维宁定理，分析两个网孔的直流电路。

12. 电源变换

理解两种实际电源模型之间的等效变换。

13. 电容器

（1）掌握电容器的结构和概念；

（2）掌握电容器串、并联计算；

（3）掌握电容器的常见标示法和选用；

（4）理解电容器充、放电时电流电压的变化曲线；

（5）了解电场能的计算。

14. 电流的磁效应

（1）了解磁极、磁场及磁感应线的概念；

（2）掌握电流产生的磁场及安培定则。

15. 磁场的主要物理量

理解磁感应强度、磁通、磁导率、磁场强度概念和定义式。

16. 磁场对通电导线的作用力

（1）重点掌握安培力的计算与方向判定；

（2）了解电流表、扬声器、电磁继电器的工作原理。

17. 铁磁性物质的磁化

了解磁化曲线及磁滞回线。

18. 磁路的基本概念

（1）了解磁路、磁动势、磁阻的概念；

（2）了解磁路的欧姆定律、全电流定律。

19. 电磁感应

（1）理解电磁感应现象及感应电流产生的条件；

（2）重点掌握用楞次定律、右手定则判断感应电流的方向；

（3）重点掌握电磁感应定律、感应电动势的计算。

20. 自感互感现象

（1）了解自感互感现象、互感电动势；

（2）理解同名端的概念、同名端的标识；

（3）掌握同名端的判定方法。

21. 涡流和磁屏蔽

了解涡流现象及应用、磁屏蔽。

22. 正弦交流电

（1）了解正弦交流电的产生原理；

（2）掌握最大值和有效值、周期和频率、相位和相位差的概念；

（3）掌握交流电的表示法（解析式、波形图、相量图）；

（4）能够使用万用表测交流电。

23. 电阻、电感、电容的串联电路

掌握电流与电压相位关系、大小关系（阻抗三角形、电压三角形）、串联电路的性质。

24. 串联谐振电路

掌握串联谐振的定义、特点及其应用。

25. 交流电路的功率

（1）了解瞬时功率、视在功率、有功功率、无功功率的概念；

（2）理解功率因数，RLC 串联电路功率因数的计算；

（3）掌握提高功率因数的意义和方法。

26. 三相正弦交流电

（1）理解三相正弦交流电动势的产生、线电压和相电压的关系；

（2）理解相序的概念；

（3）掌握三相交流电源。

27. 三相负载的连接

（1）掌握三相对称负载星形联接时各相的电流和电压计算；

（2）掌握三相对称负载三角形联接时各相的电流和电压计算；

（3）重点掌握三相对称负载总有功功率、无功功率、视在功率的计算。

28. 变压器

（1）了解变压器的构造与种类；

（2）了解变压器的功率与效率、常用变压器；

（3）掌握变压器交流电压、电流、阻抗变换的原理及计算。

29. 单相异步电动机

了解单相电动机的结构特点及应用。

30. 三相异步电动机

（1）了解三相异步电动机的结构特点及应用；

（2）掌握三相异步电动机的基本控制方法；

（3）掌握电动机基本控制所需的常用低压电器；

（4）掌握三相异步电动机的连续运行和正反转控制电路。

31. 绝缘电阻的测量

掌握绝缘电阻测试仪测量绝缘电阻。

【电子技术基础与技能】

1. 半导体的主要特性

（1）了解半导体的概念、特性；

（2）了解 P 型、N 型半导体；

（3）掌握 PN 结的特性。

2. 晶体二极管

（1）重点掌握二极管的符号、分类；

（2）理解二极管的型号命名、主要参数，二极管的伏安特性曲线；

（3）重点掌握二极管的测量方法；

（4）掌握稳压二极管的稳压特性。

3. 整流电路

（1）重点掌握单相半波、单相桥式整流电路及基本工作原理；

（2）掌握波形及分析计算方法。

4. 滤波电路

（1）掌握电容滤波电路基本工作原理；

（2）了解电感、复式滤波电路基本工作原理。

5. 晶体三极管和场效应管

（1）掌握三极管和场效应管的结构、分类、命名、符号、特点；

（2）理解三极管的电流放大原理和特性曲线，了解场效应管的电流控制原理和特性曲线；

（3）掌握三极管各工作状态的条件和状态判断，了解场效应管各工作状态的条件和状态判断；

（4）重点掌握三极管和场效应管的管脚识别。

6. 三极管基本放大电路

（1）理解基本放大电路的组成；

（2）掌握设置静态工作点的目的，掌握三种基本放大电路的原理及特点。

7. 放大电路的分析方法

（1）理解放大器的主要性能指标；

（2）掌握估算分析法，Q 点、Av、ri、ro 的估算；

（3）了解图解分析法。

（4）掌握波形失真与消除。

8. 工作点稳定的放大电路

（1）了解静态工作点不稳定的原因；

（2）掌握分压式偏置放大电路的原理；

（3）了解集 – 基偏置放大电路。

9. 多级放大器

（1）理解四种耦合方式及特点；

（2）掌握阻容耦合放大器的放大倍数；

（3）理解反馈的概念和类型。

10. 功率放大电路的基本要求及分类

（1）理解功率放大电路的基本要求；

（2）了解功率放大电路的分类。

11. 双电源互补对称电路 OCL

（1）理解 OCL 功放电路的基本电路、工作原理；

（2）掌握 OCL 功放电路的输出功率和效率；

（3）了解场效应管功率放大电路。

12. 单电源互补对称电路 OTL

（1）理解 OTL 功放电路的基本电路、工作原理；

（2）掌握 OTL 功放电路的输出功率和效率，掌握 OTL 功放电路典型电路分析；

（3）了解三极管声、光、电磁驱动电路（发光二极管、蜂鸣器、继电器）。

13. 集成运放的基本单元电路

（1）了解集成运放的组成框图，了解电流源的基本原理；

（2）了解集成运放的种类与主要参数；

（3）了解集成运放 DIP 和 SOP 封装。

14. 集成运放的应用

（1）掌握集成运放三种输入形式的放大电路（反相放大、同相放大、差分放大）；

（2）重点掌握信号运算电路（加法器、减法器、反相器、电压跟随器）。

15. 正弦波振荡器基本知识

（1）理解正弦波振荡器的组成；

（2）了解自激振荡的过程与条件。

16.LC 与 RC 振荡器

（1）了解 LC 振荡器的种类；

（2）理解 RC 串并联选频网络；

（3）理解集成运放型 RC 桥式振荡器。

17. 晶体管稳压电路

（1）理解并联型稳压电路的组成和稳压原理；

（2）掌握串联型稳压电路的组成和稳压原理。

18. 集成稳压电源

（1）掌握 78、79 系列三端固定稳压器的功能与典型应用电路；

（2）了解 USB 电源接口；

（3）了解开关电源模块的应用。

19. 示波器和信号发生器

（1）了解通用数字示波器和信号发生器的主要用途、组成；

（2）重点掌握 X 增益、Y 增益、通道切换、自动测量等旋（按）钮的操作方法；

（3）掌握探头的正确使用方法；

（4）重点掌握电压的测量方法；

（5）掌握识读、绘制波形图的方法；

（6）掌握用信号发生器产生指定信号的方法。

20. 数字电路概述

（1）了解数字电路的特点；

（2）理解脉冲与数字信号。

21. 数制与码制

（1）掌握数制；

（2）理解码制；

（3）掌握位、字节、字、双字表示数及数值范围。

22. 逻辑门电路基础

（1）掌握基本逻辑门电路；

（2）掌握复合逻辑门电路。

23. 逻辑代数的基本定律及逻辑函数的化简

（1）掌握逻辑代数运算定律；

（2）掌握逻辑函数的公式化简法；

（3）掌握逻辑函数的卡诺图化简法。

24. 组合逻辑电路的基本知识

（1）了解组合逻辑电路基本特点；

（2）掌握组合逻辑电路及其分析方法；

（3）掌握组合逻辑电路的设计方法。

25. 编码器

（1）理解二进制编码器；

（2）了解二 – 十进制编码器。

26. 译码器

（1）了解通用译码器；

（2）掌握显示译码器。

27. 时序逻辑电路的基本知识

（1）了解时序逻辑电路基本特点；

（2）掌握时序逻辑电路及其分析方法。

28.RS 触发器

（1）理解基本 RS 触发器；

（2）理解同步 RS 触发器。

29.JK 触发器

（1）理解 JK 触发器；

（2）掌握 JK 触发器及其应用。

30. 触发器的几种常用触发方式

（1）理解同步式触发和主从触发方式；

（2）掌握上升沿触发和下降沿触发方式。

31.T 触发器与 D 触发器

（1）理解逻辑电路及符号；

（2）掌握逻辑功能分析方法；

（3）掌握集成 T 触发器、D 触发器及其应用。

32. 寄存器

掌握寄存器的工作原理。

33. 计数器

掌握二进制及其它进制计数器的工作原理。

34. 单稳态触发器

（1）理解门电路构成的单稳态触发器；

（2）理解集成单稳态触发器及其应用。

35. 施密特触发器

（1）理解门电路构成的施密特触发器；

（2）了解集成施密特触发器。

36. 石英晶体振荡器

（1）了解石英晶体谐振器的特点和种类；

（2）掌握门电路构成的晶体振荡器。

【单片机原理及应用】

1. 了解单片机的发展与分类；

2. 掌握51系列单片机引脚及功能、内部存储器；

3. 掌握单片机时序（时钟、机器、指令、状态周期关系）；

4. 理解单片机技术基本概念（数据单位、存储容量和地址，常用数制与码制）；

5. 了解单片机并行I/O口特点及使用，了解按键结构和原理；

6. 了解51系列单片机内部结构；

7. 掌握指针（程序计数器PC、堆栈指针SP、数据指针计数器DPTR）；

8. 掌握状态寄存器（程序状态字PSW）；

9. 理解单片机4组R0–R7通用寄存器选择；

10. 了解计算、存储（累加器A、乘除法专用寄存器B）；

11. 掌握51单片机的工作方式；

12. 重点掌握数据传送指令（内部数据存储器读取指令）；

13. 掌握程序调用及返回指令（ACALL、LCALL、RET、RETI）；

14. 掌握无条件转移指令（AJMP、LJMP、SJMP、JMP）；

15. 理解伪指令（ORG、EQU、DB、DW、BIT）；

16. 重点掌握简单程序编写（内部数据传送，顺序结构、无条件循环结构）；

17. 掌握条件转移指令（JZ、JNZ、CJNE、DJNZ）；

18. 重点掌握位处理指令；

19. 掌握循环移动指令；

20. 重点掌握单片机分支程序读识（分支结构、有限循环结构）；

21. 理解条件分支程序编写；

22. 掌握静态数码管显示与动态数码管扫描显示；

23. 重点掌握单片机查表指令（程序存储器读取指令）MOVC；

24. 重点掌握外部RAM数据传送指令MOVX；

25. 理解堆栈指令PUSH；

26. 理解数据交换指令XCH、XCHD、SWAP；

27. 掌握查表程序读识；

28. 理解查表程序编写；

29. 掌握显示子程序、延时子程序读识；

30. 理解延时子程序编写；

31. 理解单片机循环程序读识（三重循环）；

32. 掌握单片机循环程序编写（两重循环）；

33. 理解单片机算术运算指令（ADD、ADDC、SUBB）；

34. 理解加"1"、减"1"指令；

35. 了解乘、除、十进制调整指令；

36. 掌握单片机逻辑运算指令；

37. 了解 51 单片机定时器 / 计数器结构及工作原理；

38. 掌握内部定时器 / 计数器方式寄存器（TMOD）控制原理；

39. 理解内部定时器 / 计数器控制寄存器（TCON）控制原理；

40. 掌握单片机定时器工作方式控制字的编写；

41. 重点掌握定时器方式 0、1、2 使用及初始化程序读识及编写；

42. 理解状态查询方式工作程序编写；

43. 理解 51 单片机中断的基本概念、中断入口地址及中断服务程序跳转；

44. 了解中断优先级与自然优先级；

45. 掌握中断控制寄存器（TCON、SCON、IE、IP）控制原理；

46. 理解中断响应过程、定时器 / 计数器 T0、T1 中断的应用编程；

47. 理解中断请求的清除与复位；

48. 了解串行通信的基本概念；

49. 理解串行通信接口工作方式；

50. 理解串行通信的控制寄存器 SCON 和串行通信简单应用编程；

51. 掌握 51 单片机最小应用系统；

52. 了解 RS232、RS485（RS422）硬件接口及协议；

53. 了解 51 单片机扩展芯片寻址方式（线选法和译码法）；

54. 了解 8255 内部结构；

55. 掌握 8255 引脚功能及控制字编写；

56. 了解 A/D 转换概念及转换方式；

57. 理解 ADC0809 应用基础；

58. 理解 DAC0832 应用基础。

（四）参考教材

考试内容以本考试大纲规定的范围为准，原则上不指定任何考试教材及版本，参考教材为：

1.《电子技术基础与技能实训》（第2版），主编：张建如，高等教育出版社出版。

2.《电工技术基础与技能实训》（第2版），主编：沈林，高等教育出版社出版。

3.《单片机技术与应用》（第2版），主编：魏寿明，高等教育出版社出版。

第二部分　技能操作（应会）

（一）考试科目

1.电工技术基础与技能，约占30%；

2.电子技术基础与技能，约占40%；

3.单片机原理及应用，约占30%。

（二）考试方法与分值比例

1.考试方法：技能操作（应会）考试采用纸笔考试形式。

2.试卷题型：选择题约占80%，判断题约占20%。

（三）考试条件及其要求

自带考试文具：2B铅笔、0.5毫米黑色签字笔、橡皮、透明文具袋。

（四）考试范围及要求

【电工技术基础与技能】

1.掌握安全用电常识与操作规范；

2.掌握常用电工仪器仪表的操作使用，如万用表、电能表、绝缘电阻测试仪、钳形电流表、直流稳压电源等；

3.掌握常用电工工具器材的操作使用，如电烙铁、剥线钳、测电笔、绝缘胶带等；

4.掌握常用电工元器件的识别、选用与测试方法，如电阻、电容、电感、变压器等；

5.掌握导线连接的技能方法；

6.掌握常用低压电器的识别与检测；

7.了解简单照明电路的安装检测；

8.掌握电动机的铭牌识别和拆装；

9.掌握三相交流电动机控制电路的安装调试。

【电子技术基础与技能】

1.掌握常用电子仪器仪表的操作使用方法，如示波器、信号发生器等；

2.掌握常用电子元器件的识别、选用与测试方法，如二极管、三极管、场效应管、晶闸管、光电耦合器等；

3.掌握集成电路的识别；

4.掌握单元电路的连接、调试与分析；

5.掌握组合逻辑电路的测试与分析。

【单片原理及应用】

1.理解 51 单片机的外部引脚功能；

2.掌握 51 单片机外设电路的连接方法，并按要求实现特定功能；

3.掌握应用 STC51 单片机进行最小系统程序设计，并按要求实现特定功能；

4.掌握使用 KEIL51 开发软件编程及下载的操作方法。

附件

电子信息类职业技能考试部分题型示例

（考试时间120分钟，满分350分，纸笔考试）

第一部分 专业知识（应知）

一、单项选择题（共20小题，每小题4分，共80分。每小题所给的四个选项中，只有一个正确答案）

1. 在如图1电路中，当 R_2 为多少时，R_1、R_2 消耗的电功率最大。

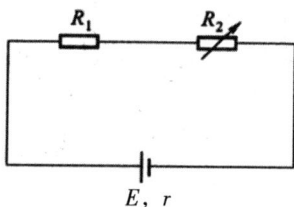

图1

A.$R_2 = r$ B.$R_2 = R_1+r$ C.$R_2 = r-R_1$ D.$R_2 = R_1$

2. TTL 型门电路构成的逻辑电路如图2所示，则其输出函数的表达式为

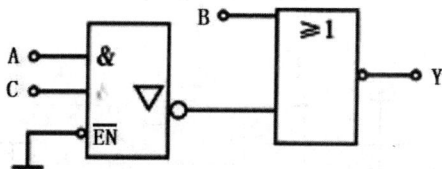

图2

A.$Y= \overline{AC+B}$ B.$Y= \overline{\overline{AC}+B}$ C.$Y= \overline{A+B+C}$ D.$Y= \overline{B}$

3. 下列哪一条指令是带进位的加法指令。

A.ADDC A, #00H   B.ADD A, #00H

C.SUBB A, #00H   D.MUL AB

......

二、判断题（共10小题，每小题4分，共40分。判断下列各题的正误，正确的在答题卡上涂 "A"，错误的在答题卡上涂 "B"）

21. 在 RLC 串联电路中，当 $L>C$ 时，端口电压 u 超前 i，当 $L<C$ 时，端口电压

u 滞后 i。

22. 在同相比例运算放大器中输入电阻为零。

23.PSW 是一个 8 位寄存器，用于保存指令执行后所产生的特征。

......

三、分析计算题（共 3 小题，每小题 20 分，共 60 分。请在答题卡对应题号下答题）

31. 如图 3 所示电路中，已知：U_{s1}=100V，U_{s2}=80V，R_2=2Ω，I_1=4A，I_2=2 A，试用基尔霍夫定律求电阻 R_1 和负载 N 消耗的功率。

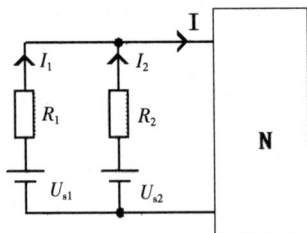

图3

32. 如图 4 所示正弦波振荡电路中，A_1、A_2 均为理想运放。

（1）说明 A_1、A_2 及相应元件构成的电路名称及 U_o 为何种波形。

（2）当 R_f =2 kΩ 时，R_1 如何选择。

（3）求输出信号的频率。

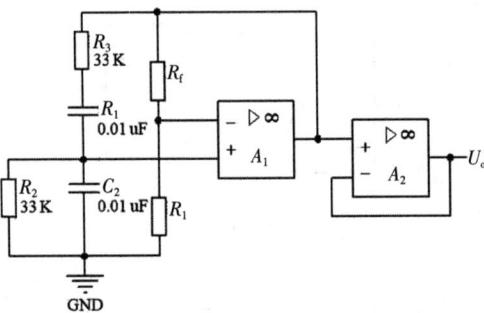

图4

33. 已知 $X=X_2X_1X_0$ 代表三位二进制数。设计一个组合电路，当 $6 \geqslant X \geqslant 3$ 时输出 Y=1，当其他情况时输出 Y=0。要求：

（1）列出真值表。

（2）求 Y 的最简与或表达式。

（3）用与非门画出电路图。

四、综合题（1 个小题，共 20 分。请在答题卡对应题号下答题）

34. 阅读下列程序，回答下列问题。

```
ORG 0000H
AJMP MAIN
ORG 0100H
MAIN: MOV A, #09H
MOV B, #03H
MOV 20H, #09H
SETB C
ADDC A, 20H
END
```

单片机执行完此程序段后，CY=＿＿，AC=＿＿，P=＿＿，A=＿＿，（20H）=＿＿。

第二部分 技能操作（应会）

五、单项选择题（共 30 小题，每小题 4 分，共 120 分。每题所给的四个选项中，只有一个正确答案）

35. 如图 5 所示分压式偏置放大电路，用万用表判断三极管的工作状态，以下操作步骤中排序正确的是

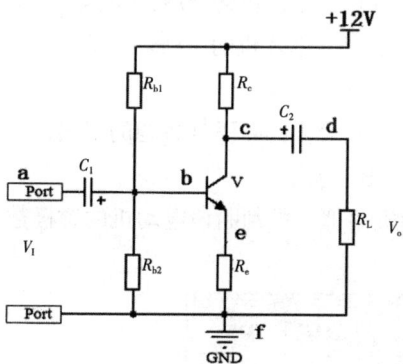

图5

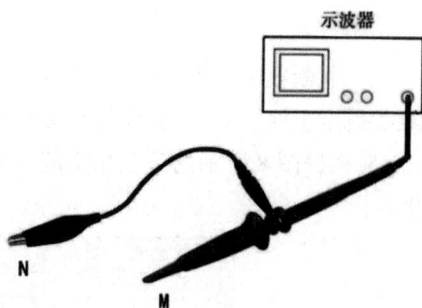

图6

A. ①②③④   B. ④③②①   C. ①③②④   D. ④①③②

①根据 $V_{ce} = V_c - V_e$ 的大小判断三极管的工作状态

②将万用表黑表笔接地，红表笔测试 V_c 电位

③将万用表黑表笔接地，红表笔测试 V_e 电位

④将万用表开机，量程选择为直流 20V 档

36. 用如图 6 所示波器测试图 5 中放大电路的信号输出波形，正确的连接方法是

A.M—d，N—f   B.M—f，N—c   C.M—e，N—d   D.M—b，N—e

37. 在图 7 中左边为单片机电路，右边为共阴极数码管显示电路。若完善 STC51 单片机最小系统的复位系统和晶振电路连接，则下列连接方法正确的是

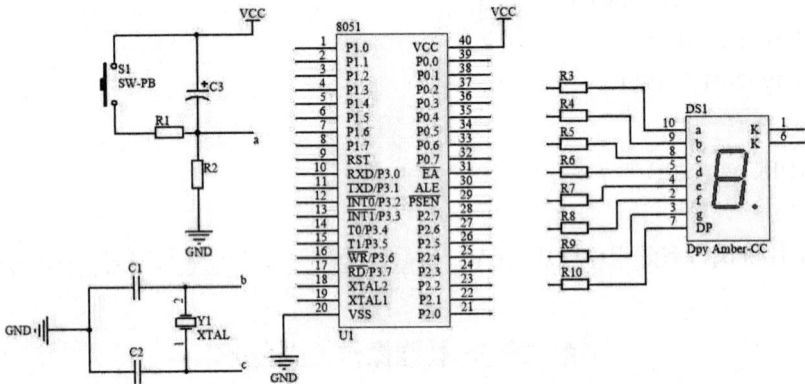

图7

A. 单片机的 9 脚—a 点，单片机的 18 脚—b 点，单片机的 19 脚—c 点

B. 单片机的 1 脚—a 点，单片机的 18 脚—b 点，单片机的 20 脚—c 点

C. 单片机的 9 脚—a 点，单片机的 14 脚—b 点，单片机的 20 脚—c 点

D. 单片机的 1 脚—a 点，单片机的 14 脚—b 点，单片机的 19 脚—c 点

......

六、判断题（共 10 小题，每小题 3 分，共 30 分。判断下列各题的正误，正确的在答题卡上涂"A"，错误的在答题卡上涂"B"）

65. 根据图 8 所示的某三相交流异步电动机铭牌，可判断该电动机的磁极数为 4 极。

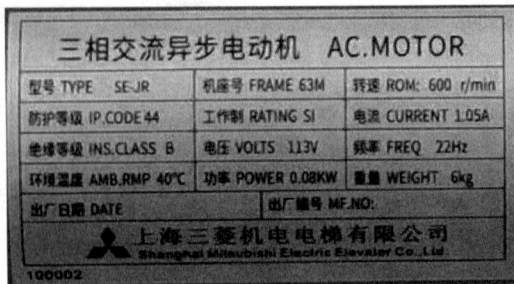

图8

......

四川省普通高校招生职业技能考试大纲智能制造类

（2023年版）

一、考试性质

本职业技能考试是中等职业学校智能制造类专业毕业生参加普通高校对口招生的选拔性全省统一考试。

二、考试依据

1.《中等职业学校专业教学标准（试行）》（2017年）。

2.《中等职业教育专业简介》（2022年修订）。

三、考试方式

智能制造类技能考试主要包括专业知识（应知）考试和技能操作（应会）两个组成部分，采用纸笔考试形式，总时长150分钟，考试总分为350分，其中专业知识（应知）考试部分分值200分，技能操作（应会）部分分值150分。

四、考试范围和要求

第一部分　专业知识（应知）

（一）考试科目与分值比例

1.机械制图，约占25%;

2.机械基础，约占20%;

3.金属加工与实训，约占25%;

4.电工电子技术与技能，约占15%;

5.数控加工工艺与编程，约占15%。

（二）试卷结构与分值比例

1.单项选择题，约占30%;

2.多项选择题，约占20%;

3.填空题，约占20%;

4.判断题，约占30%。

（三）考试范围及要求

【机械制图】

1. 制图的基本知识和技能

（1）理解国家标准《技术制图》和《机械制图》中的基本要求；

（2）掌握平面图形的分析和画法，能正确进行平面图形的尺寸标注；

（3）掌握机械制图中尺寸公差、几何公差、表面粗糙度等基本概念，理解其符号、代号含义，能正确标注尺寸公差、几何公差及表面粗糙度。掌握基孔制、基轴制的含义，掌握孔轴的基本偏差数值表及极限偏差表的查询方法。

2. 投影基础

（1）理解投影的概念及分类，正投影的基本性质，掌握正投影的原理和方法；

（2）掌握点、直线、平面的绘制与投影规律；能识读点、直线、平面的空间位置；

（3）理解三视图的形成过程、投影规律、对应关系，能识读与绘制三视图。

3. 基本体及其截断

（1）能识读与绘制平面体、回转体（圆柱）的三面投影；

（2）掌握平面基本体、回转体（圆柱）表面取点方法；

（3）了解截交线的概念，掌握简单基本体的截断画法。

4. 组合体识读与绘制

（1）了解组合体的构成，掌握圆柱正交相贯的相贯线画法，会进行组合体的尺寸标注；

（2）理解组合体的读图方法，掌握中等复杂程度组合体补图、补线的方法。

5. 图样的常用表达方法

（1）理解视图的分类，掌握基本视图、向视图、局部视图、斜视图的含义、表示方法与标注方法；

（2）理解常用剖视图、断面图的概念、表示法与标注方法；

（3）理解局部放大图的作用及画法，熟悉常用的简化画法。

6. 标准件和常用件

（1）掌握螺纹的结构要素、规定画法及标注方法，螺栓、双头螺柱、螺钉的装配连接画法，正确识读螺纹连接件的标记；

（2）掌握直齿圆柱齿轮及其啮合的规定画法及键连接、销连接、滚动轴承的规定画法、简化画法和示意画法。

7. 零件图

（1）理解零件图的作用和内容；

（2）能识读一定复杂程度的零件图（2–3 视图，约 20 个尺寸）；

（3）能识读零件图尺寸公差、几何公差、表面粗糙度。

【机械基础】

1. 常见机械连接

（1）掌握螺纹主要参数，能判断螺纹类型，认识普通螺纹标记；

（2）理解螺纹连接的分类，能正确选用螺纹连接形式；

（3）了解螺纹连接预紧与防松的基本原理，了解螺纹防松类型；

（4）了解键、销连接的功用、类型、特点和应用，会选用普通平键；

（5）了解并掌握各种联轴器、离合器的结构原理、特点及应用。

2. 常见机械传动

（1）理解带传动的类型、工作原理及特点，能正确计算传动比；了解普通 V 带相关国家标准，能识别普通 V 带标记；理解带传动张紧的基本知识，了解普通 V 带张紧的基本类型；了解其他带传动的结构与基本应用；

（2）理解链传动的特点、应用场合，能正确计算传动比；

（3）理解齿轮传动的特点、分类，能正确计算传动比；熟悉直齿圆柱齿轮主要参数，能计算标准直齿圆柱齿轮的各部分尺寸；了解斜齿圆柱齿轮、直齿圆锥齿轮传动的特点；

（4）了解蜗轮蜗杆传动的特点与应用，能计算传动比；

（5）了解轮系的概念及类型，能分析平面定轴轮系运动方向、计算传动比；

（6）了解螺旋传动的类型。

3. 轴系零部件

（1）掌握轴的功用、分类，理解轴上零件轴向固定及周向固定常用形式、装拆要求；

（2）理解滑动轴承、滚动轴承的结构、应用、类型和特点，能识别滚动轴承代号，能选用轴承类别与型号。

4. 常见机构

（1）掌握平面连杆机构的基本类型、特点及其类型判别方法，理解铰链四杆机构特性，认识铰链四杆机构急回特性及死点位置；

（2）理解凸轮机构的组成、分类、特点和应用；

（3）了解棘轮机构、槽轮机构组成、特点。

【金属加工与实训】

1. 金属材料及热处理

（1）了解金属材料的强度、硬度、塑性、韧性、疲劳强度等力学性能，理解金属材料工艺性能的概念；

（2）了解常用金属材料的分类，能正确识读常用金属材料的牌号，了解常用金属材料的性能及用途；

（3）了解金属材料热处理的概念，了解退火、正火、淬火、回火及表面热处理的目的、方法及应用范围。

2. 金属热加工基础

（1）了解金属材料铸造的分类、工艺特点及应用范围，了解砂型铸造的特点及工艺过程；

（2）了解金属材料锻压的分类、工艺特点及应用范围，了解自由锻造的特点、基本工序及应用；

（3）了解金属材料焊接的分类、特点及应用范围，了解焊条电弧焊的工艺方法及应用，常用的焊接方式。

3. 金属冷加工基础

（1）金属切削加工基础

①理解金属切削运动及其特点，掌握切削用量三要素的概念、符号、选择方法并能进行简单计算；

②了解常用刀具材料及其应用特点，能针对常见加工材料及条件进行刀具材料选择；

③理解车刀的主要角度及其作用。

（2）常用加工方法及其应用基础

①了解金属切削机床的分类及型号编制方法，能正确识读常用机床的型号，能理解其主要技术参数的含义；

②了解卧式车床的分类、组成、应用范围及加工特点；了解车床上常用刀具的种类；了解车床常用夹具、工具的特点及应用场合；掌握车床上常见的工件安装方法；掌握常见车削表面的加工方法及特点；

③了解铣床的分类、组成、应用范围及加工特点；了解常用的铣削方法，并根据加工条件正确选择铣削方法；了解常用铣刀种类，掌握常见铣削表面的加工方法及特点；能在铣床上对常见工件进行安装及找正；

④了解常见磨床的分类、组成、应用范围及加工特点；了解砂轮组成要素，了解磨床常用附件、工具及常用工件安装方法，了解常见磨削表面的加工方法及特点，能进行粗磨、精磨条件下的砂轮选择；

⑤了解钻床的分类、组成、应用范围及加工特点，了解钻削常用刀具及工具；理解常见孔加工方法及特点；

⑥了解常用钳工工具、刀具、辅助工具的种类及用途并能进行选用，理解常见钳工工艺的应用特点，能应用钳工手段进行常规零件的加工；

⑦了解常用量具种类，能使用常用量具并能简单保养；

⑧了解常用机床的安全操作知识；了解常用机床的日常保养要求。

（3）零件加工工艺基础部分

在识读零件图的基础上，读懂常见工种的工艺卡，具备按工艺卡安排进行工艺准备及工艺实施的能力。支撑该能力的"应知"内容如下：

①了解生产过程、生产类型；理解基准、工序、安装、工位、工步、走刀的概念；

②理解六点定位原则，能正确识读常见工艺卡；能按加工要求合理选择定位基准，确定工件安装方法；按加工要求正确选择刀具种类；按加工要求合理安排加工工步顺序；合理选择切削用量、切削液；

③了解典型表面及典型零件的加工方法及加工精度；

④能按零件加工对象及加工精度合理选择量具；

⑤具有安全、规范、文明生产、节能环保及零件质量等职业意识。

【电工电子技术与技能】

1. 电路基础

（1）安全用电

①了解常用电工电子仪器仪表及工具的类型及作用；

②了解人体触电的类型及常见原因；

③了解电器火灾的防范及扑救常识，能正确选择处理方法。

（2）直流电路

①理解电路的基本组成，会识读基本的电气符号和简单的电路图；

②理解电路中的电流、电压、电位、电动势、电能、电功率等常用物理量的概念，能对直流电路的常用物理量进行简单的分析与计算；

③了解电阻的外形、作用、参数，理解电阻串联、并联及混联的连接方式与电路特点，会计算串联、并联及混联电路的等效电阻、电压、电流及电功率；了解电容的概念、参数及图形符号；了解电感的概念、参数及图形符号。

④理解欧姆定律、基尔霍夫定律，能应用 KCL、KVL 列出简单电路方程，并进行计算。

（3）正弦交流电路

①了解实训室工频电源，掌握交流电压表、交流电流表、试电笔等测量方法；

②理解正弦交流电三要素的概念及关系；

③理解电路有功功率、无功功率和视在功率的概念，了解功率因数的意义、提高功率因数的方法；

④了解三相正弦交流电的产生，理解相序的意义，了解三相四线供电制。

2. 电工技术

（1）用电技术

①了解发电、输电和配电过程；

②掌握保护接地、保护接零的方法和漏电保护器的使用及应用，会保护人身与设备安全，防止发生触电事故。

（2）常用电器

①了解单相变压器的基本结构及用途；了解变压器变压比、变流比的概念；了解变压器的损耗及效率；

②理解三相笼型交流异步电动机的基本结构、铭牌、技术参数、转动原理；

③理解常用低压电器的分类、符号；理解熔断器、电源开关、交流接触器、主令电器、继电器等常用低压电器的结构、工作原理及应用。

3. 三相异步电动机的基本控制

掌握三相异步电动机点动、连续运行、接触器互锁正反转控制线路的工作原理及安装方法。

4. 电子技术

（1）模拟电子技术基础

①了解二极管、三级管的外形、结构与符号，了解二极管、三极管的功能；

②了解常用整流电路结构及原理；

③了解基本共发射极放大电路结构、工作原理；

④了解多级放大电路的放大倍数及耦合方式。

（2）数字电子技术基础

①了解进制及常用编码；

②了解逻辑代数基本运算；

③了解基本逻辑门和复合逻辑门的逻辑功能，能识别其图形符号；

④了解编码器、触发器功能。

【数控加工工艺与编程】

1. 数控机床基础知识

（1）了解数控机床的发展；

（2）了解数控机床的组成及其各部分作用；

（3）掌握数控机床的分类；

（4）理解数控机床加工内容及其主要运动形式；

（5）掌握数控机床坐标系组成；

（6）理解数控机床的加工特点及应用范围。

2. 数控编程知识

（1）理解数控程序编制的基本概念；

（2）掌握数控程序的基本格式，了解数控程序的几种编制方式；

（3）掌握手工编程中轮廓节点的计算方法和数学基本公式，会进行数控编程数值计算，简单零件的基点计算；

（4）掌握数控车床（铣床）常用编程指令的基本格式、编程原则以及应用，代码模态与非模态的含义；

（5）熟练掌握常用 G 代码、M 代码；

（6）熟练掌握数控车床上阶梯内外圆类零件、沟槽结构类零件、螺纹结构类零件的程序编制；

（7）熟练掌握数控铣床上平面、台阶面、外轮廓、内轮廓、键槽、孔等结构类零件的程序编制。

3. 数控车床操作与编程

（1）掌握数控车削程序编制的基本概念和编程格式；

（2）熟悉数控车削编程的常用编程指令，能根据工艺要求编写合格的车削加工程序；

（3）了解数控车床的分类，根据数控车床结构特点能进行机床的对刀、程序的编制、执行、修改等基本操作与机床正确使用及维护；

（4）熟悉数控车床常用数控系统（广州数控系统、FANUC 数控系统等）的基本操作，能编制典型零件的加工程序。

4. 数控铣床操作与编程

（1）了解数控铣床的分类，了解数控铣床的主要功能和加工范围；

（2）理解数控铣削编程指令与编程格式；

（3）熟悉数控铣床常用数控系统（广州数控系统、FANUC 数控系统等）的基本操作，能编制典型零件的加工程序；

（4）掌握数控铣床的对刀、编程、执行程序、修改程序等基本操作，能进行机床的正确操作与正常维护；

（5）能根据加工需要，正确合理地选择和使用刀具。

5. 加工中心操作与编程

（1）了解加工中心的基础知识；

（2）了解加工中心的常用代码；

（3）熟悉加工中心的对刀操作及机床的正确操作与日常维护要求。

6. 了解数控自动编程软件的基本常识。

（四）参考教材

考试内容以本考试大纲规定的范围为准，原则上不指定考试教材版本，参考教材为：

1.《机械制图》（机械类）第 5 版，主编：王幼龙，孙镕，高等教育出版社，2022 年 9 月。

2.《机械基础》（多学时）（第 2 版），主编：栾学钢、赵玉奇、陈少斌，高等教育出版社，2019 年 9 月。

3.《机械基础》（机械类）第 2 版，主编：王英杰、彭敏，机械工业出版社，2023 年 7 月。

4.《金属加工与实训—基础常识与技能训练》（第 3 版），主编：王英杰、陈礁，高等教育出版社 .2019 年 2 月。

5.《电工电子技术与技能》（第 3 版），主编：程周，高等教育出版社，2020 年 06 月。

6.《数控铣削编程与操作训练》（第 3 版），主编：郑书华，高等教育出版社，2023 年 03 月。

7.《数控车削加工技术与技能》（第 2 版），主编：王岗，高等教育出版社，2021 年 7 月。

第二部分　技能操作（应会）

（一）考试项目

1. 零件图绘制，约占 40%；

2. 数控车、铣削编程与加工，约占 40%；

3. 机械零件测量，约占 20%。

（二）考试方式与分值比例

1. 考试方法：纸笔考试；

2. 考试题型：填空题，约占 40%；简答题，约占 20%；绘图题，约占 40%。

（三）考试条件及其要求

1. 考试条件

（1）主考院校提供考场环境条件：保证考试场所照明良好、光线充足，安全设施齐全，整洁规范。

2. 考试要求：

（1）绘制零件图工具：铅笔、橡皮擦等（可带直尺、圆规、三角板）；禁止携带图板、丁字尺及含有学校或个人信息的工量具等；

（2）黑色签字笔等。

（四）考试范围及要求

1. 能确定常用机械零件的视图表达方案，并根据轴测图正确绘制零件图；

2. 能够正确使用绘图工具绘制组合体三视图，并正确标注尺寸；

3. 能够按照国家标准正确标注尺寸公差、几何公差、表面粗糙度及零件性能要求等；

4. 会根据图纸计算出数控车、数控铣的编程尺寸；

5. 会用 FANUC 系统的数控车、数控铣加工编程指令；

6. 会编制中等难度的数控车削、数控铣削工艺；

7. 能够编制含有轮廓、弧面、型腔、螺纹、孔等结构的各类典型零件加工程序；

8. 能按图纸及工艺要求，合理安排加工步骤，完成单个零件加工；

9. 能根据已知图形确定工件编程坐标系；

10. 能按照机械零件测量规范进行操作；

11. 能根据零件尺寸精确程度正确选用量具，并进行零件测量；

12. 能够对标准直齿圆柱齿轮、普通螺纹等基本零件进行规范测量，计算并确定其主要参数及几何尺寸；

13. 能按图纸及工艺要求，合理安排测量步骤，完成零件测量。

附件

智能制造类技能考试部分题型示例

（考试时间150分钟，满分350分，纸笔考试）

第一部分 专业知识（应知）

一、填空题（本大题20小题，每小题2分，共计40分。）

1. 加工某轴类零件上 $\phi30+0.027$ 外圆，毛坯为 $\phi36$ 棒料，粗车工序尺寸为 $\phi32$ mm，1 次走刀完成，主轴转速 840r/min，进给量取 0.2 mm/r，则粗车时的背吃刀量是（   ）mm。

2. 在第一角投影中，空间点 B（8，15，10）到 H 面的距离是（   ）mm。

3. 两只额定电压 110V，额定功率 100W 的灯泡串联起来接在 220V 的电路中，10 小时消耗电能（   ）kW·h。

4. 在数控铣床 / 加工中心中，Z 轴的原点一般设定在工件的（   ）。

··················..

二、判断题（本大题30小题，每小题2分，共计60分。正确的画"√"，错误的画"×"。）

21. 俯视图反映了物体的前、后和左、右位置关系。（   ）

22. 渗碳钢零件经过渗碳以后，表面就有很高的硬度，不必再进行淬火热处理。（   ）

23. 砂轮具有一定的自锐性，因此磨削时，砂轮并不需要修整。（   ）

24. 当定义了 G90 或 G91 时，指令 G02/G03 中的 I、J、K 参数值随之发生改变。（   ）

··················.

三、单项选择题（本大题30小题，每小题2分，共计60分。在每小题列出的四个备选项中只有一个正确答案。）

51.（如图1）根据主、俯视图，选出正确的左视图（   ）。

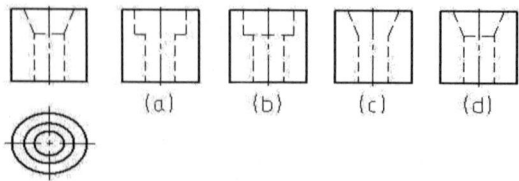

图1

52. 铰链四杆机构的死点位置发生在（　　）。

A. 主动件与连杆共线位置　　　　　B. 主动件与机架共线位置

C. 从动件与连杆共线位置　　　　　D. 从动件与机架共线位置

53. 钢号 35 的优质碳素结构钢，其平均含碳量是（　　）。

A.35%　　　　　B.3.50%　　　　　C.0.35%　　　　　D.0.04%

54. 用于程序结束的指令是（　　）。

A.M02　　　　　B.M30　　　　　C.M99　　　　　D.M05

………

四、多项选择题（本大题 20 小题，每小题 2 分，共计 40 分。在每小题列出的备选项中有两个或两个以上正确答案。）

81. 根据孔和轴之间的配合松紧程度，配合分为（　　）。

A. 间隙配合　　B. 松配合　　C. 紧配合　　　　D. 过渡配合

E. 过盈配合

82. 螺纹的几何要素包括（　　）。

A. 旋向　　　　B. 直径　　　　C. 导程和螺距　　D. 线数

E. 牙型

83. 焊接接头的基本形式有（　　）。

A. 对接　　　　B. 搭接　　　　C. 角接　　　　D.T 型接头

84. 数控编程的步骤一般包括分析零件图样和工艺处理、（　　）、输入数控系统、程序检验和首件试加工。

A. 数学计算　　B. 编写程序单　　C. 对刀　　　　D. 设定切削用量

……

第二部分　技能操作（应会）

五、零件图绘制（绘制在答题纸上）（共计 60 分）

根据图 2 所示零件轴测图及题目中其他要求，在答题纸上绘制零件图，图幅 A3，比例 1:1。

要求如下：

1. 视图关系要求符合中华人民共和国国家标准。

2. 技术要求：

（1）零件加工表面上不应有擦伤、划痕；

（2）锐角倒钝 C0.5；

（3）未注尺寸公差按 GB/T1804-m。

3. 图 2 中 φ30 孔表面粗糙度 Ra3.2，φ50 外圆、φ14 凸台顶面及底板底面粗糙度 Ra6.3，2×φ12 通孔、M6 螺纹面粗糙度 Ra12.5；其余表面不需加工；

4. 图 2 中 φ30 孔轴线相对于底面（代号为 A）平行度公差为 0.02 mm；

5. 参考图 3 绘制并填写标题栏（零件名称：轴承座；材料：45#）。

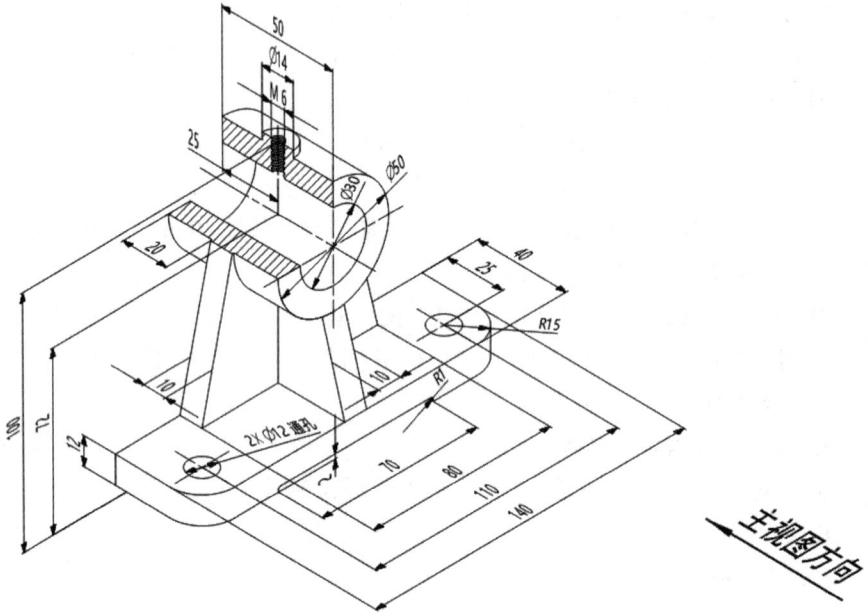

图2　零件轴测图

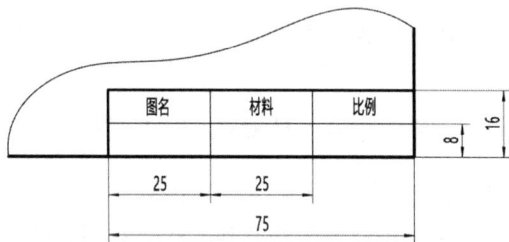

图3　标题栏示例

六、数控车、铣削编程与加工（共计 60 分）

数控车编程与加工示例（共计 60 分）

图 4 所示轴类零件，材料 45#，毛坯外圆 50 mm、长度已精加工至尺寸要求。

1. 根据程序号 O0001 的数控车加工程序（FANUC 数控系统，直径编程），确定图 4 中 A、B、C、D、E、F、G、H、I、J 的尺寸，并填入表 1 中。其中尺寸 A、B、I 按直径表达，尺寸 C、D 按半径表达，尺寸 J 按螺纹表达；

2. 在参考程序的空白处（共两处）补充完整程序。

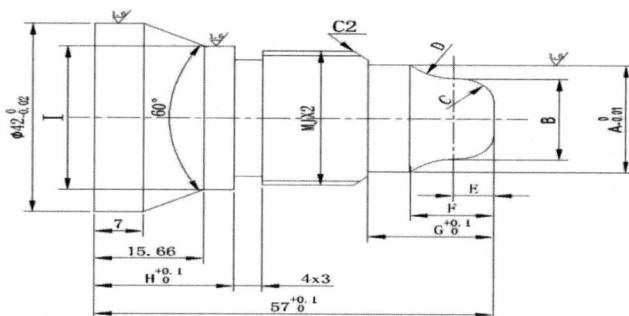

图4 零件图

表1

A	B	C	D	E	F	G	H	I	J

参考程序：

O0001;

T0101:

G00 X100 Z100;

M03 S500;

X51 Z2;

G71（   ）直径方向进刀 1 mm，切削退刀 0.5 mm;

G71 P10 Q20 U0.5 W0 F0.2;

N10 G01 X8 F0.1;

Z0;

G03 X18 Z–5 R5 F0.2;

G01 Z–5.8;

G02 X24 Z–12 R8;

G01 Z–18;

X29.85 Z–37;

X30;

Z–41.34;

X42 Z–50;

N20 Z-57；

G00 X100 Z100；

T0202；

S800；

X51 Z2；

G70 P10 Q20；

G00 X100 Z100；

T0303；

S400；

G00 X33；

Z-37；

G01 X26 F0.1；

G01 X33 F2；

G00 X100；

Z100；

T0404；

G00 X30 Z-17；

G92 X30 Z-35 F2；

X29.5；

X29；

X28.5；

X28；

（   ）；

G00 X100 Z100；

M30；

数控铣编程与加工示例（共计60分）

如图5所示板类零件，材料45#，毛坯尺寸为80X100X25、厚度已精加工至尺寸要求。要求分别精加工出型腔和外轮廓，采用刀具为 φ8 mm 直铣刀，型腔下刀点在右侧圆弧与中心线的交点处。

1. 根据程序号 O0002 的数控铣加工程序（FANUC 数控系统，绝对值编程），确定图中 A、B、D、E、F、G 的尺寸，尺寸 D、E 按半径表达。填写在表2中。

2. 编写出型腔的精加工程序。

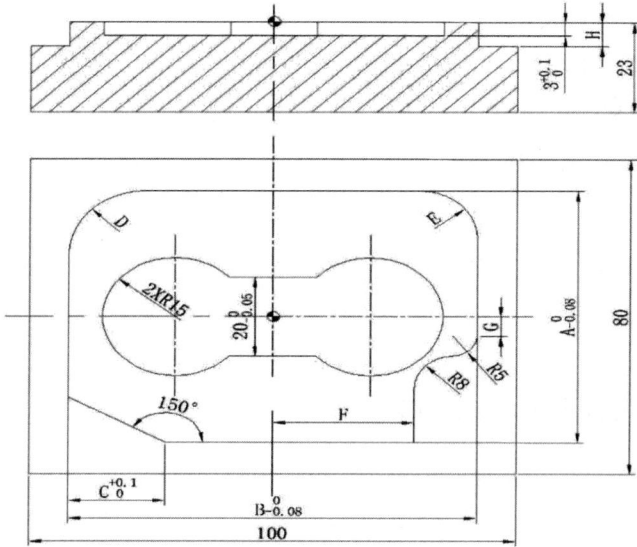

图5 零件图

表2

A	B	C	D	E	F	G

外轮廓参考程序：

O0002；

M03 S2000；

G54 G90 G00 X100 Y100 Z100；

X55 Y0 Z5；

G01 Z-5 F500；

G42 D01 X42

Y20 F600；

G03 X30 Y32 R12；

G01 Y-26；

G03 X-42 Y16 R16；

G01 Y-20.45；

X-22 Y-32；

X29；

Y–18;

G02 X37 Y–10 R8;

G03 X42 Y–5 R5;

G01 X42 Y0;

Y5;

G40 X55;

Z5;

G00 Z100;

X100 Y100;

M30;

七、机械零件测量（共计30分）

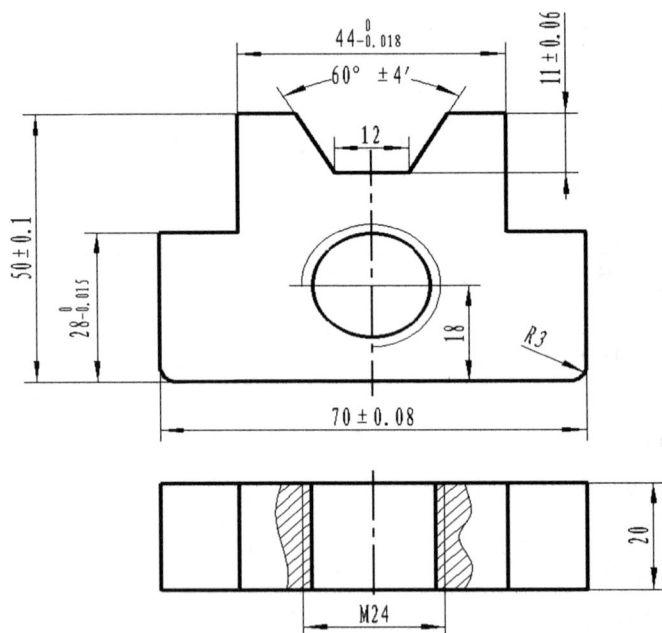

图6　零件图

根据零件图6所示零件特征，尺寸及精度，完成下列任务：

1. 根据测量部位特征，从下表中选择最优测量工量（器）具种类及规格，将对应序号填入相应位置。（每空3分，共计18分）

表2　工量（器）具种类

序号	工量（器）具种类	规格	精度	序号	工量（器）具种类	规格	精度
1	游标卡尺	0–150 mm	0.02 mm	8	刀口角尺	90°	0级
2	深度游标卡尺	0–150 mm	0.02 mm	9	带表内卡规	15–35 mm	0.01 mm
3	外径千分尺	25–50 mm	0.01 mm	10	内径千分尺	0–25 mm	0.01 mm
4	钢直尺	150 mm	0.1 mm	11	万能角度尺	0–320°	2'
5	半径规	R7–14.5 mm	0.1 mm	12	内径百分表	18–35 mm	0.01 mm
6	半径规	R1–6.5 mm	0.1 mm	13	外径千分尺	0–25 mm	0.01 mm
7	角度样板	29°–65°	2B	14	高度游标卡尺	0–300 mm	0.02 mm

（1）尺寸 .1 的测量，选用（　　）。

（2）尺寸 11 的测量，选用（　　）。

（3）尺寸的测量，选用（　　）。

（4）尺寸 R3 的测量，选用（　　）。

（5）尺寸 60 的测量，选用（　　）。

（6）尺寸的测量，选用（　　）。

2. 根据螺纹测量方法，简述应用拓印法确定普通内螺纹代号的步骤。（12分）

四川省普通高校招生职业技能考试大纲公共管理与服务类

（2023年版）

一、考试性质

本职业技能考试是中等职业学校公共管理与服务类专业毕业生参加普通高校对口招生的选拔性全省统一考试。

二、考试依据

1.《中等职业学校专业教学标准（试行）》（教职成厅函〔2014〕11号、教职成厅函〔2014〕48号）。

2.《职业教育专业简介（2022年修订）》。

三、考试方式

公共管理与服务类考生参加专业综合科目笔试，考试时长150分钟，满分350分。

四、考试范围和要求

（一）考试科目与分值比例

1.公共事务管理模块，约占48.5%；

2.公共关系模块，约占31.5%；

3.应用文写作模块，约占20%。

（二）试卷结构与分值比例

单项选择题，约占23%；

多项选择题，约占11.5%；

判断题，约占17%；

简答题，约占8.5%；

综合应用题，约占20%；

写作题，约占20%。

（三）考试范围及要求

【公共事务管理模块】

1.接待工作

了解：来访接待的类型，涉外接待礼宾次序的排列和馈赠礼品的要求。

理解：接待规格，接待工作的原则，接待的基本程序，实施接待的具体要求，接待的礼貌礼节，涉外接待的原则，涉外接待的迎送要求。

掌握：接待计划的制订，接待的各项准备工作，预约来宾的接待，未预约来宾的接待，涉外访客的接待。

2. 通信工作

了解：接打电话的礼仪，邮件的种类，邮件分发和传阅的方式。

理解：接听拨打电话的基本要求，收取、寄发邮件的要求和程序。

掌握：电话的接听和拨打，特殊电话事务的处理，不同邮件的收取和寄发。

3. 差旅工作

了解：商务旅行计划和日程表的基本内容，各种交通工具的特点和选择，护照与签证常识，途中工作的内容，出差结束后的具体工作。

理解：出差的准备工作，差旅费预支的步骤及管理要求，办理出境手续的程序，报销差旅费的步骤及管理要求。

掌握：商务旅行计划和旅行日程表的制订，车、船、机票及酒店的预订，差旅费用的预支和报销，出境手续的办理。

4. 值班安排

了解：值班的类型，值班工作制度。

理解：值班工作的内容和基本要求。

掌握：值班安排表的制订，值班记录和值班日志的填写。

5. 印章管理

了解：印章的种类、样式，印章的刻制与启用要点，电子印章的使用。

理解：印章的作用，印章的管理与使用要求。

掌握：印章的管理和正确使用。

6. 领导日程安排

了解：工作时间表的类型。

理解：领导工作日志的内容和形式。

掌握：工作时间表的编制，领导工作日志的制订。

7. 突发事件处理

了解：突发事件的特点。

理解：处理突发事件的工作步骤、原则和基本要求。

掌握：预防及应对突发事件的建议，突发事件的协同处理。

8. 文字工作

了解：文字记录的种类，常用的文稿审核方法。

理解：文字记录的方法和技巧，文稿撰拟的要求和注意事项，文稿审核的工作步骤和内容。

掌握：各种文字记录方法的运用，文稿撰拟的准备工作，文稿的审核。

9. 文书工作

了解：行文关系，文书稿本。

理解：初审文书的要求。

掌握：文书的签收、登记、初审、承办、传阅、催办、答复。

10. 会议工作

了解：会议召开前的工作任务，会议过程中的工作任务，会议结束后的工作任务，会议催办工作的要求。

理解：会前准备的工作步骤，会议的构成要素和类型，会议筹备方案的内容，会场布局的形式，主席台和会场座次安排的方法。

掌握：会议的各项准备工作，不同会场的布置，会议期间的各项服务工作，会后的各项工作。

11. 活动工作

了解：会见会谈的基本程序，谈判的构成要素和类型，谈判的过程，庆典活动的主要类型，庆典活动筹备和实施的注意事项，宴请的桌次和座次安排。

理解：会见与会谈的区别，签字仪式的程序，庆典活动的流程，宴请活动安排细则，正式宴会的程序。

掌握：会见会谈活动的准备工作，会见会谈场所的布置和座次的安排，商务谈判和签字仪式的准备工作，庆典活动的各项筹备工作，宴请的准备工作。

12. 文书拟写

了解：公文的含义、特点、种类、作用、语言特点，起草公文的要求，通知的概念、分类，通报的概念、分类、特点，请示的概念、特点，批复的概念、特点，函的概念、分类、特点，计划的概念、种类、特点、结构，总结的概念、分类、特点、结构，简报的概念、种类、特点，启事的概念、分类、特点，感谢信的概念、特点。

理解：通知的结构，通报的结构，请示的写作要求、结构，批复的写作要求、结构，函的结构，简报的结构，启事的结构。

13. 文书办理

了解：公文的行文规则、行文规范、格式规范、印装要求，文档人员的职业责任、职业道德、职业素养、职业形象。

理解：发文办理程序，收文办理程序，公文处理工作的基本原则，文书的清退与销毁，清退的范围、交接手续，销毁的范围、程序、方式。

14. 纸制文件的档案管理

了解：归档文件整理的相关概念、基本原则、归档范围，档案、文书的含义，文书与档案的联系和区别。

理解：归档文件的组件、分类、排列、编号、装订、编目、装盒，纸制档案管理的接收归档、整理上架、安全保管、登记统计、提供利用。

15. 电子文件与数字档案管理

了解：电子文件的含义、特点，数字档案的含义、特点，电子收文和发文步骤，电子文件管理的原则，档案数字化的含义、基本要求，数字化的方法，电子文件的销毁，光盘的种类、收集、整理、归档利用、安全维护，电子文件归档的步骤，数字档案归档、利用步骤。

【公共关系模块】

1. 形成意识

了解：公共关系的含义。

理解：公共关系的基本特征。

2. 调查分析

了解：社会组织的含义、类型，公众的含义、分类。

掌握：公共关系的工作过程。

3. 信息交流

了解：传播的类型、媒介。

掌握：信息的收集与传播。

4. 沟通协调

理解：组织内部、外部的公共关系。

5. 培养素质

了解：公共关系人员的形象，公共关系人员的基本条件。

掌握：公共关系人员的能力。

6. 交际礼仪

了解：一般社交礼仪，对外交往礼仪。

掌握：不同场合的社交礼仪。

7. 语言表达

了解：交际技巧。

理解：语言表达的基本要求。

8. 演讲商谈

了解：演讲的特点、风度，商谈的基本原则和过程。

理解：演讲的语言技巧。

掌握：商谈的策略和技巧。

9. 活动策划

了解：公共关系活动的方式。

理解：公共关系专题活动。

掌握：公共关系策划。

10. 形象塑造

了解：公共关系广告的含义、类型及其与商品广告的区别。

理解：良好组织形象的作用，公共关系广告的效益评价。

11. 危机管理

了解：危机的种类、特点。

掌握：危机预测和处理。

12. 市场开拓

了解：市场构成和市场观念的演变。

理解：推销策略和技巧。

掌握：自我推销。

【应用文写作模块】

1. 行政公文

掌握：能根据材料制发（修改）红头文件。主要文种：通知、通报、请示、批复和函。

2. 事务应用文

掌握：能根据材料撰拟（修改）事务应用文。主要文种：证明信、申请书、简报、启事、感谢信、倡议书、会议记录、意向书、经济合同、计划、总结。

（四）参考教材

考试内容以考试大纲规定的内容为准，原则上不指定考试教材版本，参考教材为：

1.《秘书实务》，主编：徐飚，高等教育出版社，2023 年 2 月。

2.《文书拟写与档案管理》，主编：马永飞、孙大江，高等教育出版社，2022年 7 月。

3.《公共关系基础》（第三版），主编：孙宝水，高等教育出版社，2021 年 4月。

4.《应用文写作基础》（第三版），主编：张金英，高等教育出版社，2022 年7 月。

附件

公共管理与服务类专业综合科目考试题型示例

（考试时间150分钟，满分350分，纸笔考试）

第I卷（共180分）

一、单项选择题：本大题共 40 小题，每小题 2 分，共计 80 分。在每小题列出的四个备选项中，只有一个正确答案，请在答题卡上将所选答案对应的标号涂黑。

1. 下列选项中，公文发文字号编排正确的是

A. 国发〔2023〕3 号   B. 国发〔2023〕第 3 号

C. 国发〔2023〕03 号   D. 国发〔2023〕第 03 号

2. 下列选项中，不属于印章的作用的是

A. 标志作用   B. 权威作用   C. 法律作用   D. 证明作用

......

二、多项选择题：本大题共 20 小题，每小题 2 分，共计 40 分。下列每小题均有两个或两个以上的正确答案，请在答题卡上将该项涂黑，错选或漏选均不得分。

41. 接待规格包括

A. 高规格接待   B. 对等接待   C. 中规格接待   D. 低规格接待

42. 间接推销的技巧主要有

A. 借名促销   B. 赠送销售   C. 赠送样品   D. 从众推销

E. 暗示推销

......

三、判断题：本大题共 30 小题，每小题 2 分，共计 60 分。正确的在答题卡上涂 "A"，错误的请在答题卡上涂 "B"。

61. 在纸质文件中，归档章需要逐渐标识在每一件归档文件上。

62. 商场与工商管理、银行、税务等部门之间的管理监督关系，不属于公共关系。

......

第II卷（共170分）

四、简答题：本大题共 6 小题，每小题 5 分，共计 30 分。

91. 简述公文起草的步骤。

......

五、综合应用题：本大题共 5 小题，共计 70 分。

97. 仔细品读下面的两则广告语，结合这两个案例说明公共关系广告和商品广告的区别。

（1）蒙牛集团：蒙牛奶粉，自然好营养。

（2）联合国儿童基金会：儿童有受教育权利。

......

六、写作题：本大题共 2 小题，第 1 小题 30 分，第 2 小题 40 分，共计 70 分。

102. 当代中国青年是与新时代同向同行、共同前进的一代。新时代中国青年既处在中华民族发展的最好时期，又处在实现中华民族伟大复兴的关键时期。

习近平总书记寄语青年一代："不负韶华，不负时代，不负人民，在青春的赛道上奋力奔跑，争取跑出当代青年的最好成绩，……努力成长为堪当民族复兴重任的时代新人。"

生逢盛世，肩负重任。广大青年要志存高远、坚定理想信念，要胸怀为祖国为人民赤诚奉献的远大理想，把个人理想汇入时代洪流。广大青年要脚踏实地、练就过硬本领，在攀登知识高峰的过程中行胜于言，不断追求卓越。广大青年要砥砺奋斗、勇担时代重任，要发扬艰苦奋斗的精神，勇做走在时代前列的奋进者、开拓者、奉献者，让青春在奋进新征程中建功出彩。

请你根据上述材料，以 XX 职业学校校团委和学生会的名义联合发出倡议，鼓励全校青年学生不负韶华，争做堪当民族复兴重任的时代新人。要求：（1）文种正确，标题恰当；（2）格式规范，要素齐备；（3）内容正确，语句通顺。（30分）

......

四川省普通高校招生职业技能考试大纲旅游类

（2023年版）

一、考试性质

本职业技能考试是中等职业学校旅游类专业毕业生参加普通高校对口招生的选拔性全省统一考试。

二、考试依据

1.《中等职业学校专业教学标准（试行）》（教职成厅函〔2014〕11号）。

2.《中等职业教育专业简介（2022年修订）》。

三、考试方式

旅游类技能考试主要包括专业知识（应知）考试和技能操作（应会）考试两个组成部分，统一采用纸笔考试形式，考试时长150分钟，考试总分350分。其中，专业知识（应知）考试部分分值200分，技能操作（应会）部分分值150分。

四、考试范围和要求

第一部分 专业知识（应知）

（一）考试科目与分值比例

1.旅游概论，约占20%；

2.中国旅游地理，约占30%；

3.餐饮服务与管理，约占30%；

4.前厅服务与管理，约占20%。

（二）试卷结构与分值比例

1.单项选择题，约占45%；

2.多项选择题，约占15%；

3.判断题，约占30%；

4.简答题，约占10%。

（三）考试范围及要求

【旅游概论】

1. 旅游概述

（1）掌握旅游产生的过程；

（2）掌握旅游的定义与内容；

（3）理解旅游与旅行、游览之间的联系和区别；

（4）掌握旅游的本质属性、特点；

（5）了解旅游的类型；

（6）了解我国以及国际性的旅游组织及标识。

2. 旅游简史

（1）了解世界古代旅行游览发展阶段及特征；掌握世界近代旅游和旅游业发展历程及特征；理解世界现代旅游与旅游业发展原因及特征。

（2）了解我国古代旅行游览发展阶段及特征；掌握我国近代旅游和现代旅游发展历程及特征。

3. 旅游活动的基本要素

（1）掌握旅游活动的基本构成要素。

（2）理解旅游者的概念、形成条件、类型和基本要求。

（3）理解旅游资源的概念、类型和特点；了解主题公园的定义和特点，理解旅游资源开发原则与保护。

（4）理解旅游业的定义、性质、特点以及旅游业的影响与作用。

4. 旅游业的构成

（1）掌握旅行社的概念、类型、作用、职能和业务。

（2）掌握旅游交通的概念、类型、作用，理解旅游者对旅游交通的选择要求。

（3）掌握旅游饭店的等级、类型、作用；理解旅游者对饭店的基本要求。

（4）掌握旅游景区的概念、形成条件、特点，了解旅游景区的等级、类型；理解旅游者对旅游景区的要求。

（5）了解旅游商品的概念、特点和分类；了解旅游购物场所类型；掌握旅游购物的作用。

（6）了解旅游娱乐的概念和旅游娱乐设施的分类；掌握旅游娱乐的作用。

5. 旅游市场

（1）掌握旅游市场的概念及形成条件；理解旅游者的流动规律。

（2）理解旅游市场细分的概念和标准。

（3）掌握我国入境旅游市场、国内旅游市场和出境旅游市场的构成及发展特征。

6. 旅游业的发展趋势

（1）熟悉世界旅游业发展趋势；

（2）掌握我国旅游业发展趋势；

（3）了解生态的概念、类型；

（4）理解生态旅游的概念和特点；掌握生态旅游的发展原因、原则、现状以及意义；

（5）掌握旅游可持续发展的概念、目标、途径、方法、措施。

【中国旅游地理】

1. 中国的旅游资源

（1）理解地貌旅游资源种类及代表景点；

（2）了解水体旅游资源种类及代表景观；

（3）了解气象气候与天象旅游资源类型；

（4）了解生物旅游资源的种类；

（5）了解古都名城；

（6）了解文化遗址的类型及代表性景观；

（7）了解古代建筑的特征及类型；

（8）掌握古代工程；

（9）了解古典园林的概念及著名古典园林；

（10）了解主要的宗教旅游景观；

（11）了解少数民族民俗风情和我国传统民间节日；

（12）了解现代景观的组成及其代表性景观；

（13）掌握中国入选"世界遗产名录""世界地质公园"等项目。

2. 华北旅游区

（1）了解华北旅游区旅游地理环境，掌握华北旅游区旅游资源特征；

（2）了解北京市概况、各主要旅游资源特征，理解国家5A景区和世界遗产的特点；

（3）了解天津市概况、各主要旅游资源特征，理解国家5A景区和世界遗产的特点；

（4）了解河北省概况、各主要旅游城市的主要旅游资源特征，理解国家5A景区和世界遗产的特点；

（5）了解山东省概况、各主要旅游城市的主要旅游资源特征，理解国家5A景区和世界遗产的特点；

（6）了解河南省概况、各主要旅游城市的主要旅游资源特征，理解国家5A景区和世界遗产的特点；

（7）了解山西省概况、各主要旅游城市的主要旅游资源特征，理解国家5A

景区和世界遗产的特点；

（8）了解陕西省概况、各主要旅游城市的主要旅游资源特征，理解国家 5A 景区和世界遗产的特点。

3. 东北旅游区

（1）了解东北旅游区旅游地理环境；掌握东北旅游区旅游资源特征。

（2）了解黑龙江省概况、各主要旅游城市的主要旅游资源特征，理解国家 5A 景区的特点。

（3）了解吉林省概况、各主要旅游城市的主要旅游资源特征，理解国家 5A 景区和世界遗产的特点。

（4）了解辽宁省概况、各主要旅游城市的主要旅游资源特征，理解国家 5A 景区和世界遗产的特点。

4. 华东旅游区

（1）了解华东旅游区旅游地理环境；掌握华东旅游区旅游资源特征；

（2）了解上海市概况、各主要旅游资源特征，理解国家 5A 景区的特点；

（3）了解江苏省概况、各主要旅游城市的主要旅游资源特征，理解国家 5A 景区和世界遗产的特点；

（4）了解浙江省概况、各主要旅游城市的主要旅游资源特征，理解国家 5A 景区和世界遗产的特点；

（5）了解安徽省概况、各主要旅游城市的主要旅游资源特征，理解国家 5A 景区和世界遗产的特点；

（6）了解江西省概况、各主要旅游城市的主要旅游资源特征，理解国家 5A 景区和世界遗产的特点；

5. 华中旅游区

（1）了解华中旅游区旅游地理环境；掌握华中旅游区旅游资源特征；

（2）了解湖南省概况、各主要旅游城市的主要旅游资源特征，理解国家 5A 景区和世界遗产的特点；

（3）了解湖北省概况、各主要旅游城市的主要旅游资源特征，理解国家 5A 景区和世界遗产的特点。

6. 华南旅游区

（1）了解华南旅游区旅游地理环境；掌握华南旅游区旅游资源特征；

（2）了解福建省概况、各主要旅游城市的主要旅游资源特征，理解国家 5A 景区和世界遗产的特点；

（3）了解广东省概况、各主要旅游城市的主要旅游资源特征，理解国家 5A 景区和世界遗产的特点；

（4）了解海南省概况、各主要旅游城市的主要旅游资源特征，理解国家5A景区的特点；

（5）了解台湾省概况、游览胜地及旅游特色；

（6）了解香港特别行政区概况、游览胜地及旅游特色；

（7）了解澳门特别行政区概况、游览胜地及旅游特色。

7. 西南旅游区

（1）了解西南旅游区旅游地理环境；掌握西南旅游区旅游资源特征；

（2）了解重庆市概况、各主要旅游资源特征，理解国家5A景区和世界遗产的特点；

（3）理解四川省概况、各主要旅游城市的主要旅游资源特征，理解国家5A景区和世界遗产的特点；

（4）了解云南省概况、各主要旅游城市的主要旅游资源特征，理解国家5A景区和世界遗产的特点；

（5）了解贵州省概况、各主要旅游城市的主要旅游资源特征，理解国家5A景区和世界遗产的特点；

（6）了解广西壮族自治区概况、各主要旅游城市的主要旅游资源特征，理解国家5A景区和世界遗产的特点。

8. 西北旅游区

（1）了解西北旅游区旅游地理环境；掌握西北旅游区旅游资源特征。

（2）了解甘肃省概况、各主要旅游城市的主要旅游资源特征，理解国家5A景区和世界遗产的特点。

（3）了解内蒙古自治区概况、各主要旅游城市的主要旅游资源特征，理解国家5A景区和世界遗产的特点。

（4）了解宁夏回族自治区概况、各主要旅游城市的主要旅游资源特征，理解国家5A景区和世界遗产的特点。

（5）了解新疆维吾尔自治区概况、各主要旅游城市的主要旅游资源特征，理解国家5A景区和世界遗产的特点。

9. 青藏高原旅游区

（1）了解青藏高原旅游区旅游地理环境；掌握青藏高原旅游区旅游资源特征。

（2）了解青海省概况、各主要旅游城市的主要旅游资源特征，理解国家5A景区和世界遗产的特点。

（3）了解西藏自治区概况、各主要旅游城市的主要旅游资源特征，理解国家5A景区和世界遗产的特点。

【餐饮服务与管理】

1. 饭店餐饮概述

（1）理解餐厅的概念，了解餐饮部在饭店中的地位和作用。

（2）理解餐饮产品的特点，了解餐饮业的发展趋势。

（3）了解饭店餐饮设施设备、中西餐餐具的类别、用途及服务项目。

（4）掌握餐饮服务人员的素质要求。

2. 餐饮服务技能

（1）了解托盘的种类、用途，掌握托盘的操作方法；

（2）了解餐巾的种类和特点，掌握餐巾花的种类、特点，掌握餐巾折花的基本技法和要领，掌握选择和应用餐巾花的原则；

（3）掌握并运用中餐、西餐零点摆台操作程序与服务技能；

（4）掌握并运用酒水服务操作程序与服务技能；

（5）掌握并运用中餐与西餐菜肴服务的方法；

（6）掌握并运用其他相关服务技能。

3. 中餐服务

（1）掌握中国菜的分类及风格特点；理解中式烹饪常见的烹饪方法及主要特点；

（2）理解中餐厅服务程序，熟练运用中餐服务技能。

4. 西餐服务

（1）理解西菜主要流派的菜式和烹饪特点，理解西餐厅经营特点及各式菜单，掌握西餐正餐的进餐礼仪；

（2）理解西餐厅服务程序，熟练运用西餐服务技能。

5. 宴会服务

（1）理解宴会的种类和经营特点；

（2）掌握宴会预订程序及服务技能；

（3）掌握中西餐宴会的准备程序与内容；

（4）掌握中餐宴会服务程序与内容；

（5）理解西餐宴会服务程序与内容。

6. 酒吧服务

（1）掌握酿造酒、蒸馏酒、配制酒的分类和特点，了解饮用方法；

（2）理解软饮料的种类及特点；

（3）了解鸡尾酒的调制程序与内容，掌握鸡尾酒调制服务技能；

（4）了解酒吧服务程序，掌握酒吧服务技能。

7. 菜单设计

（1）理解菜单的作用、种类和内容；

（2）掌握菜单设计的原则；

（3）理解菜品定价的原则与方法。

8. 餐饮人力资源管理

（1）了解餐饮人力资源管理的内容和意义；

（2）理解餐厅员工的定额定员意义、方法；

（3）了解餐厅员工招聘的计划和方法；

（4）理解员工培训的作用、形式和特点，了解培训的方法。

（5）理解员工班次安排应遵循的原则，了解日常考核方法；

（6）理解调动员工激励的方法。

9. 餐饮服务质量与安全管理

（1）了解宾客对服务质量的需求；

（2）掌握控制服务质量的内容与控制方法；

（3）了解饭店安全制度体系，掌握餐饮部安全管理的目的、任务和主要内容；

（4）掌握并运用餐饮部常见事故的预防与处置；

（5）理解并掌握食物中毒、餐饮部火灾的预防与处理预案方法。

【前厅服务与管理】

1. 前厅概述

（1）了解前厅部的岗位设置及岗位职责，理解前厅部的主要工作任务；

（2）了解前厅大堂的构成、氛围、主要设备设施；

（3）掌握前厅部工作人员的职业素养要求。

2. 客房预订

（1）掌握散客预订和团队预订受理的主要工作内容、服务程序和标准；

（2）了解预订的种类，掌握预订确认的类型与方法，掌握预订婉拒的方法；

（3）掌握预订失约行为的处理方法，掌握变更预订与取消预订的处理程序。

3. 礼宾服务

（1）了解前厅礼宾服务的主要内容；

（2）掌握迎送宾客的服务程序和标准；

（3）掌握散客、团队行李服务程序和标准；

（4）了解"金钥匙"的内涵、主要特点与素质要求。

4. 总台服务

（1）掌握受理散客入住登记的主要工作内容、服务程序和标准；

（2）掌握受理团队入住登记的主要工作内容、服务程序和标准；

（3）掌握受理入住变更的程序与标准；

（4）掌握受理总台问讯服务规范；

（5）掌握受理宾客退房服务的程序与标准。

5. 总机服务和商务中心

（1）了解总机服务项目、服务程序与标准；

（2）了解商务中心服务程序与标准。

6. 大堂副理

（1）掌握重要宾客（VIP）接待的工作程序与服务标准；

（2）了解宾客投诉的类型，掌握处理投诉的程序；

（3）了解宾客关系主任的具体工作职责与内容。

7. 前厅销售

（1）掌握客房状态类型；

（2）了解影响客房定价的因素与常见的定价方法；

（3）掌握前厅客房销售程序与技巧。

8. 信息沟通

（1）了解前厅客情预测传递的常见做法；

（2）了解前厅报表的类型及用途；

（3）了解前厅文档管理的原则，掌握前厅文档管理的步骤；

（4）了解前厅部的沟通内容与方法。

9. 安全管理与质量控制

（1）了解饭店安全管理的内容与要求；

（2）掌握前厅服务质量控制的标准、基本方法。

（四）参考教材

考试内容以本考试大纲规定的内容为准，原则上不指定考试教材版本，参考教材为：

1.《餐饮服务与管理》（第二版），主编：樊平、李琦，高等教育出版社，2022 年 2 月出版。

2.《中国旅游地理》（第二版），主编：芦爱英、王雁，高等教育出版社，2022 年 7 月出版。

3.《旅游概论》（第二版），主编：邵世刚、何山，高等教育出版社，2022 年 2 月出版。

4.《前厅服务与管理》（第二版），主编：陈春燕，高等教育出版社，2022 年 2 月出版。

第二部分 技能操作（应会）

（一）考试科目

旅游类技能操作分为旅游服务技能和酒店服务技能两个项目，考生须参加两个项目的考试。

1. 旅游服务技能：检验考生基于旅游服务工作流程中核心服务模块的操作技能的规范性、熟练度，考核考生的科学与人文素养，对旅游景区的审美鉴赏能力、文字表达能力，对讲解词的编撰能力；

2. 酒店服务技能：检验考生基于酒店工作流程中核心服务模块的操作技能的规范性、熟练度，分析与处理问题的能力，检验考生的对客服务意识、卫生安全操作意识及匠心精神。

（二）考试方法与分值比例

1. 考试组织：

（1）旅游服务技能考试项目

本项目考试内容为景点讲解词创作，考生根据景点图片创作并在答题纸上写出景点讲解词。

（2）酒店服务技能考试项目

本项目考试内容为中餐宴会服务、前厅服务操作技能及流程正误辨别，考生根据图片及文字表述在答题纸上列出错误技能点并写出正确服务的方法。

2. 分值比例：

（1）旅游服务技能考试项目75分；

（2）酒店服务技能考试项目75分。

3. 考试方法：

采用纸笔考试形式。

（三）考试条件及要求

考试所需设备及用品由考点负责准备，应符合考场规范。

（四）考试范围及要求

【旅游服务技能操作考试项目】

1. 考试范围：景点讲解词创作，包括九寨沟、都江堰、峨眉山、三星堆、邓小平故居、阆中古城等六个景区。

2. 考试要求：

表1 旅游服务技能考试项目要求

技能考试项目	技能考试要求
景点讲解词创作	紧扣主题，特色鲜明，感染力强。
	选材合理，尊重史实和现实。
	内容正确、科学、完整。
	注重语言的生动幽默，体现口语化特点。
	结构合理，详略得当。
	具有文化内涵，体现创新性、时代性、趣味性特色。

【酒店服务技能操作考试项目】

1. 考试范围：中餐宴会服务、前厅服务操作技能点正误辨别。

2. 考试要求：

表2 酒店服务技能考试项目要求

技能考试项目	技能考试要求
中餐宴会服务	能够熟练掌握中餐宴会摆台技能
	能够正确进行宾客迎送服务
	能够熟练完成点菜服务
	能够根据宾客需求提供酒水服务
	能够正确为宾客提供上菜、分菜服务
	能够熟练完成送客、清理、恢复台面工作
前厅服务	能够熟练完成客房预订服务
	能够正确完成前厅礼宾服务
	能够熟练完成宾客问询服务
	能够正确完成宾客（含团队、散客）入住接待服务
	能够准确分析宾客需求推荐客房类型
	能够正确处理前厅突发事件

附件

旅游类技能考试部分题型示例

（考试时间150分钟，满分350分，纸笔考试）

第一部分 专业知识（应知）

一、单项选择题：本大题共60小题，每小题1.5分，共90分。在每小题列出的四个备选项中，只有一个正确答案。

1. 黄山、华山、泰山的地貌是

A. 丹霞　　　　　B. 花岗岩　　　　　C. 火山　　　　　D. 岩溶

2. 普贤菩萨的道场是

A. 四川峨眉山　　B. 四川青城山　　C. 山西五台山　　D. 浙江普陀山

……

二、多项选择题：本大题共15小题，每小题2分，共30分。下列每小题备选项中均有两个或两个以上的正确答案，错选、漏选或多选均不得分。

61. 现今能看到的、保存完好的三大宫殿建筑有

A. 北京故宫　　　B. 伪满皇宫　　　C. 沈阳故宫　　　D. 拉萨布达拉宫

62. 关于餐饮部在饭店中的地位及作用，下列说法正确的有

A. 餐饮部是现代旅游饭店的重要组成部分。

B. 餐饮服务直接影响饭店声誉。

C. 餐饮部为酒店创造可观的经济效益。

D. 餐饮部的工种多，用工量大。

……

三、判断题：本大题共40小题，每小题1.5分，共60分。判断下列各题正误，正确的在答题卡上涂"A"，错误的在答题卡上涂"B"。

76. 为VIP客人送水果篮应提前15分钟送达房间。

77. 旅游资源、旅游基础设施和旅游服务是旅游业经营管理的三大要素。

……

四、简答题：本大题共4小题，每小题5分，共20分。

116. 中国四大佛教名山有哪些？

117. 西餐菜肴与酒水的搭配规律有哪些？

……

第二部分　技能操作（应会）

五、景点讲解词创作（共1题，总计75分）。

根据所提供的图片，并在答题纸上创作景点讲解词。

讲解词要求：1.紧扣主题，特色鲜明，感染力强；选材合理，尊重史实和现实；内容正确、科学、完整；注重语言的生动幽默，体现口语化特点；结构合理，详略得当；具有文化内涵，体现创新性、时代性、趣味性特色。2.字数不低于600字。

六、酒店服务操作技能及流程正误辨别（共1题，总计75分）。

根据所提供的图片，在答题纸上列出错误技能点并写出正确服务的方法。

四川省普通高校招生职业技能考试大纲餐饮类

（2023年版）

一、考试性质

本职业技能考试是中等职业学校餐饮类专业毕业生参加普通高校对口招生的选拔性全省统一考试。

二、考试依据

1.《中等职业学校中餐烹饪与营养膳食专业教学标准（试行）》（教职成厅函〔2014〕11号）。

2. 中等职业教育专业简介（餐饮类），教育部。

3. 国家职业标准：中式烹调师（职业编码：4-03-02-01，人力资源和社会保障部发〔2018〕145号）。

4. 国家职业标准：中式面点师（职业编码：4-03-02-02，人力资源和社会保障部发〔2018〕145号）。

三、考试方式

餐饮类技能考试主要包括专业知识（应知）和技能操作（应会）考试两个组成部分，考试总分为350分，其中专业知识（应知）考试部分采用纸笔考试形式，分值200分，时长90分钟。技能操作（应会）部分采用实际操作形式，分值150分，时长90分钟。

四、考试范围和要求

第一部分 专业知识（应知）

（一）考试科目与分值比例

1. 饮食营养与配餐，约占20%；

2. 烹饪原料与加工技术，约占20%；

3. 中式菜肴制作，约占60%。

（二）试卷结构与分值比例

1. 名词解释题，约占7.5%；

2. 填空题，约占 22.5%；

3. 判断题，约占 20%；

4. 单项选择题，约占 30%；

5. 简答题，约占 10%；

6. 综合题，约占 10%。

（三）考试范围及要求

【饮食营养与配餐】

1. 理解营养的概念；了解营养素的分类。

2. 营养学概述

（1）糖类

①了解糖类的组成；掌握糖的分类及各类糖的典型代表；掌握糖类的生理功能。

②掌握膳食纤维的概念及其生理功能。

③了解糖的需要量及食物来源。

（2）脂类

①了解脂类的组成；掌握脂类的分类和生理功能。

②掌握脂肪酸的分类；理解必需脂肪酸的概念和种类。

③理解脂肪营养价值的评价方法；了解脂类的需要量及食物来源。

（3）蛋白质

①了解蛋白质的化学组成；掌握氨基酸的分类；理解必需氨基酸和非必需氨基酸的概念。

②掌握蛋白质的营养分类及蛋白质的主要生理功能。

③理解蛋白质互补的概念；了解蛋白质互补原理。

④了解蛋白质的需要量及食物来源。

（4）无机盐

①了解无机盐的分类；理解常量元素和微量元素的概念。

②掌握主要常量元素的生理功能、缺乏症及其食物来源。

③掌握主要微量元素的生理功能、缺乏症及其食物来源。

（5）维生素

①了解维生素的命名方式；掌握常见维生素的名称。

②理解维生素的概念及分类；掌握水溶性维生素与脂溶性维生素的区别。

③掌握维生素 A、维生素 D 的功能、缺乏症；掌握维生素 A、维生素 D 主要食物来源。

④掌握维生素 B1、维生素 B2、维生素 C 的功能、缺乏症；掌握维生素 B1、

维生素 B2、维生素 C 主要食物来源。

（6）水

了解水的生理功能及人体对水的需要量。

（7）热能

①掌握人体所需能量的主要来源；了解能量的单位及其换算关系。

②理解人体能量的消耗种类；了解热能的食物来源及热能的供给标准。

③了解供能营养素的热能系数及食物所含热能的计算方法。

（8）食物的消化与吸收

①理解食物消化、吸收的概念。

②了解食物消化、吸收的主要场所；理解小肠是食物在人体中最主要的吸收场所及其原理。

3. 营养配餐

（1）合理营养与平衡膳食

①理解中国居民膳食指南（2022 版），掌握合理营养要求。

②掌握平衡膳食的具体措施。

（2）烹调中的营养保护

①掌握营养素在烹调中的变化。

②了解不同烹调方法对营养素的影响。

③了解不同动植物原料在烹调中的营养保护措施。

（3）膳食搭配

①掌握营养食谱制作的基本原则。

②了解营养配餐中使用的主要工具。

③了解膳食中营养素的基本计算方法。

④了解孕妇食谱特点。

⑤了解乳母食谱特点。

⑥理解幼儿和学龄前儿童食谱的设计。

⑦理解中老年人食谱的设计。

⑧了解其他特殊人群食谱的设计。

4. 食品安全

（1）食品安全学基础

①理解食品污染的概念；了解污染食品有害物质的分类及其主要污染物。

②理解食品腐败变质的概念；掌握食品腐败变质的原因和条件。

③掌握食品腐败变质的主要控制措施。

④理解食物中毒的概念；了解引起食物中毒的主要原因。

⑤掌握食物中毒的基本特点及分类。

⑥理解谷类、豆类与豆制品、肉类、蛋类、鱼类主要的卫生问题。

（2）食品安全管理

①了解食品安全相关的主要法律法规及要求；

②掌握食品从业人员职业道德的要求。

【烹饪原料与加工技术】

1. 烹饪原料基础知识

（1）掌握烹饪原料选择的意义及原则；

（2）掌握烹饪原料品质鉴别的标准、方法；

（3）结合实际掌握烹饪原料常用的保管方法。

2. 粮食类原料

（1）了解粮食类原料的品种、品质要求、产地和产季；

（2）了解常见粮食类原料的分类；

（3）掌握大米、面粉等原料的烹饪用途、品质鉴别、保管方法。

3. 蔬菜类原料

（1）了解蔬菜类原料分类方法；

（2）了解蔬菜类原料常用品种的烹调应用；

（3）掌握常见蔬菜制品的种类及烹调应用。

4. 畜禽类原料

（1）理解畜禽类原料的组织结构特点；

（2）掌握畜禽类原料的分类及烹调应用；

（3）了解常用畜禽类原料的名称、产地、产季；

（4）掌握乳与乳制品、鲜蛋与蛋制品的烹调应用；

（5）了解畜禽肉及其内脏、畜禽肉制品和蛋、乳及其制品的品质鉴别和保管方法。

5. 水产品类原料

（1）了解水产品类原料（鱼、虾、蟹等）的组织结构特点；

（2）了解常用水产品类原料品种的名称、产地、产季；

（3）理解常用水产品类原料的特点；

（4）掌握常用水产品类原料的品种及烹调应用；

（5）了解常用水产品原料的品质鉴别方法和保管方法。

6. 干货制品类原料

（1）理解干货制品类原料的特点；

（2）了解干货制品类原料的分类及烹调应用；

（3）了解常用干货制品类原料品种的名称、产地、产季；

（4）了解常用干货制品类原料品种的烹调应用；

（5）掌握主要干货制品类原料的鉴别和保管方法。

7. 果品类原料

（1）了解果品类原料的分类；

（2）理解常见鲜果的品种及烹调应用；

（3）理解常见干果和果干的品种及烹调应用；

（4）理解常见蜜饯、果脯的品种及烹调应用；

（5）掌握果品类原料的品质鉴别和保管方法。

8. 调味品类原料

（1）了解调味品类原料的分类；

（2）了解调味品类原料在烹调中的运用；

（3）掌握常见调味品类原料的品质鉴别和保管方法。

9. 佐助类原料

（1）了解佐助类原料的分类；

（2）掌握食用油脂、淀粉、食品添加剂等佐助类原料在烹调中的运用；

（3）掌握佐助类原料的品质鉴别和保管方法。

【中式菜肴制作】

1. 概述

（1）理解烹调的概念；

（2）掌握中国地方风味的四大流派及各自特点。

2. 烹饪原料的初加工

（1）鲜活原料的初加工

①掌握原料初加工的原则；

②掌握常用蔬菜洗涤、整理加工的方法和质量要求；

③掌握家禽类原料宰杀、洗涤、开膛的加工步骤；

④了解家畜内脏、头、蹄等部位初加工的方法及要求；

⑤了解常用水产品类初加工的要求及方法。

（2）干货原料的涨发

①理解干货原料涨发的概念、意义；

②掌握干货原料涨发的方法及其适用的品种；

③了解干货原料涨发的品种实例。

3. 刀工技术

（1）掌握刀工的概念；

（2）理解刀工的基本要求和作用；

（3）掌握刀法的概念及种类；

（4）掌握原料成形及规格；

（5）了解猪、鸡等原料的部位分档方法及其部位名称、烹饪用途。

4. 菜肴的配菜

（1）理解菜肴配菜的概念、意义；

（2）掌握菜肴配菜的原则和方法；

（3）了解菜肴命名的方法和要求。

5. 火候

（1）理解火候的概念；

（2）了解热量的传递方式以及烹饪常用传热媒介和传热特点；

（3）掌握控制火候的原则与方法。

6. 烹饪原料的初步熟处理

（1）掌握烹饪原料初步熟处理的概念；

（2）理解初步熟处理的意义和原则；

（3）掌握烹饪原料初步熟处理的方法和技能要领。

7. 上浆、挂糊、勾芡、制汤

（1）理解上浆、挂糊、勾芡、制汤的概念及其在烹调中的作用；

（2）了解浆的种类及其运用；

（3）了解糊的种类及其运用；

（4）了解芡的种类及其运用；

（5）了解汤汁的分类及其制作步骤。

8. 调味

（1）理解调味的概念和意义；

（2）理解基本味的类型及其在调味中的作用；

（3）了解常用复制调味品的制作方法；

（4）掌握调味的方法和原则；

（5）掌握常用复合味的调制、风味特色和代表菜。

9. 烹调方法

（1）理解烹调方法的概念；

（2）掌握常用烹调方法的步骤及制作特点（拌、炸收、炒、熘、炸、蒸、烧、卤等）。

10. 装盘

（1）掌握装盘的意义和要求；

（2）了解盛具的种类与用途；

（3）掌握冷菜、热菜装盘的方法。

11. 筵席知识

（1）了解筵席的意义、作用和种类。

（2）熟悉中式筵席的结构。

（3）掌握中式筵席菜肴上菜顺序及筵席菜单设计的基本要求。

（四）参考教材

考试内容以考试大纲规定的内容为准，原则上不指定考试教材版本，参考教材为：

1.《烹饪营养与安全》第三版，主编：张怀玉，高等教育出版社 .2022 年 2 月。

2.《烹饪原料知识》第三版，主编：孙一慰，高等教育出版社 .2022 年 8 月。

3.《中式烹调技艺》第三版，主编：邹伟、李刚，高等教育出版社 .2022 年 1 月。

第二部分　技能操作（应会）

（一）考试科目

根据本专业特点，考试科目为刀工、食品雕刻、中式面点、热菜制作，要求考生运用烹饪技能，完成指定品种的操作考试。

（二）考试方法与分值比例

1.考试时间：90 分钟。

2.考试组织：考试采用现场实际操作形式，考生独立完成所有考核内容。考生自己准备操作考试时穿戴的服装及工具（包括工装、汗巾、工作帽、围裙、厨房用鞋、菜刀、雕刻刀、擀面杖、刮板等），其它操作工具及原材料由考场准备。

3.分值比例：刀工 30 分、食品雕刻 30 分、中式面点 30 分、热菜制作 60 分，合计 150 分。

（三）考试条件及其要求

1.考试方法

考试采用现场实际操作形式，考生在规定时间内独立完成所有考试科目。

2.考试条件及要求

（1）考试条件

①按照考试要求提前准备好相应的设备、工具；

②根据考试要求提前准备好考试所需材料并检查确认；

③考场至少准备一个备用工位。

（2）考试要求

①服从监考人员安排，遵守考场秩序；

②仪表仪容符合行业要求，工装洁净、穿戴整齐；

③正确执行安全技术规范，避免发生安全事故；

④操作结束后应将所有物品清洗干净，摆放归位；

⑤具有环保、节能、安全意识和良好的职业道德素养。

（四）考试范围及要求

【刀工】

1. 范围：银针丝、细丝、二粗丝、牛舌片、菱形片、灯影片、柳叶片、滚刀块、筷子条、蓑衣花形、菊花花形、眉毛花形、凤尾花形、麦穗花形。

2. 要求：刀法准确、成型标准、成品率符合要求。

【食品雕刻】

1. 范围：月季花、牡丹花、荷花、大丽菊、马蹄莲。

2. 要求：制作过程中严禁使用胶水、牙签粘接，花瓣厚薄均匀、光滑、无破裂，形态自然、造型美观。

【中式面点】

1. 范围：提褶包子、白菜饺、月牙饺、知了饺、冠顶饺。

2. 要求：成品数量4个，大小均匀，纹路清晰，色泽自然光润，造型美观、不要求熟制。

【热菜制作】

1. 范围：鱼香肉丝、宫保鸡丁、鲜熘鸡丝、豆瓣鱼、麻婆豆腐、白油肝片、火爆腰花、干烧臊子鱼、青椒土豆丝、回锅肉、水煮牛肉、干煸肉丝。

2. 要求：色泽符合要求、刀工规范、调味准确、火候恰当、装盘合理。

附件1

餐饮类专业知识（应知）部分题型示例

（考试时间90分钟，满分200分，纸笔考试）

一、名词解释题（每小题3分，共5小题，共15分）

1. 必需氨基酸

2. 火候

二、填空题（每空1分，共45空，共45分）

1. 有鳞鱼类原料的初加工步骤为：清洗、去鳞、去腮、（　　）、取内脏、清洗整理。

2. 食品污染是指（　　）进入（　　）的过程。

三、判断题（每小题2分，共20小题，共40分。正确的在题后面括号内画"√"，错误的画"×"，不画不得分。）

1. 由两种或两种以上的调味品调配而成的口味叫复合味。（　　）

2. 黄曲霉菌最易污染玉米、大米、花生、棉子等。　　　（　　）

四、单项选择题（每小题2分，共30小题，共60分。每小题给出四个答案，只有一个是正确的，请将正确答案的字母番号填在相应的括号里，错选、多选、不选均不得分）

1. 二粗丝成形规格是（　　）。单位：厘米

A.$10 \times 0.1 \times 0.1$ 　　B.$10 \times 0.4 \times 0.4$ 　　　C.$10 \times 0.3 \times 0.3$

D.$10 \times 0.2 \times 0.2$

2. 菜肴装盘时，烧制全鱼的装盘方法一般采用（　　）。

A. 拖入法 　　　B. 盛入法 　　　C. 扣入法 　　　D. 扒入法

五、简答题（每小题4分，共5小题，共20分）

1. 调制传统川菜热菜鱼香味型的必需调味品有哪些？

2. 配料的基本原则是什么？

六、综合题（每小题10分，共2小题，共20分）

1. 以菜肴"麻辣牛肉干"为例，试述影响炸收菜肴成菜色泽的因素。

附件2

餐饮类技能操作（应会）部分题型示例

（考试时间90分钟，满分150分，操作考试）

一、刀工：银针丝（30分）

要求：刀法准确、成型标准、成品率符合要求。

二、食品雕刻：月季花（30分）

要求：月季花成品的花顶面直径7~10cm，带芯不少于4层（第一层5片，第二层5片），制作过程中严禁使用胶水、牙签粘接，花瓣厚薄均匀、光滑、无破裂，形态自然、造型美观。

三、中式面点：月牙饺（30分）

要求：成品数量4个，大小均匀，纹路清晰，色泽自然光润，造型美观、不要求熟制。

四、热菜：鱼香肉丝（60分）

要求：色泽符合要求、刀工规范、调味准确、火候恰当、装盘合理。

四川省普通高校招生职业技能考试大纲纺织服装类

（2023年版）

一、考试性质

本职业技能考试是中等职业学校纺织服装类专业毕业生参加普通高校对口招生的选拔性全省统一考试。

二、考试依据

1.《中等职业学校专业教学标准（试行）》（教职成厅函〔2014〕11号、教职成厅函〔2014〕48号）。

2.《职业教育专业简介（2022年修订）》。

三、考试方式

纺织服装类技能考试主要包括专业知识（应知）考试和技能操作（应会）考试两个组成部分，考试总分为350分，其中专业知识（应知）考试部分采用纸笔考试形式，分值200分，时长90分钟。技能操作（应会）部分采用实际操作形式，分值150分，时长60分钟。

四、考试范围和要求

第一部分　专业知识（应知）

（一）考试科目与分值比例

1.服装设计基础，约占35%；

2.服装结构制图，约占30%；

3.服装缝制工艺，约占20%；

4.服装材料，约占15%。

（二）试卷结构与分值比例

1.单项选择题，约占37.5%；

2.判断题，约占37.5%；

3.简答题，约占25%。

（三）考试范围及要求

【服装设计基础】

1. 服装效果图与平面款式图画法

（1）掌握人体比例、动态以及绘制服装画的基础技法；

（2）掌握常用面料的绘画方法与表现技法；

（3）了解服装与人体之间的关系，会绘制半身裙、裤装、衬衫、连衣裙的效果图；

（4）会绘制半身裙、裤装、衬衫、连衣裙的正背面平面款式图，能准确表达款式廓形、结构线、褶裥处理、口袋、扣、结、图案等细节变化；

（5）能熟练绘制服装工艺细节款式图，准确表达衣领、衣袖、衣袋的类型、形态特征，表现工艺效果；

（6）掌握手绘服装效果图与平面款式图，能用 CorelDRAW、Photoshop 软件绘制服装效果图与平面款式图。

2. 服装色彩运用

（1）掌握色彩三要素、色彩的对比与调和；

（2）掌握配色基本原理、基本法则，能进行合理的服装配色；

（3）了解流行色的概念和变化规律，能运用流行色进行着装搭配。

3. 服装面料运用

（1）了解面料的选择原则；

（2）掌握常用天然纤维、化学纤维面料的性能与面料风格；

（3）能进行半身裙、裤装、衬衫、连衣裙的面料选用。

4. 服饰纹样与图案运用

（1）了解图案的基础知识，以及图案在服装中的作用；

（2）掌握单独纹样、适合纹样、连续纹样的特点；

（3）了解纹样在服装中装饰的常用部位与在服装中的应用手法；

（4）能将图案运用于服装设计当中，工艺手法、图案风格与服装的风格相适应。

5. 服装品牌与成衣设计

（1）了解服装品牌概念与特点；

（2）了解服装流行资讯的收集方法；

（3）能运用给定的设计元素进行服装款式拓展设计。

【服装结构制图】

1. 人体知识与量体

（1）理解人体外形与服装结构的关系；

（2）熟悉人体测量的部位，掌握人体测量的方法；

（3）理解服装成品规格设置与服装放松量的关系，会进行服装成品规格的设置。

2. 制图基础知识

（1）掌握服装制图术语及符号；

（2）熟悉国家服装号型标准，掌握服装号型系列的应用方法；

（3）熟练使用服装制图工具。

3. 制图方法

（1）掌握服装结构制图的步骤；

（2）会手绘服装结构图及工业样板；

（3）能运用服装 CAD 软件进行服装结构图及工业样板的绘制；

（4）掌握服装各部件结构之间的组合关系；

（5）熟悉服装的放缝和排料。

4. 半身裙结构图的绘制与工业样板的制作

（1）理解半身裙结构与人体比例的关系；

（2）掌握半身裙的基础结构原理；

（3）能按款式要求绘制直裙、A 裙结构图；

（4）能按工艺要求制作直裙、A 裙工业样板；

（5）能根据面料幅宽，运用服装 CAD 软件绘制直裙、A 裙的单件排料图。

5. 裤装结构图的绘制与工业样板的制作

（1）理解裤装结构与人体比例的关系；

（2）掌握裤装的基础结构原理；

（3）能按款式要求绘制男女西裤、牛仔裤结构图；

（4）能按工艺要求制作男女西裤、牛仔裤工业样板；

（5）能根据面料幅宽，运用服装 CAD 软件绘制男女西裤、牛仔裤的单件排料图。

6. 衬衫结构图的绘制与工业样板的制作

（1）理解衬衫结构与人体比例的关系；

（2）掌握衬衫的基础结构原理；

（3）能按款式要求绘制男女衬衫基础款结构图；

（4）能按工艺要求制作男女衬衫基础款工业样板；

（5）能根据面料幅宽，运用服装 CAD 软件绘制男女衬衫基础款的单件排料图。

7. 连衣裙结构图的绘制与工业样板的制作

（1）理解连衣裙结构与人体比例的关系；

（2）掌握连衣裙的基础结构原理；

（3）能按款式要求绘制无领无袖连衣裙基础款结构图；

（4）能按工艺要求制作无领无袖连衣裙基础款工业样板；

（5）能根据面料幅宽，运用服装 CAD 软件绘制无领、无袖连衣裙基础款的单件排料图。

8. 省型变化

（1）了解省的作用、形状及位置变化规律；

（2）掌握省道转移的变化规律以及纸样的操作方法。

【服装缝制工艺】

1. 服装缝制工艺基础知识

（1）了解各种手缝针法及其在服装上的应用，掌握常用手针针法操作技术；

（2）理解基本缝型的质量要求并掌握缝制工艺；

（3）掌握熨烫的基本知识与操作方法；

（4）了解服装常用平缝、包缝、裁剪、粘衬、熨烫设备基础知识，掌握平缝机面底线及简单故障的调试、解决方法。

2. 典型品种的质量要求、工艺流程、缝制工艺

（1）理解半身裙、裤装、衬衫、连衣裙的质量要求，掌握其缝制工艺及流程；

（2）理解典型部件（装腰、装拉链、开衩、缝袋、斜插袋、直插袋、单嵌线袋、双嵌线袋、贴袋、女衬衫领、男衬衫领、平袖衩、宝剑头袖衩）的质量要求并掌握其工艺流程；

（3）能完成直裙、A 裙、男女西裤、男女衬衫基础款、无领无袖连衣裙基础款单件工艺制作。

【服装材料】

1. 纺织物的原料基本组织及性能

（1）了解常见纺织纤维、纱线及织物的基本知识；

（2）了解纺织物的基本组织及服用性能。

2. 常用服装面料

（1）掌握棉、麻、丝、毛、化纤织物、针织物的特点和种类；

（2）了解毛皮、皮革的分类及质量要求。

3. 常用服装辅料

（1）了解服装辅料的分类；

（2）掌握里料的作用及选择和使用里料的原则；

（3）掌握衬料的作用及选择和使用衬料的原则；

（4）掌握缝纫线、纽扣、拉链的选用原则。

4.服装材料的识别

（1）能用感官法、燃烧法识别常用服装材料；

（2）掌握常用服装材料外观的识别方法；

（3）掌握面、辅料丝缕方向的识别及工艺性能。

（四）参考教材

考试内容以本考试大纲规定的范围为准，原则上不指定考试教材版本，参考教材为：

1.《服装设计基础（第二版）》第 2 版，主编：毕翠玉，杨树彬，高等教育出版社，2022.5。

2.《服装结构制图》第 6 版，主编：徐雅琴，高等教育出版社，2021.6。

3.《服装缝制工艺》第 4 版，主编：张明德，高等教育出版社，2019.9。

4.《服装材料》第 2 版，主编：于丽娟，高等教育出版社，2022.7。

第二部分　技能操作（应会）

（一）考试科目

1.款式设计；

2.手工制版；

3.工艺制作。

（二）考试方法与分值比例

1.考试时间

60 分钟。

2.考试组织

依据本大纲统一命题，由主考院校组织实施考试，在三个考试科目中抽取其中一个考试科目进行考试。

3.分值比例

（1）考试科目：款式设计

绘制着装效果图，约占 30%；

绘制平面款式图，约占 50%；

设计与运用图案，约占 20%。

考试科目：手工制板

识读款式图和生产工艺单，约占 20%；

制作结构图和工业样板，约占 80%。

考试科目：工艺制作

缝制工艺，约占 80%；

缝纫设备的操作，约占 20%。

（三）考试条件及其要求

1. 考试方法

采用现场实际操作形式。

2. 考试条件及要求

（1）提供设备及材料：8 开绘画纸、打板桌、打板纸、工业平缝机、熨斗、梭芯梭壳、粘合衬、制作用布及缝纫线等。

（2）自备工具：铅笔、上色工具、橡皮、打板尺、曲线板、点线器、剪刀、锥子、软尺、划粉等。

（四）考试范围及要求

【款式设计】

根据提供的服装款式风格、造型、图案及素材提示，绘制款式着装效果图、平面款式图及部位装饰纹样。

1. 绘制着装效果图

会运用人体比例、动态关系绘制人体线稿图；

会运用上色工具绘制着装效果图，并能表现面料肌理效果；

会合理进行服装色彩搭配。

2. 绘制平面款式图

（1）会运用人体比例与服装款式的关系，准确表达服装正背面平面款式图；

（2）能准确表达款式细节；

（3）能用文字进行款式描述。

3. 设计与运用图案

（1）能将给定的图案进行重新组合；

（2）能根据服装款式，完成服装图案装饰运用。

【手工制版】

根据给定的服装款式图与规格尺寸，按题意完成指定部件或成衣结构制图的绘制与工业样板的制作。

1. 识读款式图和生产工艺单

（1）能正确理解款式造型及细节；

（2）能正确理解号型规格、面料性能、工艺要求。

2. 制作结构图和工业样板

（1）会制作直裙、A 裙、男女西裤、男女衬衫基础款、无领无袖连衣裙基础款的结构图和工业样板；

（2）结构制图符合款式要求，布局合理，制图规范，标注准确、完整、清晰，线条圆顺；

（3）工业样板放缝合理，丝缕方向、文字说明标注规范、全面；

（4）能规范使用各种服装制板工具；

（5）操作工位整洁。

【工艺制作】

根据要求完成服装部件或直裙、A 裙、男女西裤、男女衬衫基础款、无领无袖连衣裙基础款单件的工艺制作。

1.缝制工艺

（1）会识读服装产品质量标准；

（2）能按质量标准，缝制成衣典型部件；

（3）能按质量标准，制作直裙、A 裙、男女西裤、男女衬衫基础款、无领无袖连衣裙基础款；

（4）能按质量标准，进行成衣熨烫；

（5）操作工位整洁。

2.缝纫设备的操作

（1）能规范操作缝纫设备；

（2）遵守安全操作规程。

附件1

纺织服装类专业知识（应知）部分题型示例

（考试时间90分钟，满分200分，纸笔考试）

一、单项选择题（每小题3分，共25题，共75分。每小题列出的四个备选项中，只有一个正确答案。错选或漏选均不得分）

1. 以下不属于色彩三原色的是（　　　）。

A. 红色　　　　　B. 绿色　　　　　C. 黄色　　　　　D. 蓝色

2. 以下织物耐热范围在180–200度的织物是（　　　）。

A. 棉织物　　　　B. 麻织物　　　　C. 毛织物　　　　D. 丝织物

....

二、判断题（每小题3分，共25题，共75分。正确的打"√"，错误的打"×"）

（　　　）1. 服装门里襟宽度与纽扣的直径有关，纽扣的直径越大，则叠门宽度越窄。

（　　　）2. 二方连续纹样是由一个基本纹样进行上下左右四个方向的反复排列成的。

....

三、简答题（每小题10分，共5题，共50分）

1. 简述裙子制板时后中腰口线需要低落1cm的原因。

2. 请写出男衬衫基础款的工艺流程。

....

附件2

纺织服装类技能操作（应会）部分题型示例

（考试时间60分钟，满分150分，实际操作）

一、考试题目

1. 考试科目：款式设计

根据下图款式风格、造型及图案提示，绘制连衣裙着装效果图、平面款式图及部位装饰纹样，在8开绘画试卷纸上完成。

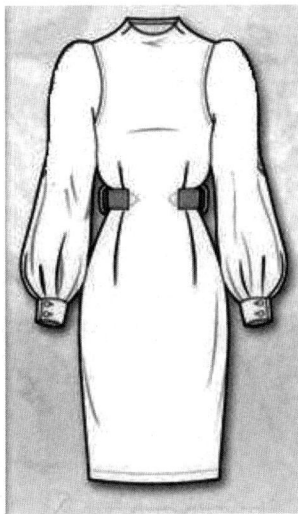

要求：

（1）效果图须上色，着色工具与表现技法不限，主要考核人体的比例、动态与表现技法，服装色彩搭配协调，符合色彩流行趋势；

画正背面款式图，黑白铅笔线稿，款式图应表达款式细节，正背面款式风格、结构吻合；

把提供的纹样重新组合运用到款式中，纹样装饰部位不限。

2. 考试科目：手工制版

根据以下款式图，服装成品规格尺寸表，按指定比例绘制该款女裤结构图和工业样板。

成品规格尺寸表				（单位：cm）		
号 / 型	部位	裤长	腰围	臀围	裤口宽	上档
160/68A	规格	95	70	90	18	24

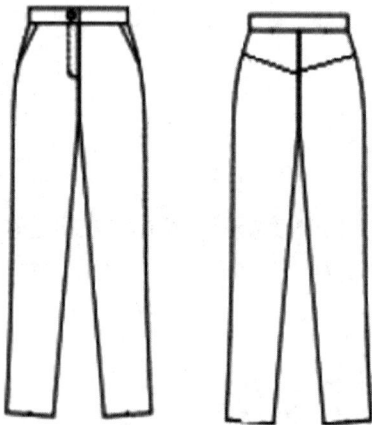

要求：

规范使用各种服装制版工具；

制图结构合理，线条圆顺，符号使用正确、规范；

各部位尺寸标注清晰、准确、无遗漏；线条圆顺美观；

工业样板须画出净样线，标注放缝量，标记纱向、裁片名称、裁剪数量、对位记号等信息；

线条圆顺美观，版面整洁。

3. 考试科目：工艺制作

根据提供的款式图或生产工艺单及面辅材料，完成指定样式的裁剪与缝制。

要求：成品与提供样板尺寸规格相符合，各部位工艺符合质量要求。

四川省普通高校招生职业技能考试大纲护理类

（2023年版）

一、考试性质

本职业技能考试是中等职业学校护理类专业毕业生参加普通高校对口招生的选拔性全省统一考试。

二、考试依据

1.《中等职业学校专业教学标准（2017版）》。

2.《职业教育专业简介（2022版）》。

三、考试方法

护理类专业类别考生参加专业综合科目笔试，考试时间150分钟，满分为350分。

四、考试范围和要求

（一）考试科目与分值比例

1. 解剖学基础，约占25%；

2. 生理学基础，约占20%；

3. 健康评估，约占25%；

4. 护理学基础，约占30%。

（二）试卷结构与分值比例

1. 单项选择题，约占50%；

2. 判断题，约占10%；

3. 填空题，约占15%；

4. 名词解释题，约占10%；

5. 简答题，约占15%。

（三）考试范围及要求

【解剖学基础】

1. 运动系统

（1）概述

掌握运动系统的组成；熟悉运动系统的功能。

（2）骨和骨连接

①掌握骨的形态和分类，骨的构造；熟悉骨的功能，骨的化学成分和物理特性。

②掌握关节的基本构造；熟悉关节的辅助结构和运动。

③掌握椎骨的一般形态，颈椎的主要形态特点，椎间盘的概念和组成，脊柱的整体观；熟悉椎骨的连接，脊柱的运动；熟悉胸椎、腰椎和骶骨的主要形态特点。

④掌握胸骨的形态，肋弓的形成，胸廓的组成；熟悉肋的形态。

⑤掌握脑颅和面颅各骨的名称，翼点的概念，骨性鼻腔外侧壁的形态结构，颞下颌关节的组成；熟悉颅底内面和颅侧面的主要形态结构，枕骨大孔的位置，颞下颌关节的构造特点。

⑥掌握上肢骨的组成，肱骨的形态；掌握肩关节和肘关节的组成、构造特点和运动；熟悉肩胛骨、锁骨、尺骨和桡骨的形态。

⑦掌握下肢骨的组成，股骨的形态；掌握骨盆的组成和分部，男女骨盆的区别；掌握髋关节和膝关节的组成、构造特点和运动；熟悉髋骨、胫骨和腓骨的形态。

⑧掌握常用的全身骨性标志（乳突、下颌角、枕外隆凸、颧弓、第7颈椎棘突、胸骨颈静脉切迹、胸骨角、剑突、骶角、肩胛骨下角、肩峰、尺骨鹰嘴、豌豆骨、桡骨茎突、髂嵴、髂前上棘、坐骨结节、股骨大转子、胫骨粗隆、内踝和外踝）。

（3）骨骼肌

①掌握胸锁乳突肌、斜方肌、背阔肌、胸大肌和肋间肌的位置和作用。

②掌握膈的位置、形态和作用；掌握膈的裂孔及其通过的结构。

③掌握腹直肌、腹外斜肌、腹内斜肌和腹横肌的位置、层次、纤维方向和作用；熟悉腹直肌鞘的构成。

④掌握腹股沟管的位置、构成、内容物和临床意义。

⑤熟悉头肌的分布；熟悉主要面肌和咀嚼肌的名称。

⑥掌握三角肌、肱二头肌和肱三头肌的位置和作用；熟悉上肢肌的分布和分群。

⑦掌握臀大肌、股四头肌和小腿三头肌的位置和作用；熟悉下肢肌的分布和分群。

⑧掌握常用的全身肌性标志（咬肌、颞肌、胸锁乳突肌、斜方肌、背阔肌、竖脊肌、胸大肌、腹直肌、三角肌、肱二头肌、肱三头肌、肱桡肌、掌长肌、桡侧腕屈肌、尺侧腕屈肌、股四头肌、臀大肌、股二头肌、半腱肌、半膜肌、小腿三头肌）。

2. 消化系统

（1）概述

掌握消化系统的组成及上、下消化管的概念。

（2）消化管

①掌握咽峡的构成；熟悉舌的形态和舌乳头的功能，颏舌肌的作用。

②掌握牙的形态、构造、牙式及牙周组织。

③掌握咽的位置、分部和交通以及腭扁桃体的位置；掌握咽隐窝、梨状隐窝的位置及意义。

④掌握食管的狭窄部位，食管与上颌中切牙的距离；熟悉食管的分部。

⑤掌握胃的位置、形态和分部。

⑥掌握小肠和十二指肠的分部，空肠和回肠的区别；熟悉十二指肠的位置，十二指肠大乳头及十二指肠悬韧带的位置。

⑦掌握大肠的分部，盲肠和结肠的形态特点；掌握阑尾的位置，阑尾根部的体表投影（麦氏点的概念）；熟悉盲肠的位置，回盲瓣的形态、位置及作用。

⑧掌握结肠的分部；掌握直肠的位置、弯曲和肛管黏膜的形态特点，齿状线及其解剖学意义。

（3）消化腺

①熟悉消化腺的组成。

②掌握腮腺的位置及腮腺管的开口部位；熟悉下颌下腺和舌下腺的位置。

③掌握肝的位置和形态，肝门的概念，胆囊的位置与形态，胆囊底的体表投影。

④掌握肝外胆道的组成，胆汁的产生和排出途径。

⑤熟悉胰的位置与形态，胰管的开口部位。

（4）腹膜

①掌握腹膜腔的概念；熟悉腹膜的概念。

②掌握腹膜与脏器的关系。

③熟悉大网膜的位置和功能，小网膜的位置和分部，系膜的名称。

④掌握直肠子宫陷凹的位置及其临床意义。

3. 呼吸系统

（1）概述

掌握呼吸系统组成和上下呼吸道的组成。

（2）呼吸道

①掌握鼻旁窦的名称及其开口部位；熟悉鼻腔及鼻黏膜的分部。

②掌握喉软骨的名称，喉黏膜的形态特点；熟悉喉的位置。

③掌握左、右主支气管的区别及临床意义；熟悉气管的位置。

（3）肺

①掌握肺的位置和形态，肺的分叶；熟悉肺门的概念。

②掌握肺下界的体表投影。

（4）胸膜与纵隔

①掌握胸膜腔的概念，壁胸膜的分部；熟悉胸膜的概念。

②掌握肋膈隐窝的概念，胸膜下界的体表投影。

③熟悉纵隔的概念和分部。

4. 泌尿系统

（1）概述

熟悉泌尿系统的组成。

（2）肾

掌握肾的形态和位置，肾的被膜，肾的剖面结构；熟悉肾区的位置，肾门的概念。

（3）输尿管

掌握输尿管的分部和狭窄；熟悉输尿管的行程。

（4）膀胱

掌握膀胱的位置和分部；掌握膀胱三角的概念、位置、黏膜特点及其临床意义；熟悉膀胱的形态。

（5）尿道

掌握女性尿道的特点、男性尿道的分部和特点（弯曲、狭窄）。

5. 生殖系统

（1）男性生殖系统

掌握男性内生殖器的组成、精索的概念；掌握附属腺的名称和前列腺的形态及位置；熟悉睾丸、附睾的位置与形态。

（2）女性生殖系统

①掌握女性内生殖器的组成。

②掌握卵巢的位置和形态。

③掌握输卵管的位置和分部；熟悉输卵管结扎的理想部位，受精的部位。

④掌握子宫的形态、分部、位置和固定装置。

⑤掌握阴道后穹窿的位置及临床意义。

（3）乳房和会阴

①掌握乳房的结构；熟悉乳房的位置、形态。

②熟悉广义会阴的区域划分及重要结构。

6. 脉管系统

（1）心血管系统

①掌握心血管系统的组成，体循环与肺循环的概念。

②掌握心的位置、外形及其体表投影；掌握各心腔的形态结构；掌握二尖瓣、三尖瓣、心包腔的概念；掌握心传导系统的组成；熟悉心包的构成。

③掌握左、右冠状动脉的起始；熟悉左、右冠状动脉的行程和主要分支及其分布范围。

④掌握主动脉的起始和分部，主动脉弓的分支，颈外动脉的主要分支；熟悉颈外动脉的分布。

⑤掌握上肢、下肢动脉主干的名称；熟悉掌浅弓和掌深弓的组成，髂内动脉的主要分支。

⑥掌握腹腔干、肠系膜上动脉和肠系膜下动脉的起始、主要分支和分布；熟悉肾动脉、睾丸动脉/卵巢动脉的来源。

⑦掌握上腔静脉的合成和收集范围；熟悉颈外静脉的位置。

⑧掌握头静脉、贵要静脉、肘正中静脉和大隐静脉的起始、行程、注入部位及临床意义；熟悉小隐静脉的起始、行程、注入部位。

⑨掌握下腔静脉的合成和收集范围；掌握肝门静脉的合成、收集范围、主要属支；掌握肝门静脉与上、下腔静脉的吻合及临床意义。

（2）淋巴系统

掌握淋巴干的组成，胸导管的走向，右淋巴导管的合成、注入部位和收集范围，浅淋巴结的位置及其引流范围；熟悉淋巴系统的组成，主要淋巴结群的名称和位置，脾的位置和形态。

7. 感觉器

（1）视器

①熟悉视器的组成。

②掌握眼球壁的层次，各层的分部及形态结构；掌握黄斑、视神经盘的概念。

③掌握眼球内容物的名称和作用。

④掌握房水循环的途径。

⑤熟悉结膜的分部。

⑥熟悉泪器的组成和鼻泪管的开口部位。

⑦熟悉眼球外肌的名称和作用。

（2）前庭蜗器

①熟悉前庭蜗器的组成。

②熟悉外耳道的组成，外耳道及鼓膜的位置、形态和分部。

③掌握听小骨的名称；熟悉中耳的组成，鼓室各壁的名称。

④掌握咽鼓管的交通，小儿咽鼓管的特点和临床意义；熟悉咽鼓管的功能。

⑤掌握膜迷路的组成，内耳感受器的名称；熟悉内耳、骨迷路的组成，内耳感受器的位置和作用。

8. 神经系统

（1）概述

掌握神经系统的分部和常用术语。

（2）中枢神经系统

①掌握脊髓的位置和外形，脊髓灰质、白质的位置；熟悉脊髓灰质、白质的分部，白质内主要纤维束的名称和作用。

②掌握脑的分部；熟悉脑的位置。

③掌握脑干的组成；熟悉脑干内主要神经核团的名称和性质，主要纤维束的名称和功能。

④熟悉小脑的位置、外形和内部结构。

⑤掌握间脑的分部及背侧丘脑腹后核的功能；熟悉间脑的位置，下丘脑的组成。

⑥掌握大脑半球各面的分叶；熟悉大脑半球各面的主要沟和回，大脑皮质主要功能区的定位。

⑦掌握基底核的功能，内囊的概念和位置，内囊各部的临床意义；熟悉内囊的分部及各部的组成。

⑧掌握蛛网膜下隙和硬膜外隙的概念；熟悉脑和脊髓被膜的层次，硬脑膜静脉窦的概念。

⑨掌握大脑动脉环的组成；熟悉大脑前、中、后动脉和基底动脉的来源和分布范围。

⑩掌握脑脊液的产生部位及循环途径。

（3）周围神经系统

①掌握脊神经的组成；熟悉脊神经的分部及前、后支的分布规律。

②掌握颈丛和臂丛的位置；熟悉颈丛和臂丛的组成，颈丛皮支浅出的部位。

③掌握正中神经、尺神经、桡神经、肌皮神经和腋神经的损伤症状；熟悉正中神经、尺神经、桡神经、肌皮神经和腋神经的分布。

④掌握膈神经的分布；熟悉胸神经前支的分布规律，腰丛的组成及位置。

⑤掌握坐骨神经的行程和分布，胫神经和腓总神经的损伤症状；熟悉股神经和闭孔神经的分布，骶丛的组成及位置，胫神经和腓总神经的分支及其分布。

⑥掌握12对脑神经的名称，三叉神经的主要分支和分布；熟悉动眼神经、滑

车神经、展神经、面神经、舌咽神经、迷走神经的分布。

⑦掌握交感神经和副交感神经低级中枢的位置；熟悉内脏神经的概念，交感神经和副交感神经的主要区别。

（4）中枢神经系统的传导通路

①掌握躯干、四肢深感觉及皮肤精细触觉传导通路的组成；熟悉浅感觉的组成，躯干、四肢深感觉及皮肤精细触觉传导通路的行程。

②熟悉视觉传导通路的组成和行程，瞳孔对光反射的路径。

③掌握牵涉痛的概念及临床意义。

④掌握锥体系的组成；熟悉锥体系的行程。

9.内分泌系统

（1）垂体

掌握垂体的位置和分部。

（2）甲状腺

掌握甲状腺的位置和形态。

（3）肾上腺

掌握肾上腺的位置；熟悉肾上腺的形态。

【生理学基础】

1.概述

（1）生理学的概念

了解生理学的概念。

（2）生命活动的基本特征

掌握兴奋性的概念、反应形式。

机体与环境

掌握内环境、稳态的概念及生理意义。

（4）机体生理功能的调节

①掌握神经调节、体液调节的概念、特点。

②掌握反馈、负反馈、正反馈的概念和生理意义。

2.细胞的基本功能

（1）细胞膜的基本功能

①掌握单纯扩散的特点。

②掌握通道易化扩散与载体易化扩散的概念与特点。

③掌握主动转运的概念，Na^+-K^+泵活动的意义。

（2）细胞的生物电现象

①掌握静息电位、极化、去极化、复极化和超极化的概念。

②掌握动作电位的概念、组成和特点。

（3）肌细胞的收缩功能

掌握兴奋－收缩耦联的概念及其与 Ca2+ 的关系。

3. 血液

①掌握血细胞比容的概念和正常值；熟悉血液的组成和血量。

②掌握血液的 pH 值。

（2）血浆

①熟悉血浆的成分及其作用。

②掌握血浆晶体渗透压与胶体渗透压的形成、生理意义；掌握临床常用的等渗溶液。

（3）血细胞

①掌握红细胞和血红蛋白的正常值与功能，红细胞的生成原料与影响红细胞成熟的主要因素。

②熟悉白细胞的分类、正常值与生理功能。

③熟悉血小板的正常值与基本功能。

（4）血液凝固与纤维蛋白溶解

掌握血液凝固、血浆与血清的区别。

（5）血型与输血

掌握 ABO 血型的分型原则及临床测定方法；熟悉血型的概念；了解 Rh 血型系统分型。

4. 血液循环

（1）心脏生理

掌握心动周期、心率的概念，搏出量和心输出量的概念、正常值；熟悉心肌细胞的生物电现象及生理特性，心脏正常起搏点；了解房室延搁的概念和意义。

（2）血管生理

①掌握收缩压、舒张压、脉搏压及平均动脉压的概念及动脉血压稳定的生理意义，动脉血压的形成，微循环的概念及其组成，微循环的血流通路及功能；熟悉动脉血压的影响因素。

②熟悉中心静脉压的概念，影响静脉回流的因素。

③掌握微循环的概念及其组成，微循环的血流通路及功能。

④了解淋巴循环及生理意义。

（3）心血管活动的调节

①掌握心血管中枢、心血管的神经支配和作用，降压反射的过程及其生理意义。

②熟悉肾上腺素、去甲肾上腺素对心血管活动的作用。

5. 呼吸

（1）肺通气

①掌握呼吸的概念及基本环节，肺通气的动力。

②掌握肺活量、时间肺活量、肺通气量和肺泡通气量的概念。

（2）气体的交换

熟悉肺换气和组织换气的概念；了解肺换气和组织换气的过程。

（3）气体在血液中的运输

掌握 O_2、CO_2 在血液中运输的形式。

（4）呼吸运动的调节

掌握呼吸中枢的概念，呼吸的基本中枢；熟悉血中 O_2 分压、CO_2 分压和 H^+ 浓度的变化对呼吸运动的影响及其途径。

6. 消化和吸收

（1）消化

①熟悉唾液的成分及作用。

②掌握胃液的成分及作用，胃的运动形式，胃排空的概念。

③掌握小肠的运动形式，胰液与胆汁的成分及各种成分的作用。

（2）吸收

掌握小肠在吸收中的作用。

（3）消化器官活动的调节

熟悉消化器官的神经支配及作用。

7. 能量代谢和体温

（1）能量代谢

掌握影响能量代谢的主要因素。

（2）体温

掌握散热的主要方式及临床应用。

8. 尿的生成和排出

（1）尿生成的过程

①掌握肾小球滤过率的概念和正常值。

②掌握肾小管和集合管重吸收的部位和特点，肾糖阈的概念和正常值及其与尿糖的关系；熟悉肾小管和集合管重吸收的概念。

（2）影响尿生成的因素

①掌握滤过膜、有效滤过压和肾血流量改变对尿生成的影响。

②掌握影响肾小管和集合管重吸收和分泌的因素。

（3）尿液及其排放

掌握正常尿量、多尿、少尿和无尿的概念。

9. 神经系统的功能

（1）概述

掌握突触传递的特征；熟悉神经纤维传导兴奋的特征。

（2）神经系统对躯体运动的调节

掌握神经－肌肉接头的兴奋传递过程。

（3）神经系统对内脏活动的调节

了解自主神经系统的功能、神经递质和受体。

10. 内分泌

（1）下丘脑与垂体

掌握腺垂体激素、神经垂体激素的主要生理作用；了解下丘脑与垂体的功能联系。

（2）甲状腺和甲状旁腺

熟悉甲状腺激素的生理作用；了解甲状腺激素的合成原料。

（3）胰岛

掌握胰岛素的生理作用；熟悉胰高血糖素。

（4）肾上腺

掌握糖皮质激素的生理作用；熟悉肾上腺素、去甲肾上腺素的生理作用。

11. 生殖

（1）女性生殖

掌握月经周期，卵巢的内分泌功能；熟悉卵巢的生卵功能。

（2）妊娠

熟悉胎盘的内分泌功能；了解受精的部位。

【健康评估】

1. 健康史评估

（1）健康史评估的方法及注意事项

了解健康史评估的方法及注意事项。

（2）健康史的内容

掌握主诉的概念及要求，现病史、日常生活状况、既往史的内容；熟悉一般资料、家族史、心理社会状况的内容。

2. 症状评估

（1）疼痛

①掌握头痛的评估要点；熟悉头痛的病因；了解头痛的伴随症状。

②掌握胸痛的部位、性质、持续时间、诱发与缓解因素；熟悉胸痛的病因；了解胸痛的伴随症状。

③掌握腹痛的部位、性质与程度、诱发与缓解因素；熟悉腹痛的病因；了解腹痛的伴随症状。

（2）咳嗽与咳痰

掌握咳嗽的性质，痰的性状；熟悉咳嗽与咳痰的病因，咳嗽的时间、音色；了解咳嗽与咳痰的伴随症状。

（3）咯血

掌握咯血的年龄特点、咯血量、窒息的先兆；熟悉咯血的病因；了解咯血的伴随症状。

（4）呼吸困难

掌握肺源性呼吸困难、心源性呼吸困难；熟悉呼吸困难的病因；了解呼吸困难的伴随症状。

（5）黄疸

熟悉黄疸的病因；了解黄疸的皮肤颜色、皮肤瘙痒、大小便颜色。

（6）恶心与呕吐

掌握呕吐的时间、呕吐与进食的关系、呕吐的特点、呕吐物的性质；熟悉恶心与呕吐的病因。

（7）呕血

掌握呕血的颜色、呕血量、呕血与咯血的鉴别；熟悉呕血的病因；了解呕血的伴随症状。

（8）腹泻与便秘

掌握腹泻与便秘的评估要点；熟悉腹泻与便秘的病因。

（9）意识障碍

掌握意识障碍的程度；熟悉意识障碍的病因、诱因。

（10）抽搐与惊厥

掌握抽搐与惊厥的年龄特点、发作范围；熟悉抽搐与惊厥的病因；了解抽搐与惊厥的伴随症状。

3.身体评估

（1）身体评估基本方法

掌握视诊、触诊、叩诊、听诊、嗅诊等身体评估的基本方法；了解评估前准备。

（2）一般状态评估

掌握面容、表情和步态的常见类型与临床意义；熟悉营养状态的等级，成人发育正常的评估指标及发育异常的临床意义，成人体型的类型与临床意义。

（3）皮肤黏膜及浅表淋巴结评估

掌握皮肤黏膜评估的主要内容及其临床意义，浅表淋巴结评估的生理特点、评估方法及顺序，浅表淋巴结肿大的临床意义。

（4）头颈部评估

了解头颈部评估的内容及临床意义。

（5）胸部评估

①掌握胸部体表标志。

②掌握乳房触诊的方法及临床意义；熟悉正常胸廓及异常胸廓外形。

③掌握语音震颤的评估方法及临床意义，肺部叩诊的方法，正常与异常叩音，正常呼吸音的类型及听诊区域，啰音的类型及临床意义，胸膜摩擦音的听诊区域及临床意义。

④掌握心脏叩诊的方法及正常心脏浊音界，心瓣膜听诊区域及听诊顺序，心脏听诊的内容及临床意义；熟悉心脏视诊、触诊的主要内容及临床意义。

（6）腹部评估

①掌握腹部的体表标志和分区。

②掌握腹部触诊和叩诊的内容、评估方法及临床意义；熟悉腹部视诊和听诊的内容、评估方法及临床意义。

（7）肛门与直肠评估

熟悉肛门与直肠的评估体位；了解肛门与直肠视诊和触诊的内容、评估方法及临床意义。

（8）脊柱四肢评估

了解脊柱四肢的评估。

（9）神经系统评估

①熟悉浅感觉、深感觉、复合感觉的评估方法及临床意义。

②掌握肌力的分级，肌张力的评估内容及临床意义；熟悉肌力减退的类型及临床意义；了解不随意运动、共济运动的评估内容及临床意义。

③掌握生理反射、病理反射、脑膜刺激征的评估内容及临床意义。

4.心理社会评估

了解心理社会评估的方法及内容。

5.常用实验室检测

（1）血液检测

①掌握血液标本的类型，采血的部位和时间，标本采集后的处理。

②掌握红细胞、血红蛋白、白细胞、血小板的正常值及临床意义。

（2）常用肾功能检测

①熟悉内生肌酐清除率的概念、正常值及临床意义，血尿素氮、血肌酐的标本采集和临床意义。

②了解肾小管功能检测，血尿酸检测。

（3）常用肝功能检测

①熟悉 A/G 倒置的意义；了解高、低蛋白血症的概念及常见疾病。

②熟悉胆红素正常值及黄疸分类。

③熟悉血清转氨酶升高的临床意义。

（4）临床常用生物化学检测

①掌握血钾的正常值；熟悉血钾的临床意义。

②掌握成人空腹血糖的正常值及临床意义，OGTT 的标本采集及其意义。

③了解常用的血清心肌酶和心肌蛋白的名称及其主要意义。

④熟悉血清脂质和脂蛋白的名称及其与冠心病发病的关系。

⑤了解血清淀粉酶和脂肪酶测定的临床意义。

⑥了解甲状腺激素与促甲状腺激素测定的临床意义。

（5）常用免疫学检测

掌握甲胎蛋白测定；了解病毒性肝炎血清标志物检测。

6. 心电图检查

（1）心电图检查基本知识

掌握心电图各波段的组成及命名；熟悉心电图导联，心电图的描记。

（2）正常心电图

掌握心电图各波段正常值。

（3）常见异常心电图

掌握心肌梗死心电图的基本图形，图形演变及分期，定位诊断。

（4）动态心电图与心电监护

①了解动态心电图的临床应用，十二导联动态心电图电极放置位置及注意事项。

②掌握心电监护的临床应用，心电监护电极放置位置及注意事项。

7. 影像学检查

（1）X 线检查

熟悉 X 线检查的护理及防护；了解 X 线检查的基本原理、检查方法、临床应用。

（2）超声检查

掌握超声检查前的准备；了解超声基本知识，超声检查方法，超声检查的临床运用。

（3）其他影像学检查

熟悉计算机体层摄影检查及磁共振成像检查的护理；了解计算机体层摄影检查

及磁共振成像检查的检查方法及临床应用。

8. 护理病历书写

熟悉入院护理单的主要内容和书写格式，护理诊断的组成、陈述与排序；了解健康资料的收集整理。

【护理学基础】

1. 医院与住院环境

（1）医院

掌握医院的任务；了解医院的性质。

（2）门诊部

掌握门诊和急诊的护理工作。

（3）病区

掌握病区物理环境的管理，备用床、暂空床、麻醉床的目的、操作方法及注意事项。

2. 病人入院和出院的护理

（1）入院护理

掌握入病区后的初步护理；熟悉入院程序，分级护理的适用对象及护理要点。

（2）出院护理

掌握出院时和出院后护理；熟悉出院前护理。

（3）运送病人的护理技术

掌握轮椅和平车运送法的目的、适用范围、操作步骤及注意事项。

3. 病人卧位和安全的护理

（1）常用卧位

掌握常用卧位及适用范围；熟悉卧位的概念。

（2）协助病人更换卧位法

掌握协助病人翻身侧卧法和协助病人移向床头法的操作方法及注意事项。

（3）保护具的应用

掌握保护具应用的目的和注意事项；熟悉保护具的种类。

4. 医院感染的预防与控制

（1）清洁、消毒、灭菌

①掌握消毒、灭菌的概念，燃烧法、煮沸消毒法、压力蒸汽灭菌法的适用范围、方法及注意事项，监测压力蒸汽灭菌效果的方法，光照消毒适用范围、方法及注意事项，常用化学消毒灭菌的方法。

②熟悉常用化学消毒剂的使用及注意事项。

（2）无菌技术

掌握无菌技术概念及操作原则，无菌持物钳、无菌容器、无菌包、铺无菌盘、取用无菌溶液、戴脱无菌手套的基本操作方法及注意事项。

（3）隔离技术

①掌握隔离区域的划分，口罩、穿脱隔离衣、避污纸的操作方法及注意事项。

②熟悉隔离的概念及隔离管理原则。

5. 生命体征的评估及护理

（1）体温的评估及护理

掌握正常体温、异常体温的评估，体温计的消毒与检查，测量体温的方法及注意事项；熟悉体温的生理变化。

（2）脉搏的评估及护理

掌握正常脉搏和异常脉搏的评估，测量脉搏的方法及注意事项；熟悉脉搏的生理变化。

（3）呼吸的评估及护理

①掌握正常呼吸和异常呼吸的评估，测量呼吸的方法及注意事项；熟悉呼吸的生理变化。

（4）血压的评估及护理

掌握正常血压和异常血压的评估，测量血压的方法及注意事项；熟悉血压的生理变化。

6. 病人清洁的护理

（1）口腔护理

掌握口腔护理的目的、操作方法及注意事项，常用漱口溶液及其作用。

（2）头发护理

了解床上梳发和床上洗发的目的、操作方法及注意事项。

（3）皮肤护理

掌握床上擦浴的操作方法及注意事项，压疮的概念、发生原因、易发部位、预防、分期及护理；熟悉淋浴、盆浴的操作方法及注意事项。

（4）晨晚间护理

了解晨间护理和晚间护理的目的和内容。

7. 饮食与营养

（1）医院饮食

掌握医院饮食的种类、适用范围、原则及用法。

（2）一般饮食护理

熟悉进食前、进食时、进食后的护理。

（3）特殊饮食护理

掌握鼻饲法的概念、目的、操作方法及注意事项。

（4）出入液量记录

熟悉出入液量的目的、内容、要求、记录方法。

8. 冷热疗技术

（1）冷疗技术

掌握冷疗技术的作用、禁忌证，各种冷疗技术的目的、操作方法及注意事项。

（2）热疗技术

掌握热疗技术的作用、禁忌证，各种热疗技术的目的、操作方法及注意事项。

9. 排泄护理

（1）排尿护理

掌握正常尿液和异常尿液的评估，尿失禁和尿潴留的概念及护理，导尿术的概念、目的、操作方法及注意事项；熟悉留置导尿术的概念、目的、操作方法及注意事项。

（2）排便护理

掌握正常粪便和异常粪便的评估，便秘、腹泻、排便失禁的原因，便秘病人的护理，各种灌肠法的目的、操作方法及注意事项；熟悉腹泻、排便失禁病人的护理。

（3）排气护理

熟悉肛管排气法的目的及操作方法。

10. 药物疗法

（1）给药的基本知识

掌握药物的保管，安全给药的原则，给药途径，医院常用的外文缩写及中文译意；熟悉药物的种类、领取。

（2）口服给药法

掌握摆放药物方法、发放药物方法及注意事项；熟悉安全给药指导。

（3）注射给药法

掌握注射原则，注射器和针头的构造，药物抽吸法，皮内、皮下、肌内及静脉注射法的概念、目的、部位、操作方法及注意事项。

（4）吸入给药法

掌握超声波雾化吸入疗法目的、特点、操作方法及注意事项；熟悉氧气雾化吸入法目的、操作方法及注意事项。

（5）药物过敏试验法

①掌握青霉素过敏试验药液配制、皮内试验法及结果判断，青霉素过敏反应的预防、临床表现及过敏性休克的急救措施。

②掌握链霉素过敏试验方法及过敏反应的护理，破伤风抗毒素（TAT）皮内试验方法、结果判断、阳性病人脱敏注射法，普鲁卡因、细胞色素C、碘造影剂的过敏试验方法及结果判断。

11. 静脉输液与输血

（1）静脉输液

掌握密闭式周围静脉输液法的操作方法及注意事项，输液速度计算法，输液故障的处理，输液反应的原因、临床表现、预防及护理措施；熟悉静脉输液法的目的及常用溶液。

（2）静脉输血

①掌握血液的种类，输血前准备，输血操作方法及注意事项；熟悉静脉输血法的目的。

②掌握溶血反应和大量输血后反应的原因、临床表现、预防及护理措施；熟悉发热反应和过敏反应的原因、临床表现、预防及护理措施。

12. 护理安全与防护

（1）护理安全控制

熟悉护理安全的相关概念、防范措施；了解护理安全的相关因素。

（2）护理职业防护

①掌握常见护理职业损伤的防范措施；熟悉护理职业损伤的危险因素。

②熟悉护理职业防护的相关概念及意义。

13. 标本采集

（1）标本采集的意义和原则

掌握标本采集的原则；了解标本采集的意义。

（2）常用标本的采集法

①掌握血标本采集的目的、操作方法及注意事项。

②熟悉尿标本、粪便标本、痰标本、咽拭子标本采集的目的、操作方法及注意事项。

14. 病情观察及危重病人的护理和抢救

（1）危重病人的抢救管理和护理

掌握危重病人的支持性护理。

（2）常用抢救技术

①掌握心肺复苏技术的目的、操作方法及注意事项。

②掌握氧气吸入的浓度，氧浓度和氧流量的换算法，氧疗法的目的、操作方法及注意事项；熟悉供氧装置。

③掌握吸痰法的目的、操作方法及注意事项。

④掌握洗胃法的目的，常见药物中毒的灌洗溶液和禁忌药物，口服催吐法、电动吸引器洗胃法、自动洗胃机洗胃法的操作方法及注意事项。

15. 临终病人的护理

（1）临终病人的身心护理

掌握临终病人的心理变化与护理；熟悉临终病人的生理变化与护理。

（2）死亡后的护理

掌握死亡过程的分期及临床表现，尸体护理的目的、操作方法及注意事项；熟悉死亡的标准。

16. 医疗与护理文件

掌握体温单的绘制方法，医嘱的分类及处理方法，病室报告的书写方法；熟悉危重病人护理记录单、护理病历的书写方法。

（四）参考教材

考试内容以考纲规定的内容为准，原则上不指定考试教材版本，参考教材为：

1.《解剖学基础》第3版，主编：任晖、袁耀华，人民卫生出版社，2020年5月。

2.《生理学基础》第2版，主编：周南会，人民卫生出版社.2022年12月。

3.《健康评估》第3版，主编：刘昌权，高等教育出版社，2020年1月。

4.《护理学基础》第2版，主编：陈丽、王冬梅，人民卫生出版社，2022年6月。

附件

护理类专业综合科目考试题型示例

（考试时间150分钟，满分为350分，纸笔考试）

第I卷（共208分）

一、单项选择题（本大题共58小题，每小题3分，共计174分。在每小题列出的五个备选项中，只有一个正确答案，在答题卡上将所选答案对应的标号涂黑。）

1.呼吸道唯一完整的软骨环是

A.甲状软骨　　　B.环状软骨　　　C.会厌软骨　　　D.杓状软骨

E.气管软骨

2.不属于凝固性坏死的是

A.心肌梗死　　　B.肝梗死　　　C.脾梗死　　　D.脂肪组织坏死

E.肾梗死

3.体温在39—40℃以上水平，持续数日或数周，24h波动范围不超过1℃，称为

A.稽留热　　　B.弛张热　　　C.间歇热　　　D.回归热

E. 不规则热

……

二、判断题（本大题共17小题，每小题2分，共计34分。判断下列各题的正误，正确的在答题卡上涂"A"，错误的在答题卡上涂"B"。）

1.鼓膜脐前下方的三角形反光区，称为光锥。

2.肝大部分位于左季肋区和腹上区，小部分位于右季肋区。

3.扁桃体肿大超过咽腭弓，而未达到咽后壁中线者为Ⅰ度肿大。

……

第II卷（共142分）

三、填空题（共27空，每空2分，共计54分）

1.关节基本构造包括　　　、　　　和　　　。

2.膈上有三个裂孔：即　　　，　　　和　　　。

3.灌肠方法不同，灌肠使用的液体温度也不相同，其中：大量不保留灌肠、降温灌肠　　　。

......

四、名词解释题（共 7 小题，每小题 5 分，共计 35 分）

1. 硬膜外隙

2. 兴奋性

3. 压疮

......

五、简答题（共 7 小题，共计 53 分）

1. 简述肝门静脉的组成、位置及主要属支。（7 分）

2. 简述影响动脉血压的因素。（5 分）

3. 简述导尿管留置的目的。（6）

......

四川省普通高校招生职业技能考试大纲医药类

（2023年版）

一、考试性质

本职业技能考试是中等职业学校医药类专业毕业生参加普通高校对口招生的选拔性全省统一考试。

二、考试依据

1.《中等职业学校专业教学标准》（2017年）。

2.《职业教育专业简介（2022年修订）》。

三、考试方式

医药类专业类别考生参加专业综合科目笔试，考试时长150分钟，满分350分。

四、考试范围和要求

（一）考试科目与分值比例

1.解剖学基础，约占35%；

2.生理学基础，约占20%；

3.药理学基础，约占20%；

4.临床医学概要，约占25%。

（二）试卷结构与分值比例

1.单项选择题，约占50%；

2.判断题，约占10%；

3.填空题，约占15%；

4.名词解释题，约占10%；

5.简答题，约占15%。

（三）考试范围及要求

【解剖学基础】

1.运动系统

掌握运动系统的组成；熟悉运动系统的功能。

（1）骨和骨连接

①掌握骨的形态、分类，骨的构造，骨的物理特性，关节的基本构造；熟悉骨的功能，关节的辅助结构和运动；了解骨的化学成分。

②掌握椎骨的一般形态，颈椎的主要形态特点，椎间盘的概念，脊柱的整体观，胸骨的形态，肋弓的形成，胸廓的组成；熟悉胸椎、腰椎和骶骨的主要形态特点，椎骨的连接，脊柱的运动形式；了解肋的形态。

③掌握脑颅和面颅各骨的名称，颅底内面枕骨大孔位置，翼点的概念，骨性鼻腔外侧壁的形态结构，颞下颌关节的组成；熟悉颅侧面的主要形态结构，颞下颌关节的构造特点。

④掌握上肢骨的组成，肱骨的形态，肩关节和肘关节的组成、构造特点和运动；熟悉肩胛骨、锁骨、肱骨、尺骨和桡骨的形态。

⑤掌握下肢骨的组成，股骨的形态，骨盆的组成和分部，男女骨盆的区别，髋关节和膝关节的组成、构造特点和运动；熟悉髋骨、胫骨和腓骨的形态。

（2）骨骼肌

①掌握胸锁乳突肌、斜方肌、背阔肌、胸大肌和肋间肌的位置和作用。

②掌握膈的位置、形态和作用，膈的裂孔及其通过的结构。

③掌握腹直肌、腹外斜肌、腹内斜肌和腹横肌的位置、层次、纤维方向，腹股沟管的位置、构成、内容物和临床意义；熟悉腹直肌、腹外斜肌、腹内斜肌和腹横肌的作用，腹直肌鞘的构成。

④熟悉头肌的分布，主要面肌和咀嚼肌的名称。

⑤掌握肱二头肌和肱三头肌的位置和作用，前臂肌、手肌的作用；熟悉上肢肌的分布和分群、三角肌的位置和作用，前臂肌、手肌的分群。

⑥掌握臀大肌、股四头肌和小腿三头肌的位置和作用；熟悉下肢肌的分布和分群。

2.消化系统

（1）概述

掌握消化系统的组成及上、下消化管的概念。

（2）消化管

①掌握咽峡的构成；熟悉舌的形态和舌乳头的功能；了解颏舌肌的作用。

②掌握牙的形态、构造；熟悉牙式及牙周组织。

③掌握咽的位置、分部和交通以及腭扁桃体的位置；了解咽隐窝、梨状隐窝位置及意义。

④掌握食管的分部及狭窄部位；食管狭窄与上颌中切牙的距离。

⑤掌握胃的位置、形态分部。

⑥掌握小肠的分部，十二指肠的分部；熟悉十二指肠的位置，十二指肠大乳头及悬韧带位置，空肠和回肠的区别。

⑦掌握大肠的分部，盲肠和结肠的形态特点，阑尾的位置，阑尾根部的体表投影（麦氏点的概念）；熟悉回盲瓣的形态、位置及作用；了解盲肠的位置。

⑧掌握结肠的分部，直肠的位置、弯曲；熟悉肛管黏膜的形态特点。

（3）消化腺

①了解消化腺的组成。

②掌握腮腺的位置及腮腺管的开口部位；熟悉下颌下腺和舌下腺的位置。

③掌握肝的位置和形态、肝门的概念，胆囊的位置、形态和胆囊底的体表投影。

④掌握肝外胆道的组成，胆汁的产生和排出途径。

（4）腹膜

①掌握腹膜和腹膜腔的概念。

②掌握腹膜与脏器的关系。

③掌握直肠子宫陷凹的位置；熟悉直肠子宫陷凹的临床意义。

3. 呼吸系统

掌握呼吸系统组成和上、下呼吸道的组成。

（1）呼吸道

①掌握鼻旁窦的名称及其开口部位；熟悉鼻腔及鼻黏膜的分部。

②掌握喉软骨的名称，喉黏膜的形态特点；熟悉喉的位置。

③掌握左、右主支气管的区别及临床意义；熟悉气管的位置。

（2）肺

①掌握肺的位置和形态，肺门的概念，肺的分叶。

②掌握肺下界的体表投影。

（3）胸膜与纵隔

①掌握胸膜与胸膜腔的概念，壁胸膜的分部。

②掌握肋膈隐窝的概念，胸膜下界的体表投影。

（4）了解纵隔的概念和分部

4. 泌尿系统

熟悉泌尿系统的组成。

（1）肾

掌握肾的形态和位置，肾区的位置、肾门的概念，肾的被膜，肾的剖面结构。

（2）输尿管

掌握输尿管的分部和狭窄；了解输尿管的行程。

（3）膀胱

掌握膀胱的位置、分部，膀胱三角的概念，膀胱三角的位置、黏膜特点及其临床意义；了解膀胱的形态。

（4）尿道

掌握女性尿道的特点。

5. 生殖系统

（1）男性生殖系统

①掌握男性内生殖器的组成。

②掌握精索的概念。

③掌握前列腺的形态及位置；熟悉附属腺的名称。

④掌握男性尿道的分部、弯曲和狭窄。

（2）女性生殖系统

①掌握女性内生殖器的组成。

②掌握输卵管的位置和分部，输卵管结扎的理想部位，受精的部位。

③掌握子宫的形态、分部、位置和固定装置。

④掌握阴道后穹窿的位置及临床意义。

6. 脉管系统

（1）心血管系统

①掌握心血管系统的组成。

②掌握体循环与肺循环的概念。

③掌握心的位置、外形及各心腔的形态结构，二尖瓣、三尖瓣的概念。

④掌握心传导系统的组成。

⑤掌握左、右冠状动脉的起始；熟悉左、右冠状动脉的行程和主要分支及其分布范围。

⑥掌握心包腔的概念；了解心包的构成。

⑦掌握心的体表投影。

⑧掌握主动脉的起始和分部，主动脉弓的分支。

⑨掌握颈外动脉的主要分支；了解颈外动脉的分布。

⑩掌握上肢动脉主干的名称；熟悉掌浅弓和掌深弓的组成。

⑪ 掌握腹腔干、肠系膜上动脉和肠系膜下动脉的起始、主要分支和分布。

⑫ 掌握下肢动脉主干的名称；熟悉髂内动脉的主要分支。

⑬ 掌握上腔静脉的合成和收集范围。

⑭ 掌握头静脉、贵要静脉和肘正中静脉的起始、行程、注入部位及临床意义。

⑮ 掌握下腔静脉的合成和收集范围。

⑯掌握大隐静脉的起始、行程、注入部位；熟悉小隐静脉的起始、行程、注入部位。

⑰掌握肝门静脉的合成、收集范围、主要属支及其与上、下腔静脉的吻合及临床意义。

（2）淋巴系统

①掌握淋巴系统的组成。

②掌握淋巴干的名称。

③掌握胸导管的合成、注入部位和收集范围；熟悉右淋巴导管的合成、注入部位和收集范围。

④掌握脾的位置；了解脾的形态。

7.感觉器

（1）视器

①掌握眼球壁的层次，各层的分部及形态结构，黄斑、视神经盘的概念。

②掌握眼球内容物的名称和作用。

③掌握房水循环的途径。

④掌握结膜的分部。

⑤掌握眼球外肌的名称和作用。

（2）前庭蜗器

①掌握鼓膜的位置、形态和分部；熟悉外耳道的组成，外耳道的位置、形态和分部。

②掌握鼓室各壁和听小骨的名称；熟悉中耳的组成。

③掌握咽鼓管的交通、功能及小儿咽鼓管的特点和临床意义。

④掌握膜迷路的组成，内耳感受器的名称、位置和作用；

熟悉内耳的组成，骨迷路的组成。

8.神经系统

（1）概述

掌握神经系统的分部和常用术语。

（2）中枢神经系统

①掌握脊髓的位置和外形，脊髓灰质、白质的位置；熟悉脊髓灰质、白质的分部；了解白质内主要纤维束的名称和作用。

②掌握脑的分部；熟悉脑的位置。

③掌握脑干的组成；熟悉脑干内主要神经核团的名称和性质；了解主要纤维束的名称和功能。

④掌握间脑的分部及背侧丘脑腹后核的功能；熟悉间脑的位置，下丘脑的

组成。

⑤掌握大脑半球的分叶，大脑皮质主要功能区的定位；熟悉大脑半球各面的主要沟、回。

⑥掌握基底核的名称，内囊的概念，内囊的位置及临床意义；熟悉新、旧纹状体的概念，内囊的分部；了解内囊各部的组成。

⑦掌握硬膜外隙和蛛网膜下隙的概念；熟悉脑和脊髓被膜的层次；了解硬脑膜静脉窦的概念。

⑧掌握大脑动脉环的组成；熟悉大脑前、中、后动脉和基底动脉的来源和分布范围。

⑨掌握脑脊液的产生部位及循环途径。

（3）周围神经系统

①掌握脊神经的组成；熟悉脊神经的分部及前、后支的分布规律。

②掌握颈丛的位置，膈神经的分布；熟悉颈丛的组成及皮支浅出的部位。

③掌握臂丛的组成和位置，正中神经、尺神经、桡神经、肌皮神经和腋神经的分布及损伤症状。

④熟悉胸神经前支的分布规律。

⑤掌握腰丛的组成及位置，股神经和闭孔神经的分布。

⑥掌握骶丛的组成及位置，坐骨神经的行程和分布，胫神经和腓总神经的分支及其分布、损伤症状。

⑦掌握12对脑神经的名称。

⑧掌握动眼神经、滑车神经和展神经的分布。

⑨掌握三叉神经的主要分支和分布。

⑩掌握面神经、舌咽神经；熟悉迷走神经的分布。

⑪ 掌握交感神经和副交感神经低级中枢的位置；熟悉自主神经的概念和区分。

⑫ 了解交感神经和副交感神经的主要区别。

（4）中枢神经系统的传导通路

①掌握躯干和四肢深感觉及皮肤的精细触觉传导通路的组成和行程。

②掌握牵涉痛的概念及临床意义。

③掌握锥体系的组成；了解锥体系的行程。

9. 内分泌系统

（1）垂体

掌握垂体的位置和分部。

（2）甲状腺

掌握甲状腺的位置和形态。

（3）肾上腺

掌握肾上腺的位置和形态。

【生理学基础】

1. 绪论

（1）生命活动的基本特征

兴奋性掌握兴奋性的概念，刺激与反应的概念，反应形式：兴奋与抑制。

（2）机体与环境

机体与内环境 熟悉内环境、稳态的概念及生理意义。

（3）机体生理功能的调节

①机体功能调节的方式 掌握神经调节和体液调节的概念、特点及生理意义。

②生理功能的反馈调节 熟悉反馈、负反馈、正反馈的概念和生理意义。

2. 细胞的基本功能

（1）细胞膜的基本功能

①单纯扩散 掌握单纯扩散的主要物质。

②易化扩散 熟悉通道易化扩散与载体易化扩散的概念与特点。

③主动转运 熟悉主动转运的概念，Na^+-K^+ 泵的概念及其意义。

（2）细胞的生物电现象

①静息电位及产生机制 了解静息电位概念及产生机制，极化、去极化、复极化和超极化的概念。

②动作电位及产生机制 了解动作电位概念及产生机制，动作电位传导机制与特点，阈电位，神经冲动的概念。

（3）肌细胞的收缩功能

掌握骨骼肌的兴奋－收缩耦联（概念、与 Ca^{2+} 的关系）。

3. 血液

（1）血液的组成和理化特性

①血量和血液的组成 掌握血细胞比容的概念和正常值。

②血液的理化性质 掌握 pH 值及其维持机制。

（2）血浆

血浆渗透压 掌握血浆晶体渗透压与胶体渗透压的形成、生理意义与临床意义，等渗溶液的概念以及临床常用的等渗溶液。

（3）血细胞

①红细胞 掌握红细胞和血红蛋白的正常值与功能，红细胞的生成原料与影响红细胞成熟的主要因素，贫血概念及其产生原因。

②白细胞 熟悉白细胞的分类、正常值与功能。

③血小板 熟悉血小板的正常值与基本功能。

（4）血液凝固与纤维蛋白溶解

血液凝固 掌握血液凝固的概念与三个基本步骤，血浆与血清的区别，凝血因子的特点，内源性凝血与外源性凝血的区别，抗凝因素和主要抗凝物质的生理作用。

（5）血型与输血

ABO 血型系统 掌握血型的概念，熟悉 ABO 血型的分型原则。

4. 血液循环

（1）心脏生理

①心脏的泵血及心音 掌握心动周期、心率的概念，心脏的泵血过程及分期，搏出量和心输出量的概念、正常值及影响心输出量的因素，第一心音和第二心音特点及意义。

②心肌的生物电现象及生理特性 熟悉心室肌细胞和窦房结细胞的生物电特点，正常起搏点、窦性心律的概念，兴奋在心脏内传导的顺序、特点及其生理意义，了解房室延搁的概念和意义。

（2）血管生理

①动脉血压与动脉脉搏 掌握动脉血压：收缩压、舒张压、脉搏压及平均动脉压的概念与正常值；熟悉动脉血压的形成和影响因素。

②微循环的组成及功能 熟悉微循环的概念及其组成，微循环的血流通路和功能。

③组织液生成 熟悉有效滤过压的概念和公式，了解组织液生成和回流的影响因素及其与水肿的关系。

④静脉血压与血流 熟悉中心静脉压的概念、正常值及其临床意义。

（3）心血管活动的调节

神经调节 熟悉心血管中枢，了解心血管的神经支配和作用；了解颈动脉窦和主动脉弓压力感受性反射的过程及其生理意义。

5. 呼吸

（1）肺通气

①肺通气的原理 掌握呼吸的概念及基本环节、肺通气的概念与肺通气的动力：原动力、直接动力；掌握呼吸运动的概念，平静呼吸、用力呼吸、胸式呼吸及腹式呼吸的概念；熟悉肺通气的弹性阻力、肺泡表面活性物质的生理作用，了解肺通气的气道阻力与气管口径的关系。

②肺容量和肺通气量 掌握肺容量、肺活量和时间肺活量的概念及生理意义，熟悉肺通气量和肺泡通气量的概念及其意义。

（2）气体的交换

决定气体交换的因素 掌握影响肺换气的主要因素。

（3）气体在血液中的运输

①O_2的运输 熟悉O_2在血液中运输的形式及其临床意义。

②CO_2的运输 熟悉CO_2在血液中运输的形式及其临床意义。

（4）呼吸运动的调节

①呼吸中枢 掌握呼吸中枢的概念，呼吸的基本中枢：延髓。

②呼吸运动的反射性调节 熟悉肺牵张反射的概念及其生理意义。

6. 消化和吸收

（1）消化道各段的消化功能

①胃内消化 掌握胃液的成分及作用，胃黏液－碳酸氢盐屏障的概念和作用，胃的运动形式和容受性舒张的概念和生理意义，胃排空的概念及其影响因素。

②小肠内消化 掌握小肠的运动形式和分节运动的概念和生理意义，胰液与胆汁的成分及各种成分作用。

（2）吸收

①吸收的部位 熟悉小肠在吸收中的作用。

②主要营养物质在小肠的吸收 熟悉葡萄糖、氨基酸的吸收。

7. 能量代谢和体温

（1）能量代谢

①熟悉影响能量代谢的主要因素。

②基础代谢和基础代谢率 熟悉基础代谢率的正常值及其生理意义。

（2）体温

①正常体温及其生理变化 掌握体温的正常值。

②机体的产热与散热 熟悉散热的主要方式：辐射、传导、对流和蒸发及临床应用。

③体温调节 了解体温调节中枢的部位。

8. 肾脏的排泄

（1）尿生成的过程

①肾小球的滤过 掌握肾小球滤过率的概念和正常值。

②肾小管和集合管的重吸收 掌握肾小管和集合管重吸收的部位和特点，熟悉肾糖阈的概念和正常值及其与尿糖的关系。

③肾小管和集合管的分泌与排泄 了解肾小管和集合管对H_+、K_+和NH_3的分泌特点及其意义。

（2）影响尿生成的因素

①影响肾小球滤过的因素 熟悉滤过膜、有效滤过压和肾血浆流量。

②影响肾小管和集合管重吸收和分泌的因素 熟悉小管液溶质浓度，抗利尿激素。

（3）尿液及其排放

尿液 掌握正常尿量、多尿、少尿和无尿的概念。

9. 感觉器官

（1）视觉器官

熟悉眼的折光系统，了解功能及其调节。

（2）听觉器官

①熟悉内耳的感音功能。

②了解内耳前庭器官的位置觉功能。

10. 神经系统

（1）神经系统活动的一般规律

①熟悉突触传递的特征。

②了解神经–肌肉接头兴奋的传递过程。

11. 内分泌

（1）概述

①熟悉内分泌系统和激素的概念。

②了解激素的一般生理作用及其共同特征。

（2）下丘脑与垂体

①腺垂体 掌握促激素概念，腺垂体分泌的激素：生长激素、促肾上腺皮质激素、促甲状腺激素的主要生理作用。

②神经垂体 掌握神经垂体激素：血管升压素和催产素合成的部位、运输途径（下丘脑：垂体束）、贮存释放部位和生理作用。

（3）甲状腺

①甲状腺激素的生理作用 熟悉甲状腺激素的生理作用及其临床意义。

②了解甲状腺功能的调节。

（4）胰岛

胰岛素 熟悉胰岛素生理作用及其临床意义。

（5）肾上腺

①肾上腺皮质激素 熟悉糖皮质激素的生理作用、分泌的调节及其临床意义。

②肾上腺髓质激素 熟悉肾上腺素、去甲肾上腺素的生理作用、分泌的调节。

12. 生殖

女性生殖 熟悉月经周期。

【药理学基础】

1. 总论

（1）绪言

了解药理学的概念、性质和任务。

（2）药物效应动力学

了解药物作用的两重性：治疗作用、不良反应。

（3）影响药物作用的因素

熟悉药物方面的影响因素（各种计量、治疗指数和配伍禁忌的概念）。

2. 传出神经系统药物

（1）传出神经系统药物概述

熟悉传出神经系统药物的作用方式及分类。

（2）拟胆碱药

①胆碱受体激动药：熟悉毛果芸香碱的作用和临床用途、不良反应及处理。

②胆碱酯酶抑制剂：了解新斯的明的临床用途、胆碱能危象的概念。

③了解有机磷酸酯类中毒及解救。

（3）胆碱受体阻断药

①M 受体阻断药：掌握阿托品的临床用途、不良反应及处理。

②N 受体阻断药：了解琥珀胆碱的临床用途、不良反应及处理。

（4）肾上腺素受体激动药

① α、β 受体激动药：掌握肾上腺素的作用机制、药理作用、临床用途、不良反应及处理。

② α 受体激动药：掌握去甲肾上腺素的作用及临床用途、不良反应观察及处理。

③ β 受体激动药：掌握异丙肾上腺素的临床用途、不良反应及观察。

（5）肾上腺素受体阻断药

① α 受体阻断药：了解酚妥拉明的作用及不良反应处理。

② β 受体阻断药：了解分类、作用和临床用途。

3. 麻醉药

（1）局部麻醉药

①熟悉局麻药的概念及分类。

②常用局麻药：掌握利多卡因、普鲁卡因的临床用途和不良反应。

4. 中枢神经系统药物

（1）镇静催眠药

巴比妥类：熟悉不良反应及注意事项。

（2）抗癫痫药和抗惊厥药

抗癫痫药：掌握苯妥英钠的主要临床用途及不良反应。

（3）抗精神失常药

抗精神病药：掌握氯丙嗪的主要药理作用，临床用途，不良反应表现及观察。

（4）镇痛药

阿片生物碱类镇痛药：熟悉吗啡的药理作用及临床用途，不良反应观察及处理。

（5）解热镇痛抗炎药和抗痛风药

①概述：了解解热作用、镇痛作用、抗炎抗风湿作用。

②常用的解热镇痛抗炎药：

水杨酸类：掌握乙酰水杨酸的药理作用及临床用途，不良反应观察及处理。

苯胺类：掌握对乙酰氨基酚药理作用及临床用途，不良反应观察及处理。

其他类：掌握布洛芬药理作用及临床用途，不良反应观察及处理。

③抗痛风药：了解别嘌醇、丙磺舒、秋水仙碱药理作用及临床用途，不良反应观察及处理。

5.利尿药和脱水药

（1）利尿药

高效利尿药：熟悉呋塞米的临床用途、不良反应及注意事项。

中效利尿药：掌握氢氯噻嗪的临床用途、不良反应及注意事项。

（2）脱水药

掌握甘露醇的临床用途、不良反应及注意事项。

6.心血管系统药物

（1）抗高血压药

利尿药：掌握氢氯噻嗪的临床应用、不良反应和注意事项。

β肾上腺素受体阻断药：掌握普萘洛尔、美托洛尔的临床应用、不良反应和注意事项。

钙通道阻断药：掌握硝苯地平、氨氯地平的临床应用、不良反应和注意事项。

肾素－血管紧张素系统抑制药：熟悉卡托普利、依那普利、氯沙坦、缬沙坦等的临床应用、不良反应和注意事项。

（2）抗心律失常药

Ⅰ类——钠通道阻滞药：掌握普鲁卡因胺的临床应用、不良反应和注意事项。

Ⅱ类——β肾上腺素受体阻滞药：熟悉普萘洛尔的临床应用、不良反应和注意事项。

Ⅲ类——延长动作电位时程药：了解胺碘酮的临床应用、不良反应和注意事项。

Ⅳ类——钙通道阻滞药：了解维拉帕米的临床应用、不良反应和注意事项。

（3）抗心绞痛药

①硝酸酯类：掌握硝酸甘油的临床用途和不良反应观察。

② β 肾上腺素受体阻断药：熟悉普萘洛尔的作用、临床应用。

③钙通道阻滞药：了解硝苯地平的作用、临床应用。

（4）治疗心力衰竭的药物

强心苷：了解对心脏的作用，临床用途，给药方法，不良反应观察及处理。

（5）调血脂药与抗动脉粥样硬化药

熟悉他汀类药物的临床用途。

7. 血液和造血系统药物

（1）抗贫血药

熟悉铁剂、叶酸、维生素 B12 的临床用途。

（2）止血药、抗凝血药和溶栓药

①止血药：熟悉维生素 K 的临床应用及不良反应。

②抗凝血药：了解肝素的临床应用、不良反应及注意事项。

8. 抗过敏反应药

（1）了解组胺与过敏反应

（2）H1 受体阻断药

熟悉 H1 受体阻断药的作用、临床用途、不良反应。

9. 消化系统药物

（1）消化功能调节药

①熟悉助消化药

②止吐药：掌握甲氧氯普胺、多潘立酮的临床应用、不良反应及注意事项。

③增强胃肠动力药：了解西沙必利。

④泻药

渗透性泻药：熟悉硫酸镁、硫酸钠的临床应用、不良反应及注意事项。

（2）抗消化性溃疡药

①抗酸药：熟悉氢氧化铝的作用特点及不良反应。

②胃酸分泌抑制药

H2 受体阻断药：了解临床应用、不良反应及注意事项。

M 受体阻断药：了解临床应用、不良反应及注意事项。

胃壁细胞 H^+/K^+-ATP 酶抑制药：熟悉临床应用、不良反应及注意事项。

③胃黏膜保护药：掌握枸橼酸铋钾、硫糖铝的作用、临床应用、不良反应及注

意事项。

④抗幽门螺杆菌药：掌握阿莫西林、甲硝唑的临床应用。

10. 呼吸系统药物

（1）平喘药

β2受体激动药：了解临床应用、不良反应及注意事项。

茶碱类：熟悉氨茶碱的作用、临床应用、不良反应及注意事项。

（2）镇咳药

中枢性镇咳药：熟悉可待因的临床应用、不良反应及注意事项。

11. 激素及有关药物

（1）肾上腺皮质激素类药

糖皮质激素类药：了解药理作用、临床应用、不良反应、给药方法及禁忌症。

（2）胰岛素及口服降血糖药

①胰岛素：了解临床应用、不良反应及注意事项。

②口服降血糖药

磺酰脲类：熟悉临床应用、不良反应及注意事项。

双胍类：掌握临床应用、不良反应及注意事项。

12. 抗微生物药

（1）概述

①了解抗微生物药和化学治疗概念。

②熟悉常用术语。

（2）抗生素

① β – 内酰胺类抗生素

青霉素类：掌握青霉素G的抗菌作用、临床应用、不良反应及注意事项；半合成青霉素。

头孢菌素类：掌握各代的抗菌作用、临床应用、不良反应及注意事项。

②大环内酯类、林可霉素类和万古霉素类

大环内酯类抗生素：掌握红霉素、罗红霉素、阿奇霉素的抗菌作用、临床应用、不良反应及注意事项。

林可霉素类：熟悉林可霉素的抗菌作用、临床应用、不良反应及注意事项。

③氨基糖苷类和多黏菌素类

氨基糖苷类抗生素：熟悉链霉素的抗菌作用、临床应用、不良反应及注意事项。

（3）人工合成抗菌药

①喹诺酮类：掌握第三、四代氟喹诺酮类药物的临床应用、不良反应及注意

事项。

②硝基咪唑类：熟悉甲硝唑的临床应用、不良反应及注意事项。

（4）抗结核药

①一线抗结核药：掌握异烟肼、利福平的临床应用、不良反应及注意事项。

②二线抗结核药：熟悉对氨基水杨酸钠、乙硫异烟胺的临床应用、不良反应及注意事项。

③新一代抗结核药：了解利福定的临床应用、不良反应及注意事项。

④了解抗结核药的临床应用原则。

（5）抗真菌药和抗病毒药

①抗真菌药

抗生素类抗真菌药：了解两性霉素B、制霉菌素。

唑类抗真菌药：熟悉酮康唑、咪康唑、克霉唑的临床应用。

②抗病毒药

其他抗病毒药：熟悉阿昔洛韦、利巴韦林的临床应用。

【临床医学概要】

1.诊断学概要

（1）问诊

问诊的内容 熟悉一般项目、主诉、现病史、既往史、个人史、婚姻史、月经史、生育史、家族史，掌握主诉的概念。

（2）常见症状

①发热 了解常见病因，熟悉感染性发热和非感染性发热，掌握常见的发热热型。

②疼痛 了解头痛、胸痛、腹痛的常见病因及临床表现。

③咳嗽与咳痰 了解咳嗽的定义，掌握痰液特点与疾病之间的关系。

④咯血 熟悉常见病因，掌握咯血性质与疾病的关系。

⑤呼吸困难 熟悉常见病因。

⑥心悸 熟悉常见病因。

⑦水肿 了解常见病因，掌握心源性水肿与肾源性水肿鉴别。

⑧恶心与呕吐 了解常见病因，熟悉呕吐与进食的关系、呕吐物的特点与疾病的关系。

⑨腹泻 了解常见病因，熟悉临床表现、自我药疗指导。

⑩便秘 了解常见病因，熟悉临床表现、自我药疗指导。

（3）体格检查

①掌握基本检查方法，五种叩诊音的区别。

②一般检查 掌握生命体征检查；熟悉发育、体型与营养，正常人体型；能够区别常见的病态面容和异常步态；能鉴别出血点、紫癜、瘀斑、血肿。

③头颈部检查 掌握扁桃体肿大分度、甲状腺肿大分度。

④胸部检查 视诊：熟悉鉴别有无扁平胸、桶状胸、佝偻病胸；掌握正常呼吸频率；触诊；叩诊：熟悉正常胸部叩诊音的分布；听诊：掌握干啰音与湿啰音区别。

⑤腹部检查 视诊：熟悉压痛与反跳痛的定义；触诊：掌握腹膜刺激征；掌握胆囊触痛征（墨菲氏征阳性）；叩诊；听诊：熟悉肠鸣音亢进及肠鸣音减弱的临床意义。

2. 辅助检查

血常规 掌握正常成人白细胞计数及临床意义；熟悉红细胞正常值及临床意义；掌握血红蛋白正常值及临床意义，血糖及糖化血红蛋白的正常值及临床意义。

3. 呼吸系统疾病

（1）了解急性上呼吸道感染常见病因；熟悉临床表现、诊断要点、治疗要点。

（2）慢性阻塞性肺疾病定义 熟悉慢性阻塞性肺疾病、阻塞性肺气肿、慢性支气管炎的概念，了解病因，掌握临床表现。

（3）了解支气管哮喘病因，掌握临床表现，熟悉控制急性发作的治疗要点与预防措施。

（4）肺炎

熟悉肺炎的分类，常见致病菌、痰液颜色。掌握临床表现、辅助检查、诊断要点、治疗要点。

4. 循环系统疾病

（1）常见心律失常

熟悉常见的心律失常。掌握心房颤动与心室颤动；熟悉心电图特征、诊断、治疗要点。

（2）高血压病

了解病因与发病机制；掌握高血压的诊断标准、分级；熟悉血压控制目标、降压药物治疗原则；了解三级预防原则。

（3）冠状动脉粥样硬化性心脏病

①熟悉冠心病的概念、分型。

②稳定型心绞痛 掌握临床表现（部位、性质、诱因），辅助检查（心电图）、治疗要点。

③急性心肌梗死 了解诱因，掌握临床表现，熟悉辅助检查（心电图、心肌细胞坏死标记物）、诊断要点（急性心肌梗死的诊断标准）。

（4）心力衰竭

急性心力衰竭 熟悉临床表现和基本治疗要点。

5. 消化系统疾病

（1）胃炎

①了解急性胃炎的病因，熟悉临床表现。

②了解慢性胃炎的病因，熟悉临床表现。

（2）消化性溃疡

了解消化性溃疡的病因，掌握临床表现；熟悉 HP 根除治疗三联疗法。

（3）病毒性肝炎与肝硬化

熟悉常见乙型肝炎病毒血清标记物检测结果临床意义分析；了解我国肝硬化的主要病因，掌握肝硬化最常见的并发症。

（4）急性胰腺炎

了解急性胰腺炎病因，熟悉最常见首发症状。掌握急性胰腺炎血、尿淀粉酶测定值及临床意义。

（5）急性阑尾炎

①掌握急性阑尾炎的典型临床表现、体征、辅助检查。

②熟悉治疗原则。

（6）痔疮

痔疮的分类：熟悉内痔、外痔的区别。

内痔分期：熟悉一期内痔、二期内痔、三期内痔、四期内痔的临床表现。

6. 泌尿系统疾病

（1）尿路感染

①了解尿路感染的病因，熟悉感染途径。

②熟悉膀胱炎和急性肾盂肾炎的区别。

③辅助检查 熟悉尿细菌检查。

④治疗要点 了解常规用药。

7. 内分泌系统及代谢性疾病

（1）甲状腺功能亢进症 掌握甲亢临床表现，熟悉甲亢诊断要点。

（2）糖尿病

①掌握糖尿病的概念、分型、诊断依据、并发症。

②熟悉糖尿病的预防。

（3）痛风

①掌握高尿酸血症与痛风的临床表现和分期。

②熟悉高尿酸血症与痛风的治疗药物的合理使用、注意事项与健康教育。

8.外科疾病概要

（1）运动系统疾病

①掌握骨折专有体征、治疗原则。

②熟悉骨关节脱位专有体征。

（2）心脏骤停

①掌握心脏骤停的心电图特征。

②掌握心肺复苏的注意事项。

9.急性中毒

（1）急性中毒概述：掌握急性中毒的急救原则；熟悉常见毒物的特效解毒剂。

（2）蛇咬伤：掌握毒蛇咬伤的临床表现，熟悉急救原则。

10.传染病概要

（1）传染病概述

掌握感染的表现形式、传染病流行过程中的三个基本条件。

（2）艾滋病

①熟悉艾滋病的病原体、传染源、传播方式、易感人群。

②熟悉艾滋病的临床表现。

③了解艾滋病的治疗、预防。

（3）肺结核

①掌握肺结核的病原体、传染源、传播方式、临床表现，辅助检查。

②熟悉肺结核的治疗原则、预防。

（四）参考教材

考试内容以考纲规定的内容为准，原则上不指定考试教材版本，参考教材为：

1.《解剖学基础》第二版，主编：崔文、柏燕，人民卫生出版社，2019年12月。

2.《生理学基础》第二版，主编：周南会，人民卫生出版社，2019年6月。

3.《药理学基础》第二版，主编：卢佳，人民卫生出版社，2019年8月。

4.《临床医学概要》第二版，主编：马建强、缪金萍，人民卫生出版社，2023年3月。

附件

医药类专业综合科目考试题型示例

（考试时间150分钟，满分350分，纸笔考试）

第I卷（共208分）

一、单项选择题：本大题共58小题，每小题3分，共计174分。在每小题列出的四个备选项中，只有一个正确答案，在答题卡上将所选答案对应的标号涂黑。

1. 呼吸道唯一完整的软骨环是（　　　　）。

A. 甲状软骨　　　　B. 环状软骨　　　　C. 会厌软骨　　　　D. 杓状软骨

2. 不属于凝固性坏死的是（　　）。

A. 心肌梗死　　　　B. 肝梗死　　　　　C. 脾梗死　　　　　D. 脂肪组织坏死

···········

二、判断题：本大题共17小题，每小题2分，共计34分。判断下列各题的正误，正确的在答题卡上涂"A"，错误的在答题卡上涂"B"。

59. 鼓膜脐前下方的三角形反光区，称为光锥。

60. 肝大部分位于左季肋区和腹上区，小部分位于右季肋区。

···········

第II卷（共142分）

三、填空题：本大题共13小题，每空2分，共计54分。

76. 关节基本构造包括　　　　、　　　　和　　　　。

77. 抗心绞痛药物分类包括　　　　、　　　　和　　　　。

···········

四、名词解释：本大题共7小题，每小题5分，共计35分。

90. 硬膜外隙

91. 兴奋性

···········

五、简答题：本大题共9小题，共53分。

97. 简述肝门静脉的组成、位置及主要属支。（7分）

98. 简述影响动脉血压的因素。（5分）

···········

四川省普通高校招生职业技能考试大纲材料化工与资源环境类（2023年版）

一、考试性质

本职业技能考试是中等职业学校材料化工与资源环境类专业毕业生参加普通高校对口招生的选拔性全省统一考试。

二、考试依据

1.《中等职业学校专业教学标准（试行）（2017年版）》。

2.《职业教育专业简介（2022年修订）》。

三、考试方式

材料化工与资源环境类技能考试主要包括专业知识（应知）考试和技能操作（应会）考试两个组成部分，统一采取纸笔考试形式，考试时长150分钟，考试总分350分。其中专业知识（应知）部分分值200分，技能操作（应会）部分分值150分。

四、考试范围和要求

第一部分 专业知识（应知）

（一）考试科目与分值比例

1.基础化学，约占50%；

2.化学分析技术，约占30%；

3.环境学基础，约占20%。

（二）试卷结构与分值比例

1.单项选择题，约占35%；

2.判断题，约占35%；

3.填空题，约占10%；

4.问答题，约占20%。

（三）考试范围及要求

【基础化学】

1.化学基本量和化学计算

掌握常见化学基本量：质量、粒子数、物质的量、摩尔质量、气体摩尔体积、物质的量浓度等；掌握常见的化学计算：有关物质的量、体积比、质量比、物质的量浓度等基本计算；能正确书写化学反应方程式，并能根据化学方程式进行简单计算。

2. 原子结构与化学键

了解原子的构成；理解元素周期律的实质；了解元素周期表的结构；初步掌握原子核外电子排布、原子半径和元素性质的递变规律；掌握元素周期表的使用方法；了解化学键的概念；了解离子键、共价键（极性键、非极性键）的含义；会用电子式表示离子键、共价键；了解离子化合物、共价化合物的含义；了解极性分子、非极性分子的含义；了解分子间力、氢键与物质物理性质的关系。

3. 卤族元素

掌握氯气、氯化氢、盐酸、次氯酸和次氯酸盐的性质及用途；掌握溴、碘单质的性质、制法及用途；掌握溴、碘的化合物的性质和作用；了解氟及其化合物；理解卤族元素性质递变规律；掌握 Cl^-、Br^-、I^- 的鉴别方法。

4. 氧化还原反应

理解氧化反应、还原反应、氧化还原反应、氧化剂、还原剂等基本概念；掌握由化合价变化的特点判断氧化还原反应的方法；掌握氧化还原方程式的配平。

5. 碱金属和碱土金属

掌握钠、钾及其重要化合物的性质、制备和用途；掌握镁、钙及其重要化合物的性质、制备和用途；了解碱金属、碱土金属的原子结构和通性；了解离子反应的含义；了解离子方程式的书写；了解离子反应发生的条件；了解硬水的危害性及其软化的重要性、硬水软化的基本原理。

6. 氧族元素

了解氧族元素的原子结构和化合物，氧气和臭氧的性质及作用；掌握过氧化氢的性质和用途；了解硫、硫化氢的性质；掌握二氧化硫、亚硫酸及其盐的性质和用途，三氧化硫的性质和硫酸的制法、性质及用途；理解硫酸盐的溶解性和硫酸根离子的检验。

7. 化学反应速率和化学平衡

了解化学反应速率概念和表示方法，理解浓度、压力、温度和催化剂等因素对反应速率的影响；掌握化学平衡的概念和化学平衡的特征；理解化学平衡常数的意义；理解浓度、压力、温度对化学平衡的影响；掌握平衡移动的原理；了解化学反应速率和化学平衡原理在化工生产中的应用。

8. 电解质溶液

了解电解质、非电解质、强电解质、弱电解质的概念；理解强、弱电解质的电离特点；了解水的离子积和溶液 pH 值的意义，掌握 pH 值与 [H+] 和溶液酸碱性的关系；理解盐类水解的原理和影响盐类水解的主要因素；了解同离子效应、缓冲溶液的概念。

9. 电化学基础

了解电对、电极电位、标准电极电位、电动势及标准电动势等概念；了解原电池的概念和作用；理解原电池产生电流的原理和电子的流向；了解电极电位的含义及其影响因素；了解一般的化学电源；了解电解的概念和作用。

10. 氮族元素

了解氮族元素的通性；了解氮气的性质、制法、用途；理解氨、铵的性质、用途；了解氮的氧化物的性质和用途；掌握硝酸的制备、性质和用途；掌握硝酸盐的热稳定性及分解规律。

11. 碳族元素

了解碳族元素的通性；理解碳及其氧化物的性质；掌握碳酸和碳酸盐的性质；理解纯碱的工业生产原理；了解硅及其重要化合物的主要性能和作用。

12. 配位化合物

了解配合物的概念、组成、命名。

13. 烃

理解有机化合物的基本概念；了解有机物分类；理解烃、烃基、同系物、同分异构现象和同分异构体等概念；掌握烷烃、烯烃、炔烃的同系物的命名，并能根据其名称写出结构简式；理解甲烷、乙烯、乙炔的实验室制法；掌握烷烃、烯烃、炔烃、苯及其同系物的组成、结构、通式；掌握其主要性质并会书写相关化学反应方程式；掌握烃的鉴别方法；了解煤、石油、天然气在经济建设中的重要作用；树立绿色、环保、健康、安全等责任意识。

14. 烃的衍生物

理解官能团的含义；理解卤代烃、醇类、酚类、醛、羧酸、酯的结构特征、主要性质及它们之间的相互转化；能综合运用化学知识对常见卤代烃、醇、酚、醛、酮、羧酸等有机物进行检验；了解卤代烃、醇、苯酚、乙醚、醛和酮、羧酸、酯等在生产、生活中的应用。

【化学分析技术】

1. 定量分析基础知识

了解化学分析的基本分析方法和分类；掌握定量分析中误差产生的原因，有关误差的基本概念及其减少误差的方法；理解有效数字的意义；掌握有效数字的运算规则对分析结果的数据处理方法，能对分析中常见可疑数据进行处理；掌握分析化学实验室基本要求、安全知识、分析流程及注意事项。

2. 滴定分析概论

了解滴定分析的实质；掌握滴定分析基本概念和常见专业术语；掌握滴定分析方法的分类，滴定方式，滴定反应具备的条件；掌握溶液浓度的表示方法，标准溶液的配制方法和标定方法；掌握基准物质的基本概念、用途和具备的条件；掌握滴定分析计算的基本依据，能完成常见滴定分析结果的计算。

3. 酸碱滴定

掌握常见酸碱溶液 pH 值的计算；理解酸碱滴定基本原理和滴定过程 pH 值变化；掌握缓冲溶液的定义、组成、作用和选择；了解其 pH 值计算和配制方法；掌握酸碱指示剂的作用、变色原理、变色范围、选择原则；了解酸碱滴定中的滴定突跃和终点颜色变化及其终点控制依据；了解浓度对滴定突跃的影响；了解酸碱滴定的常见应用。

4. 配位滴定

了解配位滴定的特点；熟悉常见配位剂；了解 EDTA 的基本特性，与金属离子形成配合物的特点；了解配位平衡体系中稳定常数之间的关系；了解酸效应和配位效应；理解配位滴定的原理；掌握金属指示剂的作用原理；了解常见金属指示剂及其使用注意事项；了解配位滴定的常见应用。

5. 氧化还原滴定

了解氧化还原滴定原理；掌握常见氧化还原滴定的特点、分类及应用。

6. 沉淀滴定

了解沉淀溶解平衡和沉淀转化；了解沉淀滴定法的概念及沉淀滴定反应具备的条件；掌握莫尔法、佛尔哈德法和法扬司法的原理、滴定条件和应用范围。

7. 称量分析

了解称量分析法的特点、分类；理解称量分析法对沉淀形式、称量形式的要求；理解影响沉淀完全、纯净的因素；理解沉淀纯净的方法、沉淀的条件、沉淀的处理；掌握称量分析法的应用；了解称量分析计算。

【环境学基础】

1. 环境及环境问题

了解环境的概念、分类和功能特性；了解环境问题及其分类；了解环境问题的产生和发展；了解当前全球环境问题和中国的环境问题。

2. 环境科学

了解环境科学的概念；了解环境科学研究的对象和任务；了解环境科学的内容和分科。

3. 生态学基本原理

理解生态学的定义及发展；理解生态系统的涵义、组成及类型结构；理解生态平衡的概念、破坏因素、生态学在环境保护中的应用。

4. 人口与环境

了解人口和环境的关系。

5. 能源与环境

了解能源及其分类；了解能源利用对环境的影响；理解新能源的开发与利用。

6. 自然资源的利用与保护

了解自然资源的定义、分类、属性及特点；理解自然保护区的概念、作用及分类；掌握各种自然资源的利用与保护。

7. 大气污染及防治

了解大气的组成，理解大气圈的垂直结构；掌握大气污染的含义和主要类型；掌握大气污染源与大气污染物的分类；了解全球性大气污染问题的形成、危害及其防治；了解除尘方法及主要设备。

8. 水污染及防治

了解水资源的分布、利用与保护；了解水体自净的概念及污染物的迁移转化规律；理解水污染的控制方法与措施；掌握水污染的控制技术分类及常见处理方法。

9. 固体废物污染及防治

了解固体废物的种类、特点及污染途径；了解固体废物对环境和人类的影响；掌握固体废物的处理、处置与综合利用。

10. 土壤污染及防治

了解土壤污染的来源、分类及特点；了解土壤污染的防治措施。

11. 环境监测与质量评价

了解环境监测的目的、任务、分类和原则；理解环境监测的基本步骤；理解化学分析法、仪器分析法和生物监测技术；了解大气环境监测和水环境监测设计的一般步骤；了解大气、水、声环境质量评价方法；了解环境影响评价的程序、方法和环境影响评价报告的编制。

12. 环境保护与可持续发展

了解环境管理、环境法规、环境影响评价、清洁生产的基本概念；了解可持续发展的概念和相关战略措施。

（四）参考教材

考试内容以本考试大纲规定的范围为准，原则上不指定考试教材版本，参考教材为：

1.《无机化学》，主编：秦川，2023 年 2 月，化学工业出版社。

2.《有机化学》（第三版），主编：贺红举，2023 年 8 月，化学工业出版社。

3.《化学分析技术》，主编：邵国成、许丽君，2023 年 7 月，化学工业出版社。

4.《环境学基础》（第二版），主编：杨永杰，2023年5月，化学工业出版社。

第二部分 技能操作（应会）

（一）考试科目

化学分析技术

（二）试卷结构比例

综合应用题

（三）考试范围及要求

1.考试范围

（1）分析化学常用普通溶液的配制；包括质量比（m/m）、质量体积比（m/L）、体积比（V/V）；

（2）配制与标定常见酸标准滴定溶液（如0.1 mol/L的HCl溶液）；

（3）配制与标定常见碱标准滴定溶液（如0.1 mol/L的NaOH溶液）；

（4）酸碱滴定法测定工业纯碱总碱度；

（5）配制$CaCO_3$（如0.1 mol/L）的基准溶液；

（6）酸碱滴定法测定食醋的总酸度；

（7）配位滴定法测定给定石灰石等试样中钙含量；

（8）配位滴定法测定给定石灰石等试样中钙镁含量；

（9）配位滴定法测定工业用水总硬度含量。

2.考试要求

（1）掌握化学实验HSE应用要求；

（2）掌握分析实验常用玻璃器皿的洗涤、干燥及使用；

（3）掌握分析常用试剂的准备；

（4）掌握分析常用天平的使用；

（5）掌握分析化学滴定的基本操作技能；

（6）掌握分析化学常用标准滴定溶液的配制与标定；

（7）掌握常见酸碱试样及原材料分析检测；

（8）掌握称量分析基本操作技能；

（9）掌握测试数据记录，测试结果的处理与分析方法；

（10）掌握测试报告撰写。

附件

材料化工与资源环境类技能考试部分题型示例

（考试时间150分钟，满分350分，纸笔考试）

第一部分　专业知识（应知）

一、单项选择题（本大题共35题，每题2分，合计70分。每小题给出四个选项，只有一项符合题目要求）

1.决定化学反应速率的主要因素是（　　）。

A. 参加反应的物质本身的性质　　　B. 催化剂以及反应物的接触面

C. 反应温度和压强　　　　　　　　D. 反应物的浓度

2. 标定 HCl 溶液常用的基准物是（　　）。

A. 无水 Na2CO3　　　　　　　　　B. 草酸（H2C2O4·2H2O）

C. 无水 CaCO3　　　　　　　　　 D. 邻苯二甲酸氢钾

......

二、多项选择题（本大题共35题，每题2分，合计70分。正确的在题后面括号内画"√"，错误的画"×"，不画不得分）

36. 摩尔是国际七个基本物理量之一。（　　）

37.CH3CH2CH（CH3）2 的正确命名是 3– 甲基丁烷。（　　）

......

三、填空题（本大题共20题，每题1分，合计20分）

71. 2 mol CO2 中含氧元素的质量为　　　　。

72. 偶然误差的减免方法为　　　　。

......

四、简答题（本大题共20题，每题1分，合计20分）

91. 简述化学平衡的影响因素。

92. 准确度和精密度有什么不同？它们与误差和偏差的关系是什么？

......

第二部分　技能操作（应会）

五、综合应用题（本大题共1题，合计150分）

95.某试样测试需配制与标定 0.10 mol/L HCl 标准滴定溶液。请根据测试需求，完成以下模块内容：

模块一：本任务 HSE（Health Safe Environment）应用要求。

（1）配制与标定 0.10 mol/L HCl 标准滴定溶液测试中 HSE 注意事项为哪些？（15分）

模块二：配制 0.10 mol/L HCl 的盐酸滴定溶液 1L。

（2）计算配制 0.10 mol/L HCl 所需浓盐酸的量。（已知市购浓盐酸密度为 1.19g/cm3，质量分数为 37.5%，HCl 的摩尔质量为 36.5g/mol）（20分）

（3）书写配制 0.10 mol/L HCl 的步骤。（20分）

模块三：标定 0.10 mol/L HCl 的盐酸标准滴定溶液。

（4）根据实际测试，书写 HCl 标准滴定溶液标定的基本原理，并用化学方程式表示。（10分）

（5）如用基准物质法标定 HCl 溶液时，测定中电子分析天平的精度要求、称样的操作流程、注意事项和称量范围分别是什么？（20分）

（6）标定 0.10 mol/L HCl 溶液时，书写滴定管的使用流程、滴定的速度控制、滴定终点的控制要点、滴定数据的读取要求。（30分）

（7）书写测定结果计算公式。（20分）

模块四：设计实验报告。

（8）根据试题内容，自行设计实验报告格式。（15分）

四川省普通高校招生职业技能考试大纲教育类
（2023年版）

一、考试性质

本职业技能考试是中等职业学校教育类专业毕业生参加普通高校对口招生的选拔性全省统一考试。

二、考试依据

1.《职业教育专业目录（2021年）》。

2.《职业教育专业简介（2022年修订）》。

3.《保育师国家职业技能标准（2021年版）》。

三、考试方式

教育类专业类别考生参加专业综合科目笔试，考试时长150分钟，满分350分。

四、考试范围和要求

（一）考试科目与分值比例

1.幼儿卫生与保健，约占15%；

2.幼儿发展心理基础，约占15%；

3.保教政策法规与职业道德，约占15%；

4.幼儿照护，约占40%；

5.幼儿早期学习支持，约占15%。

（二）试卷结构与分值比例

1.单项选择题，约占29%；

2.多项选择题，约占9%；

3.判断题，约占11%；

4.简答题，约占14%；

5.材料分析题，约占26%；

6.方案设计题，约占11%。

（三）考试范围及要求

【幼儿卫生与保健】

1.学前儿童生理特点及保育

了解人体基本形态、基本结构及人体生理特征；

理解学前儿童各大系统及感觉器官的形态结构特点和生理功能规律；

掌握托幼园所常见活动对学前儿童各大系统和感觉器官进行保育的要求。

2. 学前儿童的生长发育及健康评价

了解学前儿童生长发育的特点和一般规律；

掌握学前儿童生长发育的评价指标及评价方法。

3. 学前儿童营养与膳食卫生

了解营养学基础知识；

掌握学前儿童膳食特点及配制原则。

4. 学前儿童的心理健康

了解心理健康的概念及标志、学前儿童常见心理问题及身心疾病的表现和原因；

掌握维护和促进学前儿童心理健康的措施。

5. 托幼园所卫生保健制度

理解托幼园所卫生保健制度的具体内容；

（2）掌握托幼园所卫生保健的相关要求。

【幼儿发展心理基础】

1. 心理学和学前儿童发展心理学基本知识

了解心理学的含义、心理现象的内容；

理解学前儿童心理发展的基本理论；

理解学前儿童发展心理学的研究对象、任务及方法。

2. 学前儿童生理发展

了解神经系统的概念、脑的结构及其主要功能和发展特点；

理解学前儿童身体和动作发展的概念、意义、一般规律及特点；

掌握学前儿童身体和动作发展的训练方式及评价方法。

3. 学前儿童认知发展

理解学前儿童感知觉、注意、记忆、思维、想象、言语的概念、特点及发展规律；

掌握利用认知特点及规律分析教育现象、解决教育问题的方法和策略。

4. 学前儿童情绪和情感发展

了解情绪和情感的概念、关系及作用；

掌握学前儿童情绪和情感特点及发展规律。

5. 学前儿童社会性发展

了解学前儿童社会性发展的相关知识；

理解依恋的类型、形成原因及作用；

掌握学前儿童社会行为、性别发展与道德发展的特点；

掌握学前儿童同伴交往的特点、策略及作用。

6. 学前儿童个性发展

（1）了解个性的概念和特征；

（2）掌握学前儿童气质、性格、自我意识发展的年龄特征。

【保教政策法规与职业道德】

1. 保教政策法规

了解保教政策法规的相关概念、体系与发展阶段；

理解保教政策法规的作用；

掌握相关保教政策法规的主要内容。

2. 幼儿的权利

了解幼儿与托幼园所的法律关系；

理解幼儿的法定权利与幼儿法定权利的保护；

掌握托幼园所安全事故的预防、处理与归责。

3. 托幼园所的保育和教育工作

了解托幼园所保教工作的地位和任务；

理解托幼园所教育的原则和基本要求；

理解托幼园所保育工作的意义和基本要求。

4. 托幼园所的工作人员

了解国家教师制度；

理解托幼园所保育人员的任职要求和岗位要求。

5. 托幼园所保育人员的职业道德

（1）了解保育人员职业道德素养的含义、内容和意义；

（2）理解保育人员职业行为素养的内容；

（3）掌握保育人员职业道德规范的要求和提升职业道德素养的方法。

【幼儿照护】

模块一：幼儿生活照护

1. 幼儿生活保育的基本认知

（1）了解幼儿生活活动的含义；

（2）理解幼儿生活照护的基本理念、价值和目标；

（3）掌握幼儿生活照护的内容及要求。

2. 一日生活环节照护活动的开展

（1）了解入园、饮水、盥洗、如厕、餐点、午睡、离园七个生活环节的幼儿行为要求；

（2）理解入园、饮水、盥洗、如厕、餐点、午睡、离园七个生活环节的生活照护内容；

（3）掌握入园、饮水、盥洗、如厕、餐点、午睡、离园七个生活环节的生活照护流程、方法及个别化问题的观察与应对策略。

3.幼儿生活环境的创设

（1）理解托幼园所环境卫生、物品清洁、预防消毒的标准和工作内容，物品管理的标准、范围和要求；

（2）掌握清洁消毒的流程、操作办法及物品的整理和收纳方法；

（3）掌握幼儿生活环境安全隐患排查的流程、方法及创设适宜生活环境的策略。

模块二：幼儿健康照护

1.幼儿健康管理与要求

（1）了解免疫和预防接种的基本概念及分类；

（2）掌握幼儿健康检查的内容与托幼园所计划免疫的组织与管理。

2.托幼园所传染性疾病的管理

（1）了解幼儿常见传染性疾病的特点、传播途径和流行环节；

（2）掌握托幼园所传染性疾病的预防和管理措施。

3.幼儿常见疾病的识别与应对

（1）了解幼儿常见疾病的表现及原因；

（2）掌握幼儿常见疾病的预防和照护措施。

4.幼儿五官保健与照护

（1）了解幼儿五官常见病症及特点；

（2）掌握幼儿五官的保健和五官常见病症的照护措施。

5.特殊幼儿的健康管理与幼儿营养性疾病的照护

（1）理解随班就读的概念、意义及特殊幼儿健康照护管理的内容；

（2）掌握幼儿常见营养性疾病的类型、表现及照护措施。

模块三：幼儿安全照护

1.托幼园所的安全工作

（1）了解托幼园所安全工作的要求和管理制度；

（2）理解托幼园所安全维护、安全培训与演练的内容。

2.幼儿的安全照护

（1）了解幼儿安全照护的基本知识；

（2）掌握幼儿安全照护的内容与要求。

3.特殊幼儿的安全照护

（1）掌握常见身体发育障碍特殊幼儿的形成原因、类型、表现特点和安全照护要点；

（2）掌握常见心理发展障碍特殊幼儿的类型、表现特点和安全照护要点。

4. 幼儿意外伤害与急症的处理

（1）掌握幼儿常见意外伤害的应急处理和急救技术；

（2）掌握幼儿常见急症应急处理的方法。

5. 幼儿安全教育

（1）理解幼儿安全教育的目标、内容和途径；

（2）掌握幼儿自我保护教育和安全自救教育的内容、方法。

6. 托幼园所突发事件的应对

（1）理解托幼园所突发事件的基本知识；

（2）掌握托幼园所突发事件应急处理的措施。

【幼儿早期学习支持】

1. 幼儿早期学习

（1）了解幼儿早期学习的含义、内容和价值；

（2）理解幼儿早期身心发展规律和个体差异。

2. 幼儿早期学习环境支持

（1）掌握幼儿早期学习材料的选择、投放、调整、分类和收纳；

（2）掌握幼儿早期学习物质环境的空间结构划分、区域布置、场地选择及幼儿早期学习精神环境的创设原则和营造措施。

3. 幼儿早期学习活动实施

（1）理解托幼园所各类教育活动的特点；

（2）掌握托幼园所各类教育活动的环境创设、材料投放和辅助实施流程。

（四）参考教材

1. 学前儿童卫生保健（第二版），主编：王东红、王洁，高等教育出版社，2020年12月。

2. 学前儿童发展心理（第二版），主编：王兴华、周佶，高等教育出版社，2022年9月。

3. 幼儿教育政策与法规，主编：赵倩、李保民、祁净玉，湖南师范大学出版社，2019年1月第1版，2023年7月修订。

4. 保育员职业素养，主编：孙青，高等教育出版社，2021年8月。

5. 婴幼儿生活保育，主编：周昶、尹毅，高等教育出版社，2022年1月。

6. 婴幼儿健康照护，主编：于新颖、蔡惠连，高等教育出版社，2022年1月。

7. 婴幼儿安全照护，主编：闵捷，高等教育出版社，2021年11月。

附件

教育类专业综合科目考试题型示例

（考试时间150分钟，满分350分，纸笔考试）

第Ⅰ卷（共170分）

一、单项选择题：本大题共50小题，每小题2分，共100分。在每小题列出的四个备选项中，只有一个正确答案。

1. 培养幼儿合作学习的意识和能力，学习用多种方式表现、交流、分享探索的过程和结果，可采取的方式有探索、引导幼儿积极参加

A. 游戏交往　　　B. 集体游戏　　　C. 小组讨论　　　D. 生活交往

……

二、多项选择题：本大题共10小题，每小题3分，共30分。在每小题备选项中均有两个或两个以上的正确答案，错选、漏选或多选均不得分。

1. 下列属于幼儿心理健康问题的是

A. 偏食　　　B. 多动　　　C. 咬指甲　　　D. 爱告状

……

三、判断题：本大题共20小题，每小题2分，共40分。判断下列各题正误，正确的在答题卡上涂"A"，错误的在答题卡上涂"B"。

1. 给幼儿滴眼药水时，把药液滴在眼珠正中。

……

第Ⅱ卷（共180分）

四、简答题：本大题共5小题，每小题10分，共50分。

1. 简述幼儿如厕生活环节的照护流程。

……

五、材料分析题：本大题共3小题，每小题30分，共90分。

1. 阅读下面材料，回答问题。

美国儿童心理学家霍尔认为"一两的遗传胜过一吨的教育"。另一位美国心理学家华生有一句名言："给我一打健全的儿童，我可以用特殊的方法任意加以改变，或者使他们成为医生、律师、艺术家、豪商，或者使他们成为乞丐和强盗。"

问题：

（1）上述两位心理学家各自代表的儿童心理发展的理论观点是什么？你同意他们的观点吗？为什么？

（2）遗传和环境对儿童心理发展有哪些作用？请结合案例说明。

······

六、方案设计题：本大题共 1 小题，40 分。

大班的李老师发现，班里的幼儿在玩购物游戏时，总是随意付款和收款。标价 3 元的物品，有的幼儿直接拿 1 元、5 元、10 元的代钱币付款；还有的幼儿不计算商品价格总额，不管多少钱都随意付款，收款的幼儿也随意收下。

针对这一现象，李老师设计了一个教育活动如下：

大班数学活动：认识人民币

活动目标：

1. 认知目标：初步认识人民币，知道人民币的面值。

2. 能力目标：会看人民币上的数字，能在游戏中正确使用教具人民币购买 10 元价格内的商品。

3. 情感目标：有使用钱币购买商品的愿望，体验自主购物的快乐。

活动准备：

1. 经验准备：幼儿已有购物经验和对人民币的初步了解。

2. 物质准备：动画片视频、人民币、教具人民币、课件、各种商品道具。

活动过程：

（一）导入

播放动画片《小熊逛超市》，并提问。

师：小朋友们，你们在动画片里看到了什么？小熊想买蜂蜜和蛋糕，要用什么才能买到这些东西呢？（幼儿自由发言）

（二）认识人民币

1. 教师出示课件，组织幼儿观察不同面值的人民币，让幼儿了解人民币的特征（都有国徽）；人民币的种类（包括纸币和硬币）；人民币的面值及相应的汉字、颜色。

师：小朋友们，你们认识这些钱吗？它们有什么不同呢？

2. 分发各种面值的人民币，引导幼儿识别人民币正面和反面的图案与数字。

小结：我们可以通过人民币的数字、颜色与图案来区分和辨别人民币。

（三）使用人民币

出示一些贴有标价的玩具，请幼儿用教具人民币买玩具。

（四）总结反思，延伸探究

教育幼儿要节约用钱，不在人民币上乱写乱画。请幼儿回家后和爸爸妈妈到商店看一看物品的价格，尝试自己购物。

请根据李老师的教育活动设计写出活动环境创设、材料投放和辅助实施方案。

四川省普通高校对口招生职业技能考试大纲汽车类
（2023年版）

一、考试性质

本职业技能考试是中等职业学校汽车类专业毕业生参加普通高校对口招生的选拔性全省统一考试。

二、考试依据

1.《中等职业学校专业教学标准（试行）》（教职成厅函〔2014〕11号）。

2.《中等职业教育专业简介（2022年修订）》。

3. 参照《国家职业技能标准》（人力资源和社会保障部、交通运输部〔2019〕，职业（工种）名称：汽车维修工（职业编码4-12-01-01）。

三、考试方式

汽车类技能考试主要包括专业知识（应知）和技能操作（应会）考试两个组成部分，考试总分为350分。其中专业知识（应知）部分采用纸笔考试方式，分值200分，时长90分钟。技能操作（应会）部分采用纸笔考试方式，分值150分，时长30分钟。

四、考试范围和要求

第一部分　专业知识（应知）

（一）考试科目与分值比例

1. 汽车文化，约占7%;

2. 汽车机械基础，占25%;

3. 汽车电工电子基础，占18%;

4. 汽车构造与拆装，约占50%。

（二）试卷结构与分值比例

1. 单项选择题，约占50%;

2. 多项选择题，约占30%;

3. 判断题，约占20%。

（三）考试范围及要求

【汽车文化】

1. 了解汽车的发展过程；

2. 了解汽车运动及著名车展；

3. 掌握汽车的品牌与车型文化；

4. 了解汽车的功能及组成等基础知识；

5. 了解汽车的类型、产品型号及代码；

6. 了解汽车新技术和汽车未来发展趋势；

7. 了解汽车环保基础知识。

【汽车机械基础】

1. 静力学基础

（1）掌握力的概念与基本公理；

（2）了解力矩、力偶的概念及基本应用；

（3）了解约束、约束力的类型及作用；

（4）了解平面力系的受力分析。

2. 汽车材料

（1）了解铸铁的分类、牌号及性能；

（2）掌握碳素钢的分类、牌号及性能；

（3）掌握合金钢的分类、牌号及性能；

（4）了解钢的热处理的目的及分类；

（5）了解常用有色金属材料的分类、牌号及性能；

（6）了解常用黑色金属材料的分类、牌号及性能；

（7）掌握汽车润滑剂的种类、性能、润滑方法及选用；

（8）掌握汽车常用燃料的标号、性能及应用；

（9）了解汽车常用材料的选择及应用。

3. 汽车常用连接

（1）了解连接的类型及应用；

（2）掌握键连接的功用及分类；

（3）了解平键连接的结构与标准；

（4）了解销连接的类型、特点及应用；

（5）了解花键连接的类型、特点及应用；

（6）掌握常用螺纹的类型、特点及应用；

（7）掌握螺纹连接的主要类型、应用、结构及防松措施；

（8）掌握螺纹连接拆装要领；

（9）了解联轴器的功用、类型、特点及应用；

（10）了解离合器的功用、类型、特点及应用。

4. 汽车常用机构

（1）了解平面机构的概念；

（2）了解平面运动副的概念及分类；

（3）掌握铰链四杆机构的基本类型、特点及判定方法；

（4）了解铰链平面四杆机构的演化类型及应用；

（5）了解凸轮机构的组成、特点、分类及应用。

5. 汽车机械传动

（1）掌握带传动的特点、类型及应用，理解其工作原理；

（2）掌握 V 带的结构和标准；

（3）了解 V 带轮的材料和结构；

（4）了解 V 带传动参数的选用；

（5）了解影响带传动工作能力的因素；

（6）掌握链传动的类型、特点及应用，理解其工作原理；

（7）了解链传动的安装与维护；

（8）掌握齿轮传动的特点、分类及应用；

（9）了解渐开线齿轮各部分的名称、主要参数及计算；

（10）了解齿轮的常用材料与失效形式；

（11）了解齿轮传动的维护方法；

（12）了解蜗杆传动的特点、类型及应用；

（13）掌握蜗杆传动中蜗轮的转向判定；

（14）了解蜗杆传动的失效形式及维护措施；

（15）了解轮系的分类及应用；

（16）掌握定轴轮系的传动比计算；

（17）了解减速器的类型、结构及应用。

6. 液压与气压传动

（1）掌握液压与气压传动的结构组成、传动特点及图形符号，理解其工作原理；

（2）了解液压传动的基本参数；

（3）了解液压元件及基本回路。

7. 支承零部件

（1）了解轴的分类、材料、结构及应用；

（2）了解滑动轴承的特点、主要结构及应用；

（3）了解滚动轴承的类型、特点、代号及应用。

【汽车电工电子基础】

1. 安全用电

（1）掌握安全用电的操作规程；

（2）了解人体触电的类型、伤害方式；

（3）理解保护接地的原理，掌握保护接零的方法及应用；

（4）掌握防止触电的保护措施和触电现场的处理方法。

2. 常用电子元器件

（1）了解电阻、电容、电感、电气开关的功用、种类、特性、参数及应用；

（2）了解保险、继电器、二极管、三极管等半导体元器件的功用、类型、特性、参数及应用。

3. 电路的基础知识

（1）掌握常用工量具的使用方法；

（2）掌握电路的基本概念及结构；

（3）掌握欧姆定律、基尔霍夫定律的基本概念及应用；

（4）了解电磁、电感的基本概念及应用；

（5）了解磁场强度、磁感应强度和磁导率的基本概念及相互关系；

（6）掌握左、右手定则及应用；

（7）了解整流电路的基本结构，理解其工作原理及应用。

4. 交 / 直流电路

（1）掌握电路组成的基本要素及简单电路图识读方法；

（2）了解电路物理量参考方向的含义和作用，能使用参考方向解决电路中的实际问题；

（3）了解电动势、电位和电能的物理概念；

（4）了解电流、电压和电功率的概念，掌握简单计算方法及应用；

（5）掌握测量电流、电压的基本方法及应用；

（6）了解交流电路的基本概念；

（7）理解变压器的工作原理；

（8）了解汽车直流电动机基本组成，理解工作原理；

（9）了解汽车三相电动机基本组成，理解工作原理；

（10）了解汽车三相交流发电机基本组成，理解其工作原理。

5. 数字电路

（1）了解数字信号特点及应用；

（2）了解二进制和十进制的转换。

【汽车构造与拆装】

1. 防火安全

（1）了解火灾的基本概念及种类；

（2）了解常见灭火器的种类，掌握其检查及使用方法；

（3）掌握火灾防范及扑救常识。

2. 技术标准与规范

（1）了解 GB 7258−2022《机动车运行安全技术条件》的相关要求；

（2）了解 GB 18285−2018 汽油车污染物排放限值；

（3）了解 GB 17691−2018 重型柴油车污染物排放限值。

3. 环保

（1）了解汽车车用油、液的储存要求与方法；

（2）了解汽车固体废弃物及废弃油、液的处置方法。

1. 发动机基本工作原理与总体构造

（1）了解发动机的类型及总体构造；

（2）掌握发动机的基本术语；

（3）了解发动机零件的耗损形式；

（4）理解四冲程汽油机、柴油机的工作原理，了解国产内燃机型号编制规则。

2. 曲柄连杆机构

（1）掌握曲柄连杆机构的功用及组成；

（2）掌握机体组、活塞连杆组、曲轴飞轮组的结构及功用；

（3）能完成机体组、活塞连杆组和曲轴飞轮组的拆装与检测。

3. 配气机构

（1）掌握配气机构的功用及组成；

（2）了解配气机构的形式，掌握气门组、气门传动组零件的结构及功用；

（3）了解配气相位的基本概念；

（4）能完成气门组、气门传动组的拆装与检测。

4. 燃料供给系统

（1）掌握汽油机、柴油机燃料供给系统的功用及组成；

（2）了解发动机各工况对混合气的要求；

（3）了解汽、柴油发动机电控燃油喷射系统的类型及组成，理解其工作原理；

（4）了解汽油发动机电控燃油喷射系统常用传感器的作用、类型及安装位置；

（5）掌握燃油泵、汽油滤清器及喷油器的结构，理解其工作原理。

5. 冷却与润滑系统

（1）掌握冷却系统的功用及组成，理解其工作原理；

（2）了解散热器、风扇、水泵及蜡式节温器的结构，理解其工作原理；

（3）掌握冷却液的作用、类型及性能；

（4）掌握润滑系统的组成、功用、润滑方式及工作过程；

（5）掌握机油的功用、类型及特性；

（6）了解机油泵、机油滤清器的类型及结构，理解其工作原理；

（7）能完成冷却系、润滑系的拆装与维护。

6. 进、排气系统

（1）掌握进、排气系统的功用、组成及工作过程；

（2）了解空气滤清器、进气管、节气门体、排气管、消声器及催化转化器的结构与功用；

（3）了解电控汽油发动机排放控制系统的作用及组成；

（4）了解各种排气净化装置的结构与工作原理；

（5）能完成汽油机的进、排气系统的拆装与维护。

7. 点火系统

（1）掌握汽油发动机点火系统的组成、功用及工作原理；

（2）掌握点火线圈及火花塞的结构组成，理解其工作原理；

（3）能完成点火系统的拆装与维护。

1. 传动系统

（1）了解汽车传动系统的分类及布置形式，掌握其组成及特点；

（2）掌握离合器的功用及组成，了解摩擦式离合器的分类及组成，掌握膜片式弹簧离合器的组成并理解工作原理；

（3）掌握手动变速器的功用及组成；了解二轴式、三轴式手动变速器的变速传动机构和操纵机构的构造，理解其工作原理；

（4）了解自动变速器的功用、组成及类型，了解行星齿轮机构组成、类型及应用；

（5）掌握万向传动装置的功用及组成，了解万向节类型与构造；

（6）掌握驱动桥的功用及组成，并理解其工作原理；

（7）能完成传动系统的拆装与维护。

2. 行驶系统

（1）掌握汽车行驶系统的组成及功用，理解其工作原理；

（2）了解车轮定位的参数及功用；

（3）掌握车轮与轮胎功用、结构、种类及规格；

（4）掌握车架与车桥的功用、组成及类型；

（5）掌握悬架的功用、组成、类型及特点，了解麦弗逊式独立悬架的构造；

（6）能完成行驶系统的拆装与维护。

3. 转向系统

（1）掌握转向系统的功用、组成、类型及特点；

（2）了解机械式、液压式、电动式转向系统的构造；

（3）理解机械式、电动式动力转向系统工作原理；

（4）了解四轮转向系统的功用及特点；

（5）能完成转向系统的拆装与维护。

4. 制动系统

（1）掌握制动系统的功用、类型及组成；

（2）掌握车轮制动器的类型、特点及构造，理解其工作原理；

（3）了解液压、气压制动传动装置的功用及组成，了解液压制动传动装置主要零部件构造，并理解其工作原理；

（4）了解 ABS、ASR 及 ESP 系统的功用及组成，并理解其工作原理；

（5）能完成制动系统的拆装与维护。

1. 电源系统

（1）了解常用汽车蓄电池的结构、功用及类型；

（2）掌握汽车发电机的基本结构、功用及类型；

（3）理解汽车交流发电机的工作原理；

（4）能完成汽车电源系统的拆装与维护。

2. 起动系统

（1）掌握起动系统的组成、功用及类型；

（2）理解起动机的工作原理；

（3）能完成汽车起动系统的拆装与维护。

3. 照明和信号系统

（1）了解照明系统的组成、功用及应用；

（2）了解信号系统的组成、功用及应用；

（3）能完成照明系统及信号系统的拆装与维护。

4. 仪表及报警系统

（1）了解汽车仪表及报警系统的组成及功用；

（2）了解汽车仪表及报警系统常用符号所代表的含义及工作条件；

（3）能完成汽车仪表及报警系统的维护。

5. 车身辅助电器系统

（1）掌握电动车窗、电动后视镜、中控门锁及防盗、电动雨刮及清洗系统的组成及功用；

（2）了解电动座椅、安全气囊系统的组成及功用；

（3）能完成汽车车身辅助电器系统的拆装与维护。

6. 空调系统

（1）掌握汽车空调系统的功能及组成；

（2）了解汽车空调系统主要零部件的功用、类型和特点；

（3）能完成汽车空调系统的拆装与维护。

（四）参考教材

考试内容以本考试大纲规定的范围为准，原则上不指定任何考试教材版本，参考教材为：

1. 汽车文化

（1）《汽车文化》（第二版），主编：段福生、丁云鹏，2019 年 10 月，北京理工大学出版社；

（2）《汽车文化》（第二版），主编：何陶华，2021 年 10 月，人民交通出版社。

2. 汽车机械基础

（1）《汽车机械基础》（第一版），主编：刘贵森，2019 年 6 月，机械工业出版社；

（2）《机械基础》（第三版），主编：夏宇阳，2021 年 11 月，人民交通出版社。

3. 汽车电工电子

（1）《汽车电工电子基础》（第二版），主编：刘建平、饶思红，2021 年 4 月，高等教育出版社；

（2）《汽车电工电子基础》，主编：杨二杰，2022 年 7 月，人民交通出版社。

4. 汽车构造与拆装

（1）《汽车构造与拆装》，主编：黄仕利、陈瑜，2022 年 6 月，人民交通出版社；

（2）《汽车构造与拆装》，主编：廖晓琼、桂长江，2016 年 3 月，高等教育出版社。

第二部分　技能操作（应会）

（一）考试科目与分值比例

技能测试项目：

1. 汽车发动机部件、总成拆装与维护，约占 34%；

2. 汽车底盘部件、总成拆装与维护，约占 33%；

3. 汽车电气部件、总成拆装与维护，约占 33%。

（二）考试方法

1. 考试时间：30 分钟。

2.考试组织：考生在纸质试卷上完成包括汽车发动机拆装与维护、汽车底盘拆装与维护、汽车电气拆装与维护相关的技能测试题目共计15道，每个技能测试项目对应5道试题。

3.分值比例：试题共计15道选择题，每道题10分，共计150分。

（三）考试范围及要求

技能测试的3个项目均注重学生基本素养、基本技能和运用技术规范等能力的考核，要求如下：

1.能体现良好的职业基本素养及5S规范；

2.能按安全、环保等要求实施作业；

3.能正确选用、使用拆装工具量具；

4.能按照规范的流程拆装或检测典型零部件；

5.能检测典型零部件的相关参数，并判断值是否符合要求；

6.能对典型零部件的技术状况进行检查，并做出评估。

附件1

汽车类专业知识（应知）部分题型示例

（考试时间90分钟，满分200分，纸笔考试）

一、单项选择题（本大题共 50 小题，每小题 2 分，共计 100 分。在每小题列出的四个选项中，只有一个正确答案，选对得 2 分，错选、漏选或不选得 0 分，将正确答案涂写在答题卡上）。

1. 汽车识别代号是

A.VIN 码　　　　　B. 生产厂商　　　　C. 发动机型号　　　D. 变速器型号

2. 变速器的功用是

A. 改变传动比，增加驱动轮转矩和转速的变化范围　　　B. 改变汽车行驶方向

C. 中断动力传递　　　　　　　　　　　　　　　　　D. 动力传递

......

二、判断题（本大题共 40 小题，每小题 1 分，共计 40 分。判断正确得 1 分，判断错误或不判断得 0 分，判断正确在答题卡上对应涂 "A"，判断错误在答题卡上对应涂 "B"）。

51. 活塞在汽缸里做往复直线运动时，活塞向上运动到最高位置称为上止点。

52. 变速箱的档位数指的是前进挡个数加上倒档个数的总和。

......

三、多项选择题（本大题共 20 小题，每小题 3 分，共计 60 分。在每小题列出的选项中，有两个或两个以上的正确答案，全对得 3 分，错选、漏选或不选得 0 分，将正确答案涂写在答题卡上）。

91. 曲柄连杆机构主要组成部分有：

A. 机体组　　　　　B. 活塞连杆组　　　C. 曲轴飞轮组　　　D. 正时链条

92. 传动系布置形式有：

A.FR　　　　　　　B.FF　　　　　　　C.RR　　　　　　　D.4×4

......

附件2

技能操作（应会）部分题型示例

（考试时间30分钟，满分150分，纸笔考试）

请考生根据下面三个考核项目，在试卷上完成以下测试题（试题共计15道，每道题10分；单选题只有一个正确答案，选对得10分，错选或不选得0分；多选题有两个或两个以上的正确答案，全选对得10分，错选、不选或漏选得0分，将正确答案涂写在答题卡上）。

项目一、活塞连杆组的拆装与检查，完成试题1-5。

有一台某型号的发动机，工作时抖动严重，经专业技师初步检测诊断为二缸缸压不足，其它拆装作业已完成，现需进行二缸活塞连杆组的拆检作业，请考生根据你所掌握的相关知识和技能，完成问题1-5作答。

该发动机维修手册提供的相关参数如下：

名称	参数	备注
型式	直列4缸	
气缸直径与活塞行程	Φ85.7x78 mm	
点火顺序	1-3-4-2	
曲轴安装螺栓的安装力矩	90 Nm	
连杆螺栓的安装力矩	50NM	
活塞销直径	23.995-24.000 mm	
活塞直径	85.654-85.672 mm	

1.（单选题）下列为活塞连杆组的部分拆卸步骤：按照施工作业的先后顺序排序，正确的是：

❶ 准备好活塞连杆组拆装专用设备、工量具和其它辅助用具。

❷ 用抹布清洁二缸，并检查无缸肩和积碳。

❸ 将二缸活塞连杆旋转到上止点位置，检查连杆是否有明显弯曲现象。

❹ 拆卸连杆螺母。

❺ 将需要拆卸的连杆对应的活塞转到下止点。

❻ 用塑料榔头轻轻敲击连杆盖，取下轴承盖，并将下轴承装入连杆盖内。

❼ 用塑料或木质工具从汽缸体上面推出活塞、连杆总成及上轴承。

❽将连杆轴承盖、螺栓、螺母按原位装回，并注意连杆的装配标记。

❾活塞环的拆装与检查。

❿清洁所以零部件。

A.❶-❷-❺-❹-❸-❻-❼-❽-❾-❿   B.❶-❷-❸-❹-❺-❻-❼-❽-❾-❿

C.❶-❸-❺-❷-❹-❻-❼-❽-❾-❿   D.❶-❸-❷-❺-❹-❹-❼-❻-❽-❾-❿

2.（多选题）在活塞连杆组安装过程中，可选用下列哪种测量范围的扭力扳手。

    A. 2–20 NM   B.10–50 NM   C.40–200 NM   D.70–350 NM

3.（判断题）根据下面图片中活塞的运动方向和受力分析，张同学认为活塞运行的行程是做功行程，你认为张同学的判断是

    A. 正确   B. 错误

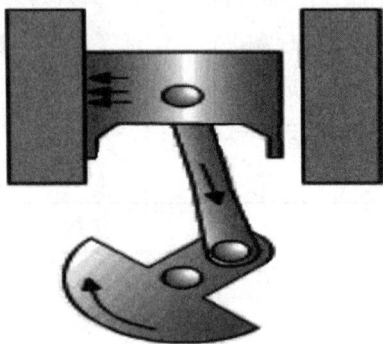

4.（单选题）根据下图中活塞的安装方向所示，确定活塞环的安装位置，正确的是：

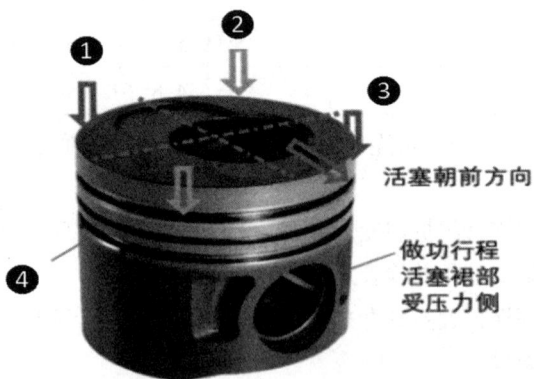

A.❶ 为第一道气环端口位置   ❷ 为第二道气环端口位置

❸ 为油轨侧环端口位置   ❹ 为油轨侧环端口位置

B. ❶ 为油轨侧环端口位置　　　　❷ 为第一道气环端口位置

　　❸ 为第二道气环端口位置　　　　❹ 为油轨侧环端口位置

C. ❶ 为油轨侧环端口位置　　　　❷ 为油轨侧环端口位置

　　❸ 为第一道气环端口位置　　　　❹ 为第二道气环端口位置

D. ❶ 为第二道气环端口位置　　　　❷ 为油轨侧环端口位置

　　❸ 为油轨侧环端口位置　　　　❹ 为第一道气环端口位置

5.（多选题）李同学使用千分尺（75–100 mm）测量活塞的直径（如下图），测量的结果为 85.550 mm，关于李同学的测试过程，下列描述错误的有：

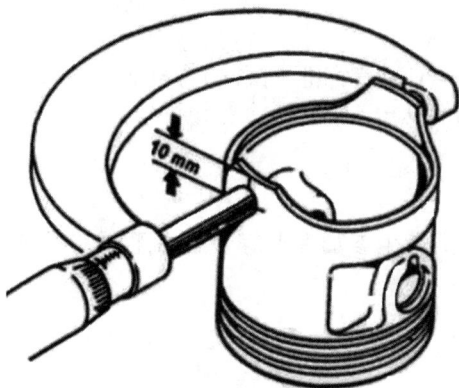

A. 量具选用错误，应该用游标卡尺进行测量

B. 活塞不满足使用要求，更换活塞

C. 测量位置错误

D. 活塞满足使用要求，可继续使用

……

项目二、xxx，完成试题 6–10。

……

项目三、xxx，完成试题 11–15。

……

四川省普通高校招生职业技能考试大纲交通技术与服务类（2023年版）

一、考试性质

本职业技能考试是中等职业学校交通技术与服务类专业毕业生参加普通高校对口招生的选拔性全省统一考试。

二、考试依据

1.《中等职业学校专业教学标准（试行）》（2017年）。

2.《中等职业教育专业简介》（2022年修订）。

三、考试方式

交通技术与服务类考生参加专业综合科目笔试，考试时长150分钟，满分350分。

四、考试范围和要求

（一）考试科目与分值比例

1. 交通运输常识，约占25%；

2. 交通运输安全，约占20%；

3. 物流基础，约占20%；

4. 客户服务与职场礼仪，约占25%；

5. 交通运输数据应用，约占10%。

（二）试卷结构与分值比例

1. 单项选择题，约占20%；

2. 多项选择题，约占10%；

3. 判断题，约占30%；

4. 简答题，约占20%；

5. 材料题，约占20%。

（三）考试范围及要求

【交通运输常识】

1. 交通运输认知

（1）掌握交通运输的概念及特点；

（2）理解影响交通运输的因素；

（3）了解交通运输的发展趋势。

2. 交通运输方式

（1）掌握交通运输分类方式；

（2）掌握5类交通运输方式及联合运输的概念；

（3）掌握5类交通运输方式及联合运输的优缺点。

3. 综合运输体系

（1）掌握综合运输体系的概念及基本内涵；

（2）理解综合运输体系的三大构成系统；

（3）理解综合运输体系建立及形成前提；

（4）了解综合运输体系的影响因素。

4. 常用运输工具

（1）掌握交通运输工具的概念；

（2）掌握交通运输常用运输工具及分类。

5. 常用载运工具

（1）掌握交通载运工具的概念及类型；

（2）理解交通运输常用载运工具的性能及特点。

6. 常见交通标志

（1）掌握交通标志的概念及分类；

（2）掌握常见交通标志的含义。

7. 多式联运的构成

（1）掌握多式联运的概念及特征；

（2）掌握多式联运的类型；

（3）掌握多式联运的构成要素；

（4）了解多式联运的绿色发展趋势。

【交通运输安全】

1. 交通运输安全影响因素

（1）掌握影响交通运输安全的主要因素；

（2）了解职业应力的类型；

（3）掌握交通运输系统人员心理影响因素与交通运输安全的关系；

（4）理解设备因素、环境因素、管理因素对交通运输安全的影响。

2. 交通运输安全理论与方法

（1）掌握安全管理的原则；

（2）理解交通运输安全的基本理论、安全管理原理及分类；

（3）掌握系统理论、人本理论、强制理论的含义及基本原则；

（4）理解交通运输事故致因理论及事故预防理论。

3. 交通运输安全系统分析

（1）掌握交通运输安全系统的基本内涵及目的；

（2）掌握交通运输安全系统的分析方法及其常用的表述方法；

（3）掌握交通运输安全检查表编制方法及其具体流程；

（4）掌握交通运输事故多发点的内涵、作用、意义及其判定方法。

4. 交通运输安全系统评价

（1）掌握交通运输安全系统评价的定义及作用；

（2）掌握交通运输安全系统常用的评价方法。

5. 交通运输安全系统管理

（1）掌握交通运输安全系统管理的基本内涵；

（2）理解交通运输安全系统管理的目的、主要内容及技术方法；

（3）理解现代交通运输安全系统管理的特点；

（4）了解交通运输安全管理的发展趋势。

6. 危险源辨识及控制

（1）掌握危险源及事故隐患的概念；

（2）理解危险源辨识的意义；

（3）了解重大危险源的种类；

（4）掌握危险源的识别方法；

（5）掌握常见危险品、违禁物品的识别及控制措施。

7. 消防安全

（1）掌握常见火灾的起因及其危害；

（2）了解火灾的特点，掌握防火灭火的基本知识；

（3）掌握消防设施设备的分类及功能；

（4）掌握检查、保养各类消防设备的方法；

（5）能根据火灾类型正确选用不同的灭火器材；

（6）能正确使用各类灭火器材，熟练使用手提式、移动式等灭火器材；

（7）能正确穿戴空气呼吸器；

（8）掌握火灾逃生方式及注意事项，能正确使用各类逃生器具。

8. 常用应急处理技术

（1）掌握旅客安全管理措施；

（2）掌握应急处置中通信与交流的技巧；

（3）熟悉旅客流动路径，能协助旅客及时疏散，正确处理在运输中拥挤人群发生的意外情况；

（4）能正确判断与处置大客流及突发客流等问题；

（5）能正确检查、穿戴不同种类救生衣。

9. 现场急救技术

（1）掌握现场急救的原则及其基本环节；

（2）能准确观察测量生命体征，选用正确的方法进行急救；

（3）能正确实施人工呼吸术；

（4）熟悉心肺复苏方法和步骤，能正确实施心肺复苏术；

（5）掌握常用止血方法，能正确进行外伤止血及处理；

（6）能正确使用绷带、三角巾等简易包扎伤口；

（7）能正确使用夹板等器材进行四肢骨折固定操作；

（8）能正确搬运伤员。

【物流基础】

1. 物流认知

（1）掌握物流的概念、特征、效用及功能要素；

（2）掌握物流及物流系统的不同分类及特征；

（3）掌握物流管理的目标及特征；

（4）掌握物流标准化的概念、主要内容及物流技术标准；

（5）了解物流的发展趋势。

2. 运输作业

（1）掌握运输的含义及主要功能；

（2）掌握常见的运输方式及特征；

（3）掌握国际多式联运的定义、特点及基本形式；

（4）掌握运输合理化的含义及措施；

（5）了解运输与配送的区别。

3. 仓储作业

（1）掌握仓储的概念、功能及种类；

（2）理解仓储管理的原则及要求；

（3）掌握仓储入库、保管、盘点及出库作业流程；

（4）理解库存的定义及影响库存决策的因素；

（5）掌握库存管理的基本方法及合理化实施途径；

（6）了解常见的仓储设施设备。

4. 装卸搬运作业

（1）掌握装卸搬运的含义、特点及方式；

（2）理解装卸搬运设备的概念、作用及分类；

（3）掌握装卸搬运作业方法；

（4）理解装卸搬运的原则；

（5）掌握装卸搬运合理化的含义及途径；

（6）掌握正确选择装卸搬运设备的方法。

5. 包装作业

（1）掌握物流包装的含义、功能及分类；

（2）了解常用包装材料、包装技术及方法；

（3）掌握包装合理化的内容；

（4）了解包装的发展历程及趋势。

6. 流通加工作业

（1）掌握流通加工的定义及作用；

（2）掌握流通加工的形式及类型；

（3）理解流通加工与生产加工的区别；

（4）了解不合理加工的形式及原因；

（5）掌握流通加工合理化的途径。

7. 配送作业

（1）掌握配送及配送中心的概念、种类及特征；

（2）理解配送中心的功能与分类；

（3）掌握配送中心的作业流程；

（4）了解不合理配送的形式；

（5）掌握配送合理化的途径。

8. 物流信息作业

（1）理解物流信息、物流信息技术及物流信息系统的含义及特征；

（2）掌握物流信息技术的主要功能及作用；

（3）理解自动化仓储系统、电子数据交换系统、条形码识别技术、射频识别技术、物流跟踪技术、北斗定位系统、全球定位系统（GPS）及地理定位系统（GIS）等物流信息技术的定义、特点及应用；

（4）了解物流信息技术的发展趋势。

9. 智慧物流

（1）掌握智慧物流的定义及特征；

（2）了解常见的智慧物流技术及应用范围；

（3）了解智慧物流的发展趋势。

10. 物流与供应链

（1）掌握供应链的概念及特征；

（2）掌握供应链的结构、类型及流程；

（3）了解供应链构建的原则；

（4）理解物流与供应链之间的关系。

【客户服务与职场礼仪】

1.客户服务认知

（1）掌握客户服务的内涵；

（2）掌握客户服务的类别；

（3）掌握客户服务的主要内容；

（4）掌握创新客户服务的要求；

（5）掌握客户服务职业要求。

2.客户服务类型及需求

（1）掌握 ABC 分类法及客户的 ABC 分类法；

（2）理解客户分类的主要理论及内容；

（3）掌握核心客户管理方法；

（4）理解并区分客户需要的层次；

（5）理解企业客户分类及需求；

（6）掌握建立客户金字塔模型的方法；

（7）掌握寻求客户需求的方法；

（8）能与客户保持良好关系。

3.客户服务人员职场形象塑造

（1）理解客户服务人员职场形象基本要求；

（2）掌握客户服务人员着装的 TPO 原则与要求；

（3）掌握客户服务人员发型及化妆的基本要求；

（4）掌握客户服务人员"四姿"基本要求及应用；

（5）能正确运用鞠躬礼、注视礼、微笑礼、握手礼；

（6）掌握国际礼仪的基本规则；

（7）掌握国际礼宾次序。

4.客户沟通礼仪与方式

（1）理解称谓的方式及礼规；

（2）掌握问候的方式、顺序与禁忌；

（3）掌握迎宾、引导及送客的服务礼仪；

（4）理解沟通的概念、模式及应具备的礼仪；

（5）理解影响沟通效果的主要因素；

（6）掌握沟通基本技巧；

（7）掌握与企业外部客户沟通方法；

（8）掌握企业客户服务人员接打电话注意事项；

（9）能与客户进行深度沟通。

5. 客户信息管理

（1）掌握寻找客户的方法、原则及程序；

（2）掌握客户数据库的内容及管理办法；

（3）理解客户档案概念及其内容；

（4）掌握建立不同类型客户档案的基本流程及具体做法；

（5）掌握客户档案管理方法；

（6）掌握客户信息及价值分析方法；

（7）掌握潜在客户的选择方法；

（8）能对客户信息进行分类管理。

6. 客户订单业务

（1）掌握电话订单、网上订单业务受理方法及流程；

（2）掌握订单查询的方式、类型及处理原则；

（3）掌握订单跟进的方式；

（4）能正确处理服务事故。

7. 客户投诉处理

（1）理解客户投诉的概念及投诉方式；

（2）理解客户投诉的原因；

（3）理解客户投诉的价值；

（4）能按照工作流程正确处理客户投诉；

（5）能将客户投诉变危为机。

8. 客户关系维护

（1）掌握客户回访过程中的主要事项；

（2）掌握登门拜访、电话拜访客户工作内容；

（3）掌握网络客户维护的工作内容。

9. 客户关系管理系统

（1）理解客户关系管理的内涵；

（2）掌握客户关系管理的主要业务计划制订方法；

（3）了解客户关系管理的技术基础及在企业中的应用；

（4）理解客户关系管理系统的功能及作用；

（5）能正确评价客户关系管理决策及客户关系对企业核心竞争力的影响。

10. 大客户管理

（1）理解大客户的含义及类型；

（2）掌握大客户管理的工作内容、工作流程及关键因素；

（3）掌握大客户管理的功能；

（4）了解大客户的需求；

（5）掌握提高大客户忠诚的策略；

（6）掌握服务大客户的措施；

（7）能正确管理大客户信息。

【交通运输数据应用】

1. 交通运输数据分析

（1）掌握数据录入的技巧，能正确录入交通运输运营与客服数据、插入行和列、命名工作表、保存工作簿等；

（2）能对交通运输数据工作表进行修饰，如设置单元格式、设置对齐方式、合并单元格、调整行高和列宽、冻结窗格、设置单元格边框、设置单元格底纹等；

（3）熟悉公式和函数的使用，掌握平均值、最大/最小值、求和、计数等常见函数在交通运输中的应用；

（4）理解单元格绝对地址、相对地址的概念和区别，掌握相对引用、绝对引用、混合引用及工作表外单元格的引用方法；

（5）能使用公式和函数对交通运输数据进行处理，并对其进行排序、筛选、分类汇总等操作。

2. 交通运输数据统计

（1）了解电子表格处理工具提供的图表类型，掌握利用表格数据制作常用图表的方法，能应用可视化工具对交通运输数据进行分析并制作数据图表；

（2）理解数据透视表的概念，掌握数据透视表的创建、更新数据、添加和删除字段、查看明细数据等操作，能利用数据透视表创建数据透视图；

（4）掌握页面布局、打印预览和打印操作的相关设置，并对交通运输数据统计结果进行打印。

3. 交通运输客户数据库建立

（1）掌握客户数据库的概念；

（2）理解客户数据库内容，能设计数据表、创建数据表、输入数据表数据；

（3）掌握建立客户数据库的内容，能维护数据表、创建表单关系、创建选择查询、创建操作查询及创建 SQL 查询等。

（四）参考教材

考试内容以本考试大纲规定的内容为准，原则上不指定任何考试版本，参考教材为：

1.《交通运输概论》，主编：孙晶晶、陈灿，西南交通大学出版社，2021 年 8 月。

2.《交通运输安全管理》，主编：秦进，高等教育出版社，2021 年 3 月。

3.《物流基础（第二版）》，主编：毛艳丽，高等教育出版社，2020 年 11 月。

4.《客户服务基础（第二版）》，主编：何毓颖，高等教育出版社，2021 年 9 月。

5.《在实践中学礼仪（第二版）》，主编：彭慧，外语教学与研究出版社，2021 年 9 月。

6.《办公软件应用基础》，主编：陈继红，张岚、蔡慧，高等教育出版社，2021 年 6 月。

附件

交通技术与服务类专业综合科目考试题型示例

（考试时间150分钟，满分350分，纸笔考试）

第I卷（共210分）

一、单项选择题：本大题共35小题，每小题2分，共70分。在每小题列出的四个备选项中，只有一个正确答案，在答题卡上将所选答案对应的标号涂黑。

1. 在下列运输方式中，运量小、运费高、受天气影响大的是

A. 铁路运输　　　B. 航空运输　　　C. 公路运输　　　D. 内河运输

2. 汽车安全行驶的重要因素是

A. 车速　　　　　B. 路面　　　　　C. 车辆质量　　　D. 驾驶员技术水平

3. 下列选项中，不属于客服人员正确处理客户投诉原则的是

A. 迅速采取行动　　　　　　　　B. 站在客户的立场将心比心

C. 先处理事件，后处理情感　　　D. 耐心倾听客户的抱怨

……

二、多项选择题：本大题共12小题，每小题3分，共36分。在每小题列出的四个备选项中，有两个及以上正确答案，在答题卡上将所选答案对应的标号涂黑。

36. 以下属于物流系统功能要素的是

A. 采购　　　　　B. 储存　　　　　C. 销售　　　　　D. 流通加工

37. 火场逃生的方法有

A. 用手巾，手帕捂鼻护嘴　　　　B. 遮盖身体

C. 寻找避难处所　　　　　　　　D. 利用疏散通道逃生

38. 穿救生衣的正确方法是

A. 将救生衣套在颈上，把两方形浮力块置于胸前

B. 系好领口的带子

C. 将左右两根缚带分别穿过左右两边的扣带环，绕到背后交叉

D. 将缚带拉到前面穿过胸前的扣带环系好绑紧

......

三、判断题：本大题共 52 小题，每小题 2 分，共 104 分。判断下列各题正误，正确的在答题卡上涂 "A"，错误的在答题卡上涂 "B"。

48. 流通包含商流、物流、资金流、信息流。

49. 在和客户沟通时，应注意不要有意打断客户，在不打断客户的前提下，适时地表达自己的意见。

50. 对伤员进行现场急救的过程中，可以给伤员喝任何饮料和进食。

......

第Ⅱ卷（共140分）

四、简答题：本大题共 7 小题，每小题 10 分，共 70 分。

100. 服务人员在处理顾客投诉时应当注意的服务礼仪要点有哪些？

101. 当你遇紧急情况拨打 120 急救电话时，应注意哪些事项？

......

五、材料题：本大题共 3 小题，第 1、2 小题各 20 分，第 3 小题 30 分，共 70 分。

107. 阅读下面材料，回答问题。

假如您是一名新招聘的公交公司服务人员，工作在某城市的公交公司。今天是您上班的第一天，您正在接受培训。您的师傅告诉您，公交公司非常注重客户服务，要求服务人员提供出色的服务以满足乘客的需求和期望。

在培训期间的某个下午高峰时段，一位乘客走到您的服务台前，看上去非常着急。她一只手拿着手机，另一只手拿着公共汽车路线图。乘客焦急地说："对不起，我迷路了！我需要去市中心，但我不确定该搭哪辆公共汽车，也不知道该在哪个站点下车。我已经迟到了，能帮帮我吗？"

根据以上给定材料，结合工作实际，请您以公交公司服务人员的角色回答以下问题，确保提供专业的服务。

（1）您应该如何回应这位焦急的乘客，以确保她得到及时和准确的帮助？

（2）乘客提到她迟到了，您应该如何处理这种情况以最大程度地满足她的需求？

（3）在帮助乘客确定正确的公交路线之后，您是否应该提供其他关于市中心附近的站点或景点的信息，以增强客户体验？如果是，您可以提供哪些信息？

（4）假设这位乘客之后发现她的手机电池已经用尽，她无法查看手机上的地图或路线信息。您应该如何帮助她应对这一情况？

……